सीक्रेट्स
ऑफ़ द
मिलियनेअर
माइंड

अमीर बनने के लिए अमीरी के विचार सोचें!

सीक्रेट्स
ऑफ़ द
मिलियनेअर
माइंड

दौलत के खेल में चैंपियन कैसे बनें?

टी. हार्व एकर

अनुवाद : डॉ. सुधीर दीक्षित, रजनी दीक्षित

MANJUL

मंजुल पब्लिशिंग हाउस

MANJUL
मंजुल पब्लिशिंग हाउस
कॉरपोरेट एवं संपादकीय कार्यालय
• द्वितीय तल, उषा प्रीत कॉम्प्लेक्स, 42 मालवीय नगर, भोपाल-462003
विक्रय एवं विपणन कार्यालय
• 7/32, अंसारी रोड, दरियागंज, नई दिल्ली-110002
वेबसाइट : www.manjulindia.com
वितरण केन्द्र
अहमदाबाद, बेंगलुरू, भोपाल, कोलकाता, चेन्नई,
हैदराबाद, मुम्बई, नई दिल्ली, पुणे

टी. हार्व एकर द्वारा लिखित मूल अंग्रेजी पुस्तक
सीक्रेट्स ऑफ़ द मिलियनेयर माइंड का हिन्दी अनुवाद

Secrets of the Millionaire Mind by T. Harv Eker – Hindi Edition

कॉलिन्स (हार्परकॉलिन्स *पब्लिशर्स* का प्रकाशन)
के सहयोग से प्रकाशित

यह हिन्दी संस्करण 2009 में पहली बार प्रकाशित
20वीं आवृत्ति 2020

ISBN 978-81-8322-111-5

हिन्दी अनुवाद : डॉ. सुधीर दीक्षित, रजनी दीक्षित
डिज़ाइन : आर.एल.एफ. डिज़ाइन

मुद्रण व जिल्दसाज़ी : थॉमसन प्रेस (इंडिया) लिमिटेड

टी. हार्व एकर और
सीक्रेट्स ऑफ़ द मिलियनेअर माइंड की प्रशंसा में

"टी. हार्व एकर हमें दौलत के महल का ब्लूप्रिंट और उसे बनाने के औज़ार देते हैं, ताकि यह समय और परिस्थितियों के इम्तहान में भी मज़बूती से खड़ा रह सके।"

—डॉ. डेनिस वेटली, *द सीड्स ऑफ़ ग्रेटनेस* के लेखक

"टी. हार्व एकर अमीरी की राह को आसान बनाने में माहिर हैं। आख़िरकार, उनके सशक्त सिद्धांत इस अद्भुत पुस्तक में उपलब्ध हैं।"

—मार्सी शिमॉफ़, *चिकन सूप फ़ॉर द वुमैन्स सोल* की सह-लेखिका

"इस पुस्तक को इस तरह पढ़ें, जैसे आपकी ज़िंदगी इस पर निर्भर हो ... पैसे के मामले में ऐसा हो भी सकता है!"

—एंथनी रॉबिन्स, विश्व के #1 पीक परफ़ॉर्मेन्स कोच

"टी. हार्व एकर जैसी कथनी, वैसी करनी का उत्कृष्ट उदाहरण हैं। अगर आप सफलता के नए स्तर पर तेज़ी से पहुँचना चाहते हैं, तो मेरा सुझाव है कि आप इस करोड़पति की इस ज़बर्दस्त पुस्तक के हर शब्द को याद कर लें। उनकी सलाह पर अमल करेंगे, तो समृद्धि आपके क़दम चूमने लगेगी!"

—लिंडा फ़ोरसिद, संस्थापक/सीईओ, *मेंटर्स* मैग्ज़ीन

"*सीक्रेट्स ऑफ़ द मिलियनेअर माइंड* यह रहस्य बताती है कि कुछ ही लोग अमीर क्यों बन पाते हैं, जबकि बाक़ी ज़िंदगी भर पैसों की तंगी से जूझते रहते हैं। अगर आप सफलता की मूल जड़ों के बारे में सीखना चाहते हैं, तो यह पुस्तक ज़रूर पढ़ें।"

—रॉबर्ट जी. एलन, *मल्टिपल स्ट्रीम्स ऑफ़ इन्कम* और
द वन मिनट मिलियनेअर के लेखक

विषय-सूची

आभार

पुस्तक लिखना लगता तो एक व्यक्ति का काम है, लेकिन सच्चाई यह है कि अगर आप लाखों लोगों तक अपनी बात पहुँचाना चाहते हों, तो इसमें पूरी टीम की ज़रूरत पड़ती है। मैं सबसे पहले अपनी पत्नी रोशेल, बेटी मैडिसन और बेटे जेस को धन्यवाद देना चाहूँगा। मुझे वह जगह देने के लिए शुक्रिया, जहाँ मैं अपना मनचाहा काम कर पाया। मैं अपने माता-पिता सैम और सारा को भी धन्यवाद देना चाहूँगा और अपनी बहन मैरी तथा जीजाजी हार्वे को भी, जिन्होंने मुझे बेहद प्रेम व सहयोग दिया। इसके बाद गैल बालसिली, मिशेल बर, शेली वेनस, रॉबर्ट और रोक्सेने रायोपेल, डोना फ़ॉक्स, ए. केज, लॉरी कूवनबर्ग, क्रिस एबेसन और पीक पोटेंशियल्स ट्रेनिंग की पूरी टीम को धन्यवाद, जिनका समर्पण और कड़ी मेहनत लोगों के जीवन में सकारात्मक योगदान दे रही है। इन्हीं की वजह से पीक पोटेंशियल्स दुनिया में सबसे तेज़ी से विकास कर रही व्यक्तिगत विकास कंपनियों में से एक बन गई है।

मेरे ज़बर्दस्त बुक एजेंट बॉनी सॉलो को उनके सतत सहयोग और प्रोत्साहन के लिए धन्यवाद, जिन्होंने मुझे पुस्तक व्यवसाय की अंदरूनी जानकारी दी। हार्पर बिज़नेस की टीम को भी बहुत-बहुत धन्यवाद। मैं प्रकाशक स्टीव हैंसलमैन का आभारी हूँ, जिन्होंने इस पुस्तक का सपना देखा और इसमें अपना बहुत सा समय और ऊर्जा लगाई। मेरे अद्भुत संपादक हर्ब स्कैफ़लर, मार्केटिंग डायरेक्टर कीथ पेफ़र और पब्लिसिटी डायरेक्टर लैरी ह्यूज़ को भी बहुत-बहुत धन्यवाद। मेरे सहयोगियों जैक कैनफ़ील्ड, रॉबर्ट जी. एलन और मार्क विक्टर हैन्सन को उनकी दोस्ती के लिए विशेष धन्यवाद, जिन्होंने शुरू से ही लगातार सहयोग दिया।

अंत में, मैं पीक पोटेंशियल्स के सेमिनारों में भाग लेने वाले सभी लोगों, स्टाफ़ और जॉइंट वेंचर पार्टनर्स का तहेदिल से शुक्रिया अदा करना चाहता हूँ। आप लोग नहीं होते, तो ज़िंदगी बदलने वाला एक भी सेमिनार संभव नहीं था।

"यह टी. हार्व एकर कौन है और मुझे यह पुस्तक क्यों पढ़नी चाहिए?"

मे रे सेमिनारों की शुरुआत में लोगों को झटका लगता है, जब मैं उनसे यह कहता हूँ, "मेरे एक भी शब्द पर भरोसा मत करना।" मैं यह सुझाव क्यों देता हूँ? क्योंकि मैं सिर्फ़ अपने अनुभव से ही बोल सकता हूँ। मैं जो भी अवधारणाएँ और ज्ञान के विचार बताता हूँ, वे अपने आप में सच या झूठ, सही या ग़लत नहीं हैं। मैं तो बस इतना बताता हूँ कि इन सिद्धांतों पर चलने से मुझे और मेरे हज़ारों विद्यार्थियों को जीवन में क्या आश्चर्यजनक परिणाम मिले। बहरहाल, मुझे पूरा यक़ीन है कि अगर आप इस पुस्तक में दिए गए सिद्धांतों का प्रयोग करेंगे, तो आपके जीवन में आमूलचूल परिवर्तन हो जाएगा। इस पुस्तक को सिर्फ़ मनोरंजन के लिए न पढ़ें। इसे तो इस तरह पढ़ें, मानो आपकी पूरी ज़िंदगी इस पर निर्भर हो। फिर आप अपने जीवन में इन सिद्धांतों को आज़माकर देखें। जो सिद्धांत आपके लिए कारगर साबित हो, उसे जारी रखें। जो कारगर साबित न हो, उसे छोड़ दें।

ज़ाहिर है, इस मामले में मैं पूर्वग्रह का शिकार हो सकता हूँ, लेकिन मेरा मानना है कि धन के मामले में यह आपके द्वारा पढ़ी गई सबसे महत्त्वपूर्ण पुस्तक हो सकती है। मैं जानता हूँ कि यह बड़बोलापन लग सकता है, लेकिन सच्चाई तो यही है कि यह पुस्तक सफलता की आपकी इच्छा और उसकी प्राप्ति के बीच की खोई हुई कड़ी के बारे में बताती है। जैसा शायद आप अब तक की ज़िंदगी में जान ही चुके होंगे, इच्छा और उपलब्धि के बीच बहुत बड़ा फ़ासला होता है।

बेशक आपने दूसरी पुस्तकें भी पढ़ी होंगी, सीडी या टेप्स सुने होंगे, कई कोर्सों में गए होंगे और रियल एस्टेट, शेयर बाज़ार या बिज़नेस के क्षेत्र में अमीर बनने की ढ़ेर सारी तकनीकें सीखी होंगी। लेकिन क्या हुआ ? ज़्यादातर लोगों के मामले में ज़्यादा कुछ नहीं हुआ! उनमें तो बस थोड़े समय के लिए ऊर्जा की एक लहर आई और इसके बाद वे जल्दी ही पुरानी स्थिति में लौट आए।

आख़िरकार, एक जवाब मिल गया है। यह सरल है, यह नियम है और आप इसे ग़लत साबित नहीं कर सकते हैं। असल बात यह है : अगर आपके अवचेतन मन का "वित्तीय ब्लूप्रिंट" सफलता पाने के लिए "निर्धारित" (set) नहीं है, तो आप चाहे जितना सीख लें, चाहे जितना जान लें, चाहे जो कर लें, किसी चीज़ से ज़्यादा फ़र्क़ नहीं पड़ेगा।

इस पुस्तक के पन्नों में हम आपके सामने यह रहस्य खोलेंगे कि कुछ लोगों का अमीर बनना और बाक़ी लोगों का ग़रीब बने रहना क्यों तय होता है। आप सफलता, दोयमता (mediocrity) या वित्तीय असफलता के मूल कारणों को समझेंगे। ज़ाहिर है, इसके बाद आप अपने भविष्य को बेहतर बनाने की प्रक्रिया शुरू कर सकते हैं। इस पुस्तक में आपको यह जानकारी भी मिलेगी कि बचपन में हम पर पड़े प्रभाव किस तरह हमारा वित्तीय ब्लूप्रिंट तैयार करते हैं और हमें असफलता दिलाने वाले विचारों तथा आदतों की ओर ले जाते हैं। इस पुस्तक में हमने कुछ सशक्त घोषणाएँ (declarations) बताई हैं, जिनकी मदद से आप अपने दिमाग़ के भीतर रखी बेकार की "दौलत की फ़ाइलों" को बदल लें, ताकि आप भी अमीरों की तरह सोच सकें - और सफल हो सकें। इस पुस्तक में आप अपनी आमदनी बढ़ाने और दौलत बनाने की व्यावहारिक, क़दम-दर-क़दम रणनीतियाँ भी सीखेंगे।

इस पुस्तक के खंड एक में हम स्पष्ट करेंगे कि हममें से हर व्यक्ति को पैसे के बारे में सोचने और काम करने के लिए किस तरह कंडीशन किया गया है। यहाँ हम धन के मानसिक ब्लूप्रिंट को बदलने की चार मुख्य रणनीतियों की रूपरेखा भी बताएँगे। खंड दो में हम यह जाँच करेंगे कि पैसे के बारे में अमीर, मध्य वर्गीय और ग़रीब लोगों की सोच में क्या अंतर होता है। यहाँ हम सत्रह दृष्टिकोण और तरीक़े बताएँगे, जिनसे आपकी आर्थिक स्थिति हमेशा के लिए बदल जाएगी। पूरी पुस्तक में हम अपने हज़ारों विद्यार्थियों से मिले पत्रों और ई-मेल्स के चुनिंदा उदाहरण भी देंगे, जिन्होंने द मिलियनेअर माइंड इनटेंसिव

सेमिनार में भाग लेने के बाद अपने जीवन में ज़बर्दस्त सफलता हासिल की है।

तो मेरा अनुभव क्या है ? मैं कहाँ से आ रहा हूँ ? क्या मैं हमेशा से सफल था ? काश ऐसा ही हुआ होता!

आपमें से कई लोगों की तरह मुझमें भी बहुत सी "क्षमता" (potential) नज़र आती थी, लेकिन परिणाम नज़र नहीं आते थे। मैंने दुनिया की तमाम पुस्तकें पढ़ीं, तमाम टेप सुन डाले और हर सेमिनार में गया। मैं वाक़ई, वाक़ई, वाक़ई सफल होना चाहता था। मुझमें "सफल" होने का एक तरह से जुनून था, हालाँकि मैं यह नहीं जानता था कि मैं सचमुच क्या चाहता हूँ। क्या यह धन की चाहत थी, स्वतंत्रता की चाहत थी, कुछ हासिल करने का एहसास था या अपने माता-पिता के सामने यह साबित करने की तमन्ना थी कि मैं भी कुछ कर सकता हूँ ? चाहे जो हो, बीस साल की उम्र के बाद मैंने कई अलग-अलग बिज़नेस शुरू किए। हर बिज़नेस दौलत के सपनों के साथ शुरू होता था, लेकिन परिस्थितियाँ और परिणाम बद से बदतर होते जा रहे थे।

जीतोड़ मेहनत करने के बाद भी मैं कंगाल ही बना हुआ था। मुझे "कंगाली का भयंकर रोग" था : मैंने मुनाफ़े नाम की चीज़ के बारे में सुना तो था, लेकिन यह मुझे कभी दिखी नहीं थी। उस वक़्त मैं सोचा करता था, "काश मुझे सही बिज़नेस मिल जाए, सही घोड़ा पहचान में आ जाए, तो मैं कामयाब हो जाऊँगा।" लेकिन मैं ग़लत था। कोई चीज़ काम नहीं कर रही थी ... कम से कम मेरे लिए। और उस वाक्य के आख़िरी हिस्से ने आख़िरकार मुझे भीतर तक हिला दिया। मैं सोचने लगा कि मैं जिस बिज़नेस में था, उसमें बाक़ी लोग सफल हो रहे थे, फिर मैं क्यों कड़का था ? "श्रीमान क्षमतावान" की हालत ख़राब क्यों थी ?

इसलिए मैंने गंभीरता से चिंतन किया। मैंने अपनी असली धारणाओं की जाँच की और यह पाया कि हालाँकि मैं कहता ज़रूर था कि मैं सचमुच अमीर बनना चाहता हूँ, लेकिन इसे लेकर मेरे मन में कुछ चिंताएँ थीं, जिनकी जड़ें बहुत गहरी थीं। मैं दरअसल बहुत डरा हुआ था। इस बात से कि मैं असफल हो सकता हूँ या इससे भी बुरी बात यह कि सफल होने के बाद अपनी सारी दौलत गँवा दूँगा, जिससे मैं सचमुच मूर्ख साबित हो जाऊँगा। इस तरह मैं अपनी उस छवि को भी मटियामेट कर डालूँगा, जो लोगों में मेरे प्रति बनी हुई थी : मेरी "कहानी" कि मुझमें इतनी सारी "क्षमता" थी। अगर बाद में यह पता चले कि मुझमें आवश्यक क्षमता ही नहीं थी और मैं संघर्ष भरा जीवन

जीने के लिए अभिशप्त हूँ, तो क्या होगा ?

क़िस्मत की बात देखिए कि उसी मोड़ पर डैडी के एक बहुत अमीर दोस्त ने मुझे कुछ सलाह दी। वे मेरे माता-पिता के घर "लड़कों" के साथ ताश खेलने आए थे और उन्होंने गुज़रते समय मुझे देख लिया। यह तीसरी बार था, जब मैं अपने माता-पिता के घर रहने आया था और मैं "सबसे निचले दर्जे की जगह" यानी बेसमेंट में रह रहा था। मुझे लगता है कि डैडी ने मेरे दुख भरे जीवन के बारे में उनसे शिकायत की थी, क्योंकि मुझे देखते समय उनकी आँखों में उसी तरह की सहानुभूति थी, जैसी आम तौर पर अंत्येष्टि के समय शोक-संतप्त परिजनों के लिए होती है।

उन्होंने कहा, "हार्व, मेरी शुरुआत भी वैसी ही थी, जैसी कि तुम्हारी है, पूरी तरह तबाही।" बहुत बढ़िया, मैंने सोचा, इससे मुझे बहुत बेहतर महसूस हुआ। मुझे उन्हें जता देना चाहिए कि मैं व्यस्त हूँ ... दीवार से उखड़ते पेंट को देखने में।

उन्होंने आगे कहा : "लेकिन फिर मुझे कुछ सलाह मिली, जिसने मेरी ज़िंदगी बदल दी और मैं तुम्हें भी वही सलाह देना चाहूँगा।" ओह नहीं, फिर से पिता-पुत्र का भाषण आ गया, हालाँकि यह आदमी तो मेरा पिता भी नहीं है! आख़िरकार उन्होंने कहा : "हार्व, अगर तुम अपनी इच्छा के अनुरूप सफल नहीं हो पा रहे हो, तो इसका मतलब सिर्फ़ यह है कि कोई ऐसी चीज़ है, जो तुम नहीं जानते हो।" उस वक़्त मैं बहुत ढीठ युवक था, इसलिए मैं सोचता था कि मैं हर चीज़ के बारे में बहुत कुछ जानता था, लेकिन अफ़सोस! मेरा बैंक अकाउंट तो कुछ और ही कह रहा था। तो आख़िरकार मैं सुनने लगा। उन्होंने आगे कहा, "क्या तुम जानते हो कि ज़्यादातर अमीर लोग काफ़ी हद तक एक जैसे तरीक़ों से सोचते हैं ?"

मैंने कहा, "नहीं, मैंने दरअसल इस बारे में कभी सोचा ही नहीं।" इस पर उन्होंने जवाब दिया, "यह सटीक विज्ञान तो नहीं है, लेकिन ज़्यादातर मामलों में अमीर लोग एक ख़ास तरीक़े से सोचते हैं और ग़रीब लोग बिलकुल अलग तरीक़े से सोचते हैं। सोचने के इन तरीक़ों से उनके काम तय होते हैं और कामों से परिणाम तय होते हैं।" उन्होंने आगे कहा, "अगर तुम उसी तरह सोचो, जिस तरह अमीर लोग सोचते हैं और वही काम करो, जो अमीर लोग करते हैं, तो क्या तुम्हें यक़ीन है कि तुम भी अमीर बन सकते हो ?" मुझे याद

है कि मैंने कमज़ोर आत्मविश्वास के साथ जवाब दिया था, "लगता तो ऐसा ही है।" इसके बाद उन्होंने कहा, "तो तुम्हें बस अमीर लोगों के सोचने के तरीक़े की नक़ल करनी है।"

मैंने संदेह से पूछा, "तो इस वक़्त आप क्या सोच रहे हैं?" उनका जवाब था, "मैं सोच रहा हूँ कि अमीर लोग अपने वादे निभाते हैं और मुझे इस वक़्त तुम्हारे डैडी से किया वादा निभाना है। वे लोग मेरा इंतज़ार कर रहे हैं। मिलते हैं!" हालाँकि वे तो बाहर चले गए, लेकिन उनकी बातें मेरे दिल में उतर गईं।

दूसरी कोई भी चीज़ मेरे जीवन में काम नहीं कर रही थी, इसलिए मैंने सोचा कि कुछ नया करके में क्या हर्ज़ है। मैं पूरे दिल से अमीर लोगों और उनके सोचने के तरीक़ों के अध्ययन में जुट गया। मस्तिष्क की अंदरूनी कार्यविधि के बारे में मैं जितना सीख सकता था, मैंने सीखा। बहरहाल, मैंने अपना ध्यान मूलतः धन और सफलता के मनोविज्ञान पर केंद्रित किया। मैंने पाया कि यह सच था : अमीर लोग दरअसल ग़रीब और मध्य वर्गीय लोगों से अलग तरीक़े से सोचते हैं। अंततः, मेरी समझ में आने लगा कि मेरे विचार मुझे किस तरह दौलत से दूर रख रहे हैं। इससे भी ज़्यादा महत्वपूर्ण बात यह थी कि मैंने कई सशक्त तकनीकें और रणनीतियाँ सीखीं, जिनका इस्तेमाल करके मैंने अपने दिमाग़ की दोबारा कंडीशनिंग की, ताकि मैं अमीर लोगों की तरह सोच सकूँ।

आख़िरकार मैंने कहा, "इस बारे में उठापटक बहुत हो गई, अब ज़रा इसे परख भी लिया जाए।" मैंने एक और नया बिज़नेस शुरू करने का फ़ैसला किया। चूँकि सेहत और व्यायाम में मेरी ख़ासी दिलचस्पी थी, इसलिए मैंने उत्तर अमेरिका में एक रिटेल फ़िटनेस स्टोर खोला, जो वहाँ खुले ऐसे शुरुआती स्टोर्स में से एक था। मेरे पास नाम मात्र को भी पैसा नहीं था, इसलिए बिज़नेस शुरू करने के लिए मुझे अपने वीज़ा कार्ड से 2,000 डॉलर उधार लेने पड़े। मैंने अमीर लोगों की मॉडलिंग से जो सीखा था, मैं उसका इस्तेमाल करने लगा। मैं उनकी कारोबारी और चिंतन दोनों तरह की रणनीतियों पर अमल करने लगा। मैंने सबसे पहला काम यह किया कि मैं अपनी सफलता के लिए समर्पित हो गया और जीतने के लिए खेलने लगा। मैंने क़सम खाई कि मैं इस काम पर पूरा ध्यान केंद्रित करूँगा और इस बिज़नेस को छोड़ने के बारे में तब तक सोचूँगा भी नहीं, जब तक कि मैं मिलियनेअर या इससे ज़्यादा न बन जाऊँ। यह मेरी

पुरानी कोशिशों से बिलकुल ही अलग नज़रिया था, क्योंकि पहले मेरी सोच हमेशा अल्पकालीन रहती थी, इसलिए मेरा ध्यान अच्छे अवसरों या मुश्किलों के सामने आने पर भटक जाता था।

जब भी मेरे मन में नकारात्मक या हानिकारक विचार आए, मैं उन्हें चुनौती देने लगा। पहले मैं यह मानता था कि मेरे मस्तिष्क की कही हर बात सच है। बहरहाल, अब मैं कई तरह से यह जान चुका था कि दरअसल मेरा मस्तिष्क ही सफलता की राह में मेरी सबसे बड़ी बाधा था। मैंने फ़ैसला किया कि मैं ऐसे विचारों को अपने मस्तिष्क में घुसने ही नहीं दूँगा, जो मुझे दौलत के सपने साकार करने की शक्ति नहीं देते हैं। मैंने हर उस सिद्धांत का इस्तेमाल किया, जो आप इस पुस्तक में सीखने जा रहे हैं। क्या उससे काम बना ? ओह, बिलकुल बना और क्या ख़ूब बना!

वह बिज़नेस इतना सफल हुआ कि सिर्फ़ ढाई साल में मैंने दस स्टोर खोल डाले। फिर मैंने फ़ॉरचून 500 सूची में शामिल एक कंपनी को अपनी कंपनी के आधे शेयर 16 लाख डॉलर में बेच दिए।

उसके बाद मैं ख़ुशगवार गर्म मौसम वाले सैन डिएगो में रहने लगा। अपनी रणनीतियों को परिष्कृत करने के लिए मैंने दो साल की छुट्टी ली और फिर व्यक्तिगत व्यावसायिक परामर्श देने के बिज़नेस में उतर गया। मुझे लगता है कि मेरे परामर्श से लोग काफ़ी प्रभावित हुए होंगे, क्योंकि वे अपने साथ दोस्तों, पार्टनर्स और सहयोगियों को भी ला रहे थे। जल्दी ही मैं एक साथ दस और कई बार तो बीस लोगों को कोचिंग देने लगा।

मेरे एक क्लाएंट ने सुझाव दिया कि मैं एक स्कूल क्यों नहीं खोल लेता। मुझे यह विचार बहुत अच्छा लगा, सो मैंने उस पर अमल कर डाला। मैंने द स्ट्रीट स्मार्ट बिज़नेस स्कूल की स्थापना की और उत्तर अमेरिका के हज़ारों लोगों को "तीव्र गति" से सफलता दिलाने वाली "स्ट्रीट-स्मार्ट" व्यावसायिक रणनीतियाँ सिखाने लगा।

जब मैं अपने सेमिनारों में जाने के लिए महाद्वीप में हर तरफ़ यात्राएँ कर रहा था, तो मैंने एक अजीब बात पर ग़ौर किया : दो लोग एक ही कमरे में पास-पास बैठकर बिलकुल एक समान सिद्धांत और रणनीतियाँ सीख सकते हैं, लेकिन उनमें से एक उनका इस्तेमाल करके रॉकेट की तरह सफलता के

आकाश में पहुँच जाएगा। आपको क्या लगता है, उसके ठीक पास बैठे व्यक्ति के साथ क्या होगा ? जवाब है, ज़्यादा कुछ नहीं!

तब मेरे सामने यह स्पष्ट हो गया कि भले ही आपके पास दुनिया के सबसे महान "औज़ार" (tools) हों, लेकिन अगर आपके "टूल बॉक्स" (मैं इस वक़्त अपने सिर की तरफ़ इशारा कर रहा हूँ) में छोटा सा भी छेद है, तो आप समस्या में हैं। फिर क्या था, मैंने धन और सफलता के अंदरूनी खेल पर एक कार्यक्रम तैयार किया, जिसका नाम है द **मिलियनेअर माइंड इनटेंसिव।** जब मैंने अंदरूनी खेल (टूल बॉक्स) को बाहरी खेल (औज़ारों) से मिला दिया, तो लगभग हर व्यक्ति के परिणाम आसमान छूने लगे! इस पुस्तक में आप यही सब सीखने वाले हैं : पैसे के अंदरूनी खेल में इतने माहिर कैसे बनें, ताकि आप दौलत बनाने के खेल में जीत सकें – यानी दौलतमंद बनने के लिए दौलतमंद सोच कैसे पैदा की जाए!

लोग अक्सर मुझसे पूछते हैं कि क्या मेरी सफलता "सिर्फ़ एक बार का कमाल" थी या यह लगातार जारी रहने वाला सिलसिला है। मैं इसे इस तरह से कहना चाहता हूँ : मैं जो सिद्धांत सिखाता हूँ, उनका प्रयोग करके मैंने करोड़ों डॉलर कमाए हैं और अब मैं करोड़पति बन चुका हूँ। मेरे लगभग सारे निवेश और व्यवसाय आसमान छू रहे हैं! कुछ लोग मुझसे कहते हैं कि मैं "पारस पत्थर" हूँ और मैं जिस चीज़ में भी हाथ डालता हूँ, वह सोने में बदल जाती है। वे सही कहते हैं, लेकिन शायद उन्हें यह एहसास नहीं है कि मेरे पारस पत्थर होने का सीधा सा मतलब यह है कि मेरे दिमाग़ में सफलता के लिए निर्धारित "वित्तीय ब्लूप्रिंट" है। जब आप इन सिद्धांतों को जान जाएँगे और इन पर अमल करने लगेंगे, तो यही चमत्कारी ब्लूप्रिंट आपके पास भी होगा।

हमारे मिलियनेअर माइंड इनटेंसिव सेमिनार की शुरुआत में ही मैं सहभागियों से पूछता हूँ, "आपमें से कितने लोग यहाँ सीखने आए हैं ?" यह थोड़ा चालाकी भरा सवाल है, क्योंकि जैसा लेखक जॉश बिलिंग्स ने कहा था, "हम जो नहीं जानते हैं, वह हमें सफल होने से नहीं रोकता है। इसके बजाय हम जो जानते हैं, वह अगर ग़लत हो, तो हमारी सबसे बड़ी बाधा होता है।" यह पुस्तक सीखने के बारे में उतनी नहीं है, जितनी कि "भुलाने" के बारे में है! आपके लिए यह जान लेना अनिवार्य है कि सोचने और काम करने के आपके पुराने तरीक़े आपको ठीक वहाँ तक ले आए हैं, जहाँ आप इस वक़्त हैं।

अगर आप वाक़ई अमीर और सुखी हैं, तो बहुत अच्छी बात है। लेकिन अगर आप नहीं हैं, तो मैं आपसे ऐसी कुछ संभावनाओं पर विचार करने का आग्रह करता हूँ, जो आपके "टूल बॉक्स" में सही तरीक़े से फ़िट नहीं हो रही हों। हो सकता है कि आप वर्तमान में उन विचारों को सही या अपने लिए उचित मानते हों, लेकिन शायद वे ऐसे न हों।

हालाँकि मैं सुझाव देता हूँ कि आप "मेरे एक भी शब्द पर भरोसा मत करना," और चाहता हूँ कि आप अपने जीवन में इन अवधारणाओं को परखें, लेकिन मैं आपसे इतना ज़रूर कहना चाहता हूँ कि आप इस पुस्तक के विचारों पर भरोसा करें। इसलिए नहीं, क्योंकि आप मुझे व्यक्तिगत रूप से जानते हैं, बल्कि इसलिए क्योंकि हज़ारों लोगों ने इस पुस्तक में बताए गए सिद्धांतों पर चलकर अपनी ज़िंदगी बदल डाली है।

विश्वास की बात पर मुझे अपनी एक पसंदीदा कहानी याद आती है। यह उस व्यक्ति के बारे में है, जो एक चट्टान के किनारे पर चल रहा था। अचानक उसका संतुलन गड़बड़ा गया और वह फिसलकर गिरने लगा। सौभाग्य से उसने दिमाग़ का इस्तेमाल करके चट्टान के किनारे को पकड़ लिया और जान बचाने के लिए झूलने लगा। वह लटका रहा, लटका रहा और आख़िरकार चिल्लाया, "क्या ऊपर कोई है, जो मेरी मदद कर सकता हो?" कोई जवाब नहीं आया। वह लगातार चिल्लाता रहा, "क्या कोई ऊपर है, जो मेरी मदद कर सकता हो?" अंततः एक बहुत तेज़ गूँजती आवाज़ सुनाई दी, "मैं भगवान हूँ। मैं तुम्हारी मदद कर सकता हूँ। बस हाथ छोड़ दो और मुझ पर भरोसा करो।" यह सुनने के बाद वह आदमी चिल्लाया, "क्या ऊपर *कोई और भी* है, जो मेरी मदद कर सकता हो?"

सबक़ बहुत आसान है। अगर आप जीवन में ज़्यादा ऊँचे स्तर पर पहुँचना चाहते हैं, तो आपको अपने सोचने के कुछ पुराने तरीक़ों को छोड़ना होगा और नए तरीक़ों को अपनाना होगा। परिणाम अंततः अपने आप सामने आ जाएँगे और आपको हैरान कर देंगे।

खंड एक

धन का आपका ब्लूप्रिंट

हम द्वैत यानी सिक्के के दो पहलुओं की दुनिया में रहते हैं : ऊपर और नीचे, प्रकाश और अंधकार, गर्मी और ठंड, अंदर और बाहर, तेज़ और धीमा, दायाँ और बायाँ। ये हज़ारों विपरीत ध्रुवों के सिर्फ़ कुछ उदाहरण हैं। एक ध्रुव के अस्तित्व के बिना दूसरे ध्रुव का होना संभव नहीं है। अगर बाईं तरफ़ नहीं है, तो क्या दाईं तरफ़ संभव है? संभव ही नहीं है।

इससे यह निष्कर्ष निकलता है कि जिस तरह धन के "बाहरी" नियम होते हैं, उसी तरह इसके "अंदरूनी" नियम भी होने ही चाहिए। बाहरी नियमों में व्यावसायिक ज्ञान, धन का प्रबंधन और निवेश तकनीकें जैसी चीज़ें शामिल हैं। ये अनिवार्य हैं। लेकिन अंदरूनी खेल भी उतना ही महत्वपूर्ण है। इसका एक उदाहरण कारपेंटर और उसके औज़ार हैं। बेहतरीन औज़ार ज़रूरी हैं, लेकिन उन औज़ारों का कुशलता से प्रयोग कर सकने वाला बेहतरीन कारपेंटर बनना उनसे भी ज़्यादा ज़रूरी है।

मैं एक बात अक्सर कहता हूँ : "सही समय पर सही जगह होना ही काफ़ी नहीं है। आपको सही समय और सही जगह पर सही *व्यक्ति* बनना होगा।"

तो आप कौन हैं? आप किस तरह सोचते हैं? आपकी धारणाएँ क्या हैं? आपकी आदतें और ख़ूबियाँ क्या हैं? आप अपने बारे में सचमुच कैसा महसूस करते हैं? आपको ख़ुद पर कितना भरोसा है? दूसरों के साथ आपके कैसे संबंध हैं? आप दूसरों पर कितना भरोसा करते हैं? क्या आप वाक़ई यह

महसूस करते हैं कि आप दौलत के हक़दार या क़ाबिल हैं ? डर, चिंता, असुविधा, परेशानी के बावजूद आप कितना काम कर सकते हैं ? क्या आप मूड न होने पर भी काम कर सकते हैं ?

सच तो यह है कि आपका चरित्र, सोच और विश्वास आपकी सफलता के स्तर को निर्धारित करने में बहुत महत्वपूर्ण भूमिका निभाते हैं।

मेरे एक प्रिय लेखक स्टुअर्ट वाइल्ड ने कहा था : "सफलता की कुंजी अपनी ऊर्जा बढ़ाना है। ऐसा करने पर लोग स्वाभाविक रूप से आपकी ओर आकर्षित होंगे। और जब वे आने लगें, तो उन्हें बिल थमा दें!"

दौलत का सिद्धांत :

आपकी आमदनी सिर्फ़ उसी हद तक बढ़ सकती है, जिस हद तक आप बढ़ते हैं!

आपका धन का ब्लूप्रिंट महत्वपूर्ण क्यों है ?

क्या आपने उन लोगों के बारे में सुना है, जिन्होंने ख़ुद को वित्तीय रूप से "बर्बाद" कर डाला है ? क्या आपने इस बात पर ग़ौर किया है कि कुछ लोगों के पास ढेर सारा पैसा तो आ जाता है, लेकिन वे उसे गँवा देते हैं ? या फिर कुछ लोगों के पास बेहतरीन अवसर होते हैं और उनकी शुरुआत भी अच्छी होती है, लेकिन बाद में सब कुछ टाँय-टाँय फिस्स हो जाता है ? अब आप असली वजह जानते हैं। बाहर से तो यह बदक़िस्मती, अर्थव्यवस्था की मंदी या बुरा पार्टनर या चाहे जो दिख सकता है। बहरहाल, अंदर की तरफ़ यह एक अलग ही मामला है। अगर आपके पास बहुत सा पैसा आ जाए, लेकिन आप भीतर से इसके लिए तैयार न हों, तो इस बात की संभावना है कि दौलत आपके पास ज़्यादा देर तक नहीं टिकेगी और आप उसे गँवा देंगे।

ज़्यादातर लोगों के पास ढेर सारे पैसे बनाने और रखने की आंतरिक क्षमता ही नहीं होती है। उनके पास ज़्यादा दौलत और सफलता के साथ आने वाली चुनौतियों से निबटने का माद्दा ही नहीं होता है। मेरे दोस्तो, यही वह मूल कारण है, जिस वजह से उनके पास कभी ज़्यादा पैसा नहीं होता है।

लॉटरी जीतने वाले इसका आदर्श उदाहरण हैं। शोध से बार-बार पता चला है कि लॉटरी जीतने वाले चाहे जितनी बड़ी धनराशि जीत लें, उनमें से ज़्यादातर अंततः अपनी पुरानी वित्तीय अवस्था में लौट आते हैं, यानी उतनी धनराशि पर, जितनी के साथ वे आरामदेह रहते हैं।

दूसरी तरफ़, ख़ुद के दम पर मिलियनेअर्स बनने वालों के साथ इसका उल्टा होता है। ध्यान दें कि जब सेल्फ़-मेड मिलियनेअर्स पैसा गँवा देते हैं, तो आम तौर पर वे इसे बहुत कम समय में ही वापस भी पा लेते हैं। डोनाल्ड ट्रम्प इसकी बेहतरीन मिसाल हैं। ट्रम्प के पास बिलियनों डॉलर थे, उनका सारा पैसा डूब गया, लेकिन कुछ साल बाद उन्होंने न सिर्फ़ डूबी दौलत पा ली, बल्कि उससे भी ज़्यादा कमा ली।

ऐसा क्यों होता है? कारण यह है कि हालाँकि कुछ सेल्फ़-मेड मिलियनेअर्स पैसा तो गँवा सकते हैं, लेकिन वे अपनी सफलता के सबसे महत्वपूर्ण तत्व को कभी नहीं गँवाते हैं : उनका मिलियनेअर मस्तिष्क। ज़ाहिर है, "डोनाल्ड" के मामले में यह उनका "बिलियनेअर" मस्तिष्क है। क्या आपको एहसास है कि डोनाल्ड ट्रम्प कभी *सिर्फ़* मिलियनेअर बनकर ख़ुश नहीं रह सकते थे? अगर डोनाल्ड ट्रम्प की कुल संपत्ति सिर्फ़ एक मिलियन डॉलर होती, तो आपके हिसाब से वे अपनी वित्तीय सफलता के बारे में कैसा महसूस करते? ज़्यादातर लोगों की राय यही होगी कि वे शायद ख़ुद को दिवालिया और वित्तीय दृष्टि से असफल मानते!

ऐसा इसलिए है क्योंकि डोनाल्ड ट्रम्प का वित्तीय "थर्मोस्टेट" मिलियनों पर नहीं, बिलियनों पर निर्धारित (set) है। ज़्यादातर लोगों का वित्तीय थर्मोस्टेट मिलियनों नहीं, हज़ारों डॉलर कमाने पर निर्धारित होता है। कुछ लोगों का वित्तीय थर्मोस्टेट हज़ारों पर भी नहीं, बल्कि सैकड़ों पर निर्धारित होता है, जबकि कुछ का वित्तीय थर्मोस्टेट तो शून्य से भी नीचे निर्धारित होता है। वे लोग बुरी तरह ठिठुर रहे हैं, लेकिन उन्हें ज़रा भी अंदाज़ा नहीं है कि ऐसा क्यों हो रहा है!

सच्चाई यह है कि ज़्यादातर लोग कभी अपनी पूरी क्षमता तक पहुँच ही नहीं पाते हैं। ज़्यादातर लोग सफल नहीं हैं। शोध से पता चलता है कि ८० प्रतिशत लोग कभी भी अपनी मनचाही ज़िंदगी जीने के लिए वित्तीय रूप से स्वतंत्र या आत्मनिर्भर नहीं बन पाएँगे और ये ८० प्रतिशत लोग कभी सचमुच

सुखी होने का दावा भी नहीं कर पाएँगे।

कारण आसान है। अधिकांश लोग बेहोशी में जी रहे हैं। वे स्टियरिंग व्हील पर झपकी ले रहे हैं। वे जीवन के सतही स्तर पर काम करते और सोचते हैं – जो सिर्फ़ उस पर आधारित होता है, जिसे वे देख सकते हैं। वे सिर्फ़ ऊपरी तौर पर दिखाई देने वाले संसार में जीते हैं।

फल तो जड़ों से मिलते हैं

एक पेड़ की कल्पना करें। मान लें कि यह जीवन का पेड़ है। इस पेड़ पर फल लगे हैं। जीवन में हमारे फल हमें मिलने वाले परिणाम हैं। हम इन फलों (अपने परिणामों) को देखते हैं और वे हमें पसंद नहीं आते हैं! वे कम हैं, छोटे हैं या उनका स्वाद अच्छा नहीं है।

तो हम आदतन क्या करते हैं? हममें से ज़्यादातर लोग फलों पर यानी मिलने वाले परिणामों पर ज़्यादा ध्यान केंद्रित करने लगते हैं। लेकिन वे फल वास्तव में आए कहाँ से हैं? फल तो बीज और जड़ों से उत्पन्न हुए हैं।

जो *ज़मीन के अंदर* है, वह ज़मीन के ऊपर की चीज़ों को पैदा करता है। जो *दिखता नहीं* है, वह *दिखने वाली* चीज़ों की रचना करता है। इसका क्या मतलब है? इसका मतलब यह है कि अगर आप फलों को बदलना चाहते हैं, तो पहले आपको जड़ों को बदलना होगा। अगर आप दिखाई देने वाली चीज़ों को बदलना चाहते हैं, तो उसके पहले आपको अदृश्य चीज़ों को बदलना होगा।

दौलत का सिद्धांत :

अगर आप फलों को बदलना चाहते हैं, तो पहले आपको जड़ों को बदलना होगा। अगर आप दिखाई देने वाली चीज़ों को बदलना चाहते हैं, तो उसके पहले आपको अदृश्य चीज़ों को बदलना होगा।

ज़ाहिर है, कुछ लोग कहते हैं कि जो दिखता है, वही सच होता है। ऐसे लोगों से मैं एक ही सवाल पूछता हूँ, "आप लोग बिजली का बिल भरने की झंझट क्यों पालते हैं?" हालाँकि आप बिजली को देख नहीं सकते, लेकिन आप बेशक इसकी शक्ति को पहचान सकते हैं और इसका इस्तेमाल कर सकते

हैं। अगर आपको इसके अस्तित्व के बारे में किसी भी तरह की शंका हो, तो अपनी उँगली बिजली के किसी सॉकेट में डालकर देख लें। मेरा दावा है कि आपकी सारी शंकाएँ एक झटके में काफ़ूर हो जाएँगी।

अपने अनुभव से मैं इतना कह सकता हूँ कि आप इस दुनिया में जो नहीं देख सकते हैं, वह किसी भी दिखने वाली चीज़ से ज़्यादा शक्तिशाली होता है। आप इस बात से चाहे सहमत हों या न हों, लेकिन जिस हद तक आप इस सिद्धांत को अपने जीवन में लागू नहीं करते हैं, उस हद तक आपको कष्ट उठाना पड़ेगा। क्यों ? क्योंकि आप प्रकृति के उन नियमों के ख़िलाफ़ जा रहे हैं, जिनके द्वारा ज़मीन के नीचे की चीज़ ज़मीन के ऊपर की चीज़ उत्पन्न करती है, जिनके द्वारा न दिखने वाली चीज़ें दिखने वाली चीज़ों को उत्पन्न करती हैं।

इंसान प्रकृति से ऊपर नहीं है, बल्कि उसका हिस्सा है। इसका मतलब यह है कि जब हम प्रकृति के नियमों के अनुरूप चलते हैं और अपनी जड़ों – यानी अपने "आंतरिक" संसार – पर काम करते हैं, तो हमारे जीवन का प्रवाह अच्छा रहता है। जब हम ऐसा नहीं करते हैं, तो ज़िंदगी मुश्किल हो जाती है।

दुनिया के हर जंगल, हर खेत, हर बगीचे में ज़मीन के अंदर की चीज़ों ने ही ज़मीन के ऊपर की चीज़ों को पैदा किया है। इसीलिए उग चुके फलों पर ध्यान केंद्रित करना बेकार है। जो फल इस वक़्त पेड़ पर लटक रहे हैं, आप उन्हें नहीं बदल सकते हैं। हाँ, आप भविष्य में मिलने वाले फलों को अवश्य बदल सकते हैं। लेकिन ऐसा करने के लिए आपको ज़मीन की खुदाई करनी होगी और जड़ों को मज़बूत करना होगा।

चार क्वाड्रैंट

24 सीक्रेट्स ऑफ़ द मिलियनेअर माइंड

आपको एक बहुत महत्वपूर्ण बात समझ लेनी चाहिए कि हम अस्तित्व के सिर्फ एक धरातल पर ही नहीं रहते हैं। हम एक साथ कम से कम चार अलग-अलग धरातलों पर रहते हैं। ये चार क्वाड्रैंट हैं : भौतिक जगत, मानसिक जगत, भावनात्मक जगत और आध्यात्मिक जगत।

ज़्यादातर लोगों को इस बात का कभी एहसास ही नहीं होता है कि भौतिक धरातल तो बाक़ी तीनों क्वाड्रैंट्स का सिर्फ़ "प्रिंटआउट" है।

उदाहरण के लिए मान लीजिए, आपने अभी-अभी अपने कंप्यूटर पर एक चिट्ठी टाइप की है। आप *प्रिंट* बटन दबाते हैं और चिट्ठी आपके प्रिंटर में से बाहर निकल आती है। प्रिंटआउट में आपको एक ग़लती दिख जाती है। आप अपना भरोसेमंद इरेज़र निकालते हैं और उस ग़लती को मिटा देते हैं। फिर आप दोबारा *प्रिंट* बटन दबाते हैं, लेकिन दोबारा वही चिट्ठी निकल आती है और उसमें ग़लती जहाँ की तहाँ मौजूद होती है।

ओह, ऐसा कैसे हो सकता है ? आपने अभी तो इसे मिटाया था! तो इस बार आप एक ज़्यादा बड़ा इरेज़र लाते हैं और ग़लती को ज़्यादा मेहनत से, ज़्यादा देर तक मिटाते हैं। आप *प्रभावी इरेज़िंग* नामक मैन्युअल का अध्ययन भी करते हैं, जो तीन सौ पेज का है। अब आपके पास अपनी ज़रूरत के सारे "साधन" और ज्ञान है। आप तैयार हैं। आप फिर से *प्रिंट* बटन दबाते हैं, लेकिन यह क्या ? फिर वही प्रिंटआउट! "हो ही नहीं सकता!" आप हैरानी से चिल्लाते हैं। "ऐसा कैसे हो सकता है ? यहाँ हो क्या रहा है ? क्या मैं पागल हो चुका हूँ ?"

यहाँ पर हो यह रहा है कि असली समस्या "प्रिंटआउट" यानी भौतिक संसार में नहीं बदली जा सकती। इसे तो सिर्फ़ "प्रोग्राम" यानी मानसिक, भावनात्मक और आध्यात्मिक संसारों में ही बदला जा सकता है।

धन परिणाम है, दौलत परिणाम है, सेहत परिणाम है, बीमारी परिणाम है, आपका मोटापा परिणाम है। हम कारण और परिणाम की दुनिया में रहते हैं।

दौलत का सिद्धांत :
धन परिणाम है, दौलत परिणाम है, सेहत परिणाम है, बीमारी परिणाम है, आपका मोटापा परिणाम है। हम कारण और परिणाम की दुनिया में रहते हैं।

क्या आपने कभी किसी को यह कहते सुना है कि धन की कमी समस्या है? अब यह बात सुन लें : धन की कमी कभी भी, कभी भी समस्या नहीं होती है। धन की कमी तो सिर्फ़ यह बताती है कि अंदर क्या चल रहा है।

धन की कमी परिणाम है, लेकिन इसकी जड़ यानी कारण क्या है? यही मुद्‌दे की बात है। अपनी "बाहरी" दुनिया को बदलने का एकमात्र तरीक़ा पहले अपनी "अंदरूनी" दुनिया को बदलना है।

आपको जो भी परिणाम मिल रहे हों, चाहे वे लाभदायक हों या हानिकारक, अच्छे हों या बुरे, सकारात्मक हों या नकारात्मक, हमेशा याद रखें कि आपका बाहरी संसार सिर्फ़ आपके अंदरूनी संसार का आईना है। अगर आपकी बाहरी ज़िंदगी में चीज़ें अच्छी नहीं हो रही हैं, तो इसका कारण यह है कि आपकी अंदरूनी ज़िंदगी में चीज़ें अच्छी नहीं हो रही हैं। यही मुद्‌दे की बात है।

घोषणाएँ : परिवर्तन का शक्तिशाली रहस्य

अपने सेमिनारों में हम "तीव्र गति से सीखने" की तकनीकों का प्रयोग करते हैं, जिनसे आप ज़्यादा तेज़ी से सीखते हैं और सीखी गई बातों को ज़्यादा याद रख पाते हैं। इसकी कुंजी है "जुड़ाव" (involvement)। हमारी नीति इस पुरानी कहावत का अनुसरण करती है, "आप जो सुनते हैं, उसे भूल जाते हैं। आप जो देखते हैं, उसे याद रखते हैं। आप जो करते हैं, उसे समझ जाते हैं।"

अब मैं आपसे यह कहना चाहता हूँ कि जब आप इस पुस्तक के हर प्रमुख सिद्धांत के अंत में पहुँचें, तो हर बार अपना हाथ दिल पर रखकर एक "घोषणा" करें। फिर अपनी तर्जनी से सिर को छूकर एक और "घोषणा" करें। घोषणा क्या है? यह एक सकारात्मक कथन है, जिसे आप ज़ोर से बोलते हैं।

घोषणाएँ आख़िर इतनी महत्वपूर्ण क्यों हैं? क्योंकि हर चीज़ एक ही तत्व से बनी है : ऊर्जा। सारी ऊर्जा तरंगों (frequencies) और कंपनों (vibrations) में यात्रा करती है। इसलिए आपकी हर घोषणा के कंपनों की निश्चित फ्रीक्वेन्सी होती है। जब आप ज़ोर से घोषणा करते हैं, तो इसकी ऊर्जा आपके शरीर की कोशिकाओं में कंपन करती है और उसी समय अपना शरीर छूकर आप इसकी अनूठी गूँज महसूस कर सकते हैं। घोषणाएँ न सिर्फ़ ब्रह्मांड को एक निश्चित संदेश भेजती हैं, बल्कि वे आपके अवचेतन मन को

भी सशक्त संदेश भेजती हैं।

घोषणा (declaration) और संकल्प (affirmation) के बीच ज़रा सा ही अंतर है, लेकिन मेरे हिसाब से यह बेहद महत्वपूर्ण है। संकल्प की परिभाषा है, "एक सकारात्मक कथन, जो यह दावा करता है कि जिस लक्ष्य को आप हासिल करना चाहते हैं, वह पहले से ही हासिल हो चुका है।" घोषणा की परिभाषा है, "किसी ख़ास काम को करने या किसी ख़ास लक्ष्य को पाने का पक्का इरादा व्यक्त करना।"

संकल्प में यह दावा निहित होता है कि लक्ष्य तो पहले ही हासिल हो चुका है। मैं संकल्पों का समर्थक नहीं हूँ, क्योंकि अक्सर जब हम किसी ऐसी चीज़ को सच कहते हैं, जो वर्तमान में सच नहीं है, तो तुरंत ही हमारे दिमाग़ में एक धीमी आवाज़ कहने लगती है, "यह सच नहीं है। यह झूठ है, बकवास है।"

दूसरी तरफ़, घोषणा में ऐसा नहीं कहा जाता है कि यह सच है। इसमें तो सिर्फ़ यह बताया जाता है कि हम किसी काम को करने या कुछ बनने का इरादा रखते हैं। धीमी आवाज़ इसे मान सकती है, क्योंकि हम यह नहीं कह रहे हैं कि यह वर्तमान में सच है। हम तो सिर्फ़ यह कह रहे हैं कि भविष्य में हमारा यह इरादा है।

घोषणा *आधिकारिक* होती है। यह ब्रह्मांड और आपके शरीर में ऊर्जा का औपचारिक कथन है।

परिभाषा का एक और महत्वपूर्ण शब्द है - *काम*। आपको अपने इरादे को हक़ीक़त में बदलने के लिए सभी आवश्यक काम करने होंगे।

मेरी सलाह है कि आप हर दिन सुबह-सुबह और रात को अपनी घोषणाएँ ज़ोर से करें। आईने में देखकर घोषणा करने से इसका प्रभाव और भी बढ़ जाएगा।

मुझे मानना होगा कि जब मैंने इसके बारे में पहली बार सुना था, तो मैंने कहा था, "संभव ही नहीं है। यह घोषणा का झमेला मुझे तो झूठे सपने जैसा लगता है।" लेकिन चूँकि मैं उस वक़्त दिवालिया था, इसलिए मैंने फ़ैसला किया, "क्या फ़र्क़ पड़ता है? इससे मुझे कोई नुक़सान तो हो नहीं सकता।" फिर मैं नियमित घोषणाएँ करने लगा। अब मैं अमीर बन चुका हूँ! इस बात में कोई हैरानी नहीं होनी चाहिए कि मुझे घोषणाओं के असरदार और कारगर होने

पर पूरा यक़ीन है।

सच तो यह है कि मैं दोषदर्शी और दिवालिया रहने के बजाय झूठा सपना देखकर अमीर बनना चाहूँगा। आपका क्या ख़्याल है ?

यह कहने के बाद मैं आपको आमंत्रित करता हूँ कि आप अपना हाथ दिल पर रखकर नीचे दी गई घोषणा दोहराएँ ...

घोषणा :

"मेरी अंदरूनी दुनिया से ही मेरी बाहरी दुनिया उत्पन्न होती है।"

अब अपना सिर छूकर कहें ...

"मेरे पास मिलियनेअर मस्तिष्क है।"

मैं आपको विशेष बोनस देना चाहता हूँ। अगर आप www.millionaire mindbook.com वेबसाइट पर जाकर "Free Book Bonuses" पर क्लिक करेंगे, तो आपको इस पुस्तक की सभी घोषणाओं की मुफ़्त सूची मिलेगी, जो सुंदर लिखावट में हैं। आप इसे प्रिंट करवा सकते हैं और मढ़वा भी सकते हैं।

धन का आपका ब्लूप्रिंट क्या है
और यह कैसे बनता है ?

रेडियो या टीवी पर मैं अक्सर यह कहता हूँ : "मुझे पाँच मिनट का समय दें। मैं आपकी पूरी ज़िंदगी की आर्थिक स्थिति की भविष्यवाणी कर सकता हूँ।"

दौलत का सिद्धांत :
मुझे पाँच मिनट का समय दें। मैं आपकी पूरी ज़िंदगी की
आर्थिक स्थिति की भविष्यवाणी कर सकता हूँ।

कैसे ? छोटी सी बातचीत में मैं आपके धन और सफलता के "ब्लूप्रिंट" को पहचान सकता हूँ। हममें से हर एक के पास धन और सफलता का व्यक्तिगत ब्लूप्रिंट होता है, जो हमारे अवचेतन मन में छिपा रहता है। और यह ब्लूप्रिंट

आपकी वित्तीय तक़दीर को जितना तय करता है, उतना कोई और चीज़ नहीं करती है।

धन का ब्लूप्रिंट क्या है ? यह किसी मकान के ब्लूप्रिंट जैसा ही होता है, यानी उस ख़ास मकान की पहले से बनी योजना या डिज़ाइन। इसी तरह आपके धन का ब्लूप्रिंट धन के मामले में आपकी पहले से बनी योजना या प्रोग्राम है।

अब मैं आपको एक बहुत ही महत्वपूर्ण फ़ॉर्मूला बताना चाहता हूँ। यही फ़ॉर्मूला तय करता है कि आप अपनी वास्तविकता और दौलत किस तरह उत्पन्न करते हैं। मानवीय क्षमता के क्षेत्र के कई बहुत सम्माननीय शिक्षकों ने इस फ़ॉर्मूले को अपने शिक्षण की बुनियाद बनाया है। इसे प्रकटीकरण की प्रक्रिया कहा जाता है और वह फ़ॉर्मूला यह है :

$$T \rightarrow F \rightarrow A = R$$

दौलत का सिद्धांत :
विचार भावनाओं तक ले जाते हैं।
भावनाएँ कार्यों तक ले जाती हैं।
कार्य परिणामों तक ले जाते हैं।

आपका वित्तीय ब्लूप्रिंट धन के क्षेत्र में आपके विचारों (Thoughts), भावनाओं (Feelings) और कार्यों (Actions) के तालमेल का परिणाम (Result) है।

तो धन का आपका ब्लूप्रिंट कैसे बनता है ? जवाब आसान है। आपका वित्तीय ब्लूप्रिंट मुख्यतः उस जानकारी या "प्रोग्रामिंग" से बनता है, जो आपको अतीत में मिली है, ख़ास तौर पर बचपन में।

इस प्रोग्रामिंग या कंडीशनिंग के मूल स्रोत कौन हैं ? ज़्यादातर लोगों के मामले में इस सूची में उनके माता-पिता, अभिभावक, भाई-बहन, दोस्त, सम्मानित लोग, शिक्षक, धर्मगुरु, मीडिया और संस्कृति शामिल होंगे।

आइए, संस्कृति के बारे में विचार करें। क्या यह सच नहीं है कि कुछ संस्कृतियों

में धन के बारे में सोचने और काम करने का एक निश्चित तरीक़ा होता है, जबकि दूसरी संस्कृतियों की इस बारे में अलग नीति होती है ? क्या आप सोचते हैं कि बच्चा माँ के पेट से पैसे के बारे में अपना नज़रिया लेकर आता है या फिर हर बच्चे को यह *सिखाया* जाता है कि धन के बारे में उसे कैसा नज़रिया रखना है ? आपका अंदाज़ा सही है। हर बच्चे को सिखाया जाता है कि धन के बारे में कैसे सोचा और काम किया जाए।

यही आपके बारे में, मेरे बारे में, हर एक के बारे में सच है। आपको यह सिखाया गया है कि पैसे के बारे में कैसे सोचना और काम करना है। ये सिखाई गई बातें आपकी कंडीशनिंग कर देती हैं और आपको एक साँचे में ढाल देती हैं। ये आपकी स्वचालित प्रतिक्रियाएँ बन जाती हैं, जो ज़िंदगी भर चलती हैं। ज़ाहिर है, यह तब तक होगा जब तक कि आप बीच में हस्तक्षेप करके अपने मस्तिष्क की दौलत की फ़ाइलों को बदल न लें। हम इस पुस्तक में ठीक यही करने जा रहे हैं। हम हर साल हज़ारों लोगों के लिए यही काम करते हैं। मिलियनेअर माइंड इनटेंसिव सेमिनार में हम इस काम को ज़्यादा गहरे और ज़्यादा स्थायी स्तर पर करते हैं।

हमने पहले कहा था कि विचार भावनाओं तक ले जाते हैं, भावनाएँ कार्यों तक और कार्य परिणामों तक। तो एक दिलचस्प सवाल उठता है : आपके विचार कहाँ से उत्पन्न होते हैं ? आप दूसरे व्यक्ति से अलग क्यों सोचते हैं ?

आपके विचार उन "जानकारी की फ़ाइलों" से उत्पन्न होते हैं, जो आपके दिमाग़ की अलमारियों (storage cabinets) में होती हैं। और यह जानकारी कहाँ से आती है ? यह आपके अतीत की प्रोग्रामिंग से आती है। यह सच है, आपके अतीत की कंडीशनिंग आपके दिमाग़ में आने वाले हर विचार को तय करती है। इसीलिए अक्सर इसे कंडीशन्ड मस्तिष्क कहा जाता है।

इस समझ के आधार पर हम अब अपनी प्रकटीकरण की प्रक्रिया को नीचे दिए तरीक़े से संशोधित कर सकते हैं :

$$P \rightarrow T \rightarrow F \rightarrow A = R$$

आपकी प्रोग्रामिंग (Programming) आपके विचारों (Thoughts)

को उत्पन्न करती है; आपके विचार आपकी भावनाओं (Feelings) को उत्पन्न करते हैं; आपकी भावनाएँ आपके कार्यों (Actions) को उत्पन्न करती हैं; आपके कार्य आपके परिणामों (Results) को उत्पन्न करते हैं।

इसलिए, पर्सनल कंप्यूटर की तरह ही आप भी अपनी प्रोग्रामिंग बदलकर अपने परिणामों को बदलने की दिशा में पहला अनिवार्य क़दम उठा लें।

हमारी कंडीशनिंग किस तरह होती है ? हम जीवन के हर क्षेत्र में, जिसमें धन भी शामिल है, तीन मूल तरीक़ों से कंडीशन होते हैं :

शाब्दिक प्रोग्रामिंग : आपने बचपन में क्या *सुना* था ?

मॉडलिंग (अनुसरण) : आपने बचपन में क्या *देखा* था ?

विशेष घटनाएँ : आपने बचपन में क्या *अनुभव* किया था ?

कंडीशनिंग के इन तीनों पहलुओं को समझना बहुत महत्वपूर्ण है, इसलिए आइए, हम इन पर विस्तार से विचार कर लेते हैं। इस पुस्तक के खंड दो में आप सीखेंगे कि आप दौलत और सफलता के लिए ख़ुद को सही तरीक़े से कंडीशन कैसे कर सकते हैं।

पहला प्रभाव : शाब्दिक प्रोग्रामिंग

हम *शाब्दिक* प्रोग्रामिंग (verbal programming) से शुरू करते हैं। बड़े होते समय आपने धन, दौलत और अमीर लोगों के बारे में क्या सुना था ?

क्या आपने इस तरह के वाक्य सुने थे : *पैसा ही सारी बुराई की जड़ है। मुसीबत के समय के लिए पैसे बचाएँ। अमीर लोग लालची होते हैं। अमीर लोग अपराधी होते हैं। अमीर लोग बदमाश होते हैं। पैसे कमाने के लिए कड़ी मेहनत करनी पड़ती है। पैसा पेड़ों पर नहीं उगता है। आप एक साथ अमीर और आध्यात्मिक नहीं हो सकते। पैसा ख़ुशी नहीं ख़रीद सकता। पैसा गंदा होता है। अमीर ज़्यादा अमीर बनते जाते हैं और ग़रीब ज़्यादा ग़रीब। पैसा हम जैसे लोगों के लिए नहीं है। हर कोई अमीर नहीं बन सकता। कभी पर्याप्त नहीं रहता है।* और सबसे मशहूर वाक्य, *हम इसका ख़र्च नहीं उठा सकते ?*

घर में जब भी मैं अपने पिताजी से पैसे माँगता था, तो वे चिल्ला पड़ते थे, "मैं किस चीज़ से बना हूँ ... पैसे से ?" मैं मज़ाक़ में कहता था, "काश ऐसा

होता! मैं आपकी एक बाँह, एक हाथ, एक उँगली ले लेता।" मेरे इस मज़ाक़ पर वे एक बार भी नहीं हँसे।

यही असली मुद्दा है। आपने पैसे के बारे में बचपन में जो भी सुना है, वह सब आपके अवचेतन मस्तिष्क के उस ब्लूप्रिंट में रहता है, जो आपके वित्तीय जीवन को चला रहा है।

शाब्दिक कंडीशनिंग बहुत शक्तिशाली होती है। उदाहरण के लिए, एक बार मेरा तीन साल का बेटा जेस भागता हुआ मेरे पास आया और रोमांचित स्वर में बोला, "डैडी, हम निंज़ा टर्टल मूवी देखने चलते हैं। यह पास में ही चल रही है।" मुझे सपने में भी अंदाज़ा नहीं था कि इतने छोटे बच्चे को भूगोल का इतना ज्ञान कैसे हो सकता है। कुछ घंटे बाद मुझे टीवी विज्ञापन में जवाब मिल गया, जिसमें फ़िल्म के विज्ञापन के नीचे यह लाइन लिखी थी : "अब आपके क़रीबी थिएटर में चल रही है।"

शाब्दिक कंडीशनिंग की शक्ति की एक और मिसाल हमारे मिलियनेअर माइंड सेमिनार का एक प्रतिभागी है। स्टीफ़न को *पैसे कमाने* में कोई समस्या नहीं आती थी। उसे तो पैसे को *रोककर रखने* में समस्या आती थी।

जिस वक़्त स्टीफ़न कोर्स में आया, वह हर साल 8 लाख डॉलर कमा रहा था और पिछले नौ साल से इतना ही कमा रहा था। लेकिन इसके बाद भी उसका ख़र्च खींच-तान कर चलता था। किसी न किसी तरह वह अपने पैसे को ख़र्च करने, उधार देने या ग़लत निवेश निर्णय लेकर गँवा देने में कामयाब हो जाता था। कारण चाहे जो हो, उसकी कुल जमा पूँजी (net worth) शून्य थी!

स्टीफ़न ने हमें बताया कि उसके बचपन में उसकी माँ अक्सर कहती थीं, "अमीर लोग लालची होते हैं। वे ग़रीबों की ख़ून-पसीने की कमाई हड़पकर दौलतमंद बनते हैं। इंसान के पास काम चलाने लायक़ पैसा ही होना चाहिए। उसके बाद अगर आप पैसे बचाते हैं, तो आप सुअर हैं।"

स्टीफ़न के अवचेतन मन में क्या चल रहा था, यह पता लगाने के लिए रॉकेट साइंटिस्ट होने की ज़रूरत नहीं थी। कोई हैरानी नहीं कि वह कड़का था। उसकी माँ ने शाब्दिक कंडीशनिंग करके उसे यह विश्वास दिला दिया था कि अमीर लोग लालची होते हैं। इसलिए उसके मस्तिष्क ने अमीर बनने को

लालची होने के साथ जोड़ दिया। ज़ाहिर है, लालची होना बुरी बात है और चूँकि वह बुरा नहीं बनना चाहता था, इसलिए अवचेतन रूप से वह अमीर भी नहीं बन सकता था।

स्टीफ़न अपनी माँ से प्रेम करता था और उनकी नज़रों में बुरा नहीं बनना चाहता था। अगर वह अमीर बन जाता, तो यह स्पष्ट रूप से उसकी माँ को पसंद नहीं आता, जो अमीरों को लालची मानती थी। इसलिए उसके लिए इकलौता तरीक़ा यही था कि वह कामचलाऊ पैसे से ज़्यादा आमदनी से जैसे–तैसे छुटकारा पा ले, वरना उसकी माँ उसे सुअर समझेगी!

अब आप सोच रहे होंगे कि अमीर बनने और माँ या किसी दूसरे व्यक्ति की पसंद के बीच चुनाव का सवाल उठने पर ज़्यादातर लोग अमीर बनने का चुनाव करेंगे। संभव ही नहीं है! मस्तिष्क इस तरह से काम नहीं करता है। निश्चित रूप से अमीर बनना तार्किक चुनाव दिखता है। *लेकिन जब अवचेतन मस्तिष्क को गहरी भावनाओं और तर्क में से किसी एक को चुनना होता है, तो भावनाएँ लगभग हमेशा जीतेंगी।*

दौलत का सिद्धांत :
जब अवचेतन मस्तिष्क को गहरी भावनाओं और तर्क में से किसी एक को चुनना होता है, तो भावनाएँ लगभग हमेशा जीतेंगी।

हम अब अपनी कहानी की ओर लौटते हैं। कोर्स में दस मिनट से भी कम समय में हमने कुछ बेहद प्रभावकारी अनुभवजन्य तकनीकों का प्रयोग करके स्टीफ़न के धन के ब्लूप्रिंट को बदल दिया। इसके बाद वह सिर्फ़ दो साल में कड़के से मिलियनेअर बन गया।

कोर्स में स्टीफ़न को यह समझ में आ गया कि उसके नकारात्मक विश्वास उसकी माँ के थे, उसके नहीं थे और ये विश्वास उसकी माँ के अतीत की प्रोग्रामिंग पर आधारित थे। हम इसे एक क़दम आगे ले गए और उससे एक ऐसी रणनीति बनवाई, जिससे उसका अमीर बनना उसकी माँ को भी पसंद आए। यह सरल था।

उसकी माँ को हवाई में रहना बहुत पसंद था। इसलिए स्टीफ़न ने माऊ में समुद्र किनारे के एक कॉन्डो में निवेश कर दिया। वह उन्हें सर्दियों में वहाँ भेज

देता है। छह महीने तक वे स्वर्ग में रहती हैं और वह भी। अब माँ को उसकी अमीरी पसंद है। यही नहीं, वे हर एक को बताती रहती हैं कि उनका बेटा कितना उदार है। दूसरी बात, उसका अपनी माँ से साल में छह महीने पाला नहीं पड़ता है। बहुत बढ़िया!

जीवन में मेरी शुरुआत धीमी रही, लेकिन उसके बाद मैं बिज़नेस में अच्छा प्रदर्शन करने लगा। अजीब बात यह थी कि शेयरों में मुझे कभी कमाई नहीं होती थी। अपने धन के ब्लूप्रिंट के बारे में जागरूक होने के बाद मुझे याद आया कि जब मैं छोटा था, तो काम से लौटने के बाद हर शाम को मेरे डैडी डिनर की टेबल पर अख़बार लेकर बैठते थे, शेयरों के भाव देखते थे और टेबल पर मुक्का मारकर चिल्लाते थे, "ये घटिया शेयर!" फिर वे अगले आधे घंटे तक इस बारे में बड़बड़ाते रहते थे कि पूरा सिस्टम कितना मूर्खतापूर्ण है और शेयरों में फ़ायदा कमाने की उम्मीद करने से ज़्यादा अच्छा तो यह रहेगा कि लास वेगास जाकर जुआ खेला जाए।

अब जब आप शाब्दिक कंडीशनिंग की शक्ति को समझ चुके हैं, तो क्या आप देख सकते हैं कि शेयर बाज़ार में मुझे फ़ायदा न होने में हैरानी की कोई बात नहीं थी ? मेरी शाब्दिक प्रोग्रामिंग असफल होने के लिए हुई थी। मेरे मस्तिष्क को अचेतन रूप से ग़लत शेयर, ग़लत क़ीमत पर, ग़लत समय ख़रीदने के लिए प्रोग्राम किया गया था। क्यों ? अवचेतन रूप से मेरे धन के ब्लूप्रिंट को सही साबित करने के लिए, जिसके अनुसार "शेयर घटिया होते हैं!"

बहरहाल, जब मैंने अपने अंदर के "वित्तीय बगीचे" से इस विशाल, ज़हरीले खरपतवार को खोदकर बाहर निकाल दिया, तो मुझे ज़्यादा अच्छे फल मिलने लगे! जब मैंने ख़ुद को दोबारा कंडीशन कर लिया, तो उसके बाद मैं जो भी शेयर ख़रीदता था, उसका भाव तत्काल बढ़ने लगता था। तब से मुझे शेयर बाज़ार में अद्‌भुत सफलता मिली है। हालाँकि यह अविश्वसनीय और अजीब लगता है, लेकिन जब आप वाक़ई समझ जाते हैं कि धन का ब्लूप्रिंट कैसे काम करता है, तो यह बिलकुल तार्किक लगने लगता है।

एक बार फिर, आपकी अवचेतन कंडीशनिंग आपकी सोच को तय करती है। आपकी सोच आपके निर्णयों को तय करती है और आपके निर्णय आपके कार्यों को तय करते हैं, जो अंततः आपके परिणामों को तय करते हैं।

परिवर्तन के चार प्रमुख तत्व हैं, जिनमें से प्रत्येक आपके वित्तीय ब्लूप्रिंट की दोबारा प्रोग्रामिंग के लिए अनिवार्य है। ये तत्व साधारण, लेकिन बहुत शक्तिशाली हैं।

परिवर्तन का पहला तत्व है *जागरूकता* (awareness)। आप किसी चीज़ को तब तक नहीं बदल सकते, जब तक आपको इसके अस्तित्व का पता न हो।

परिवर्तन का दूसरा तत्व है *समझ* (understanding)। आपका "सोचने का तरीक़ा" कहाँ उत्पन्न हुआ, यह समझने से आप यह जान सकते हैं कि बाहर आपको ऐसे परिणाम क्यों मिल रहे हैं।

परिवर्तन का तीसरा तत्व है *अलगाव* (disassociation)। जब आपको एहसास हो जाता है कि यह सोचने का तरीक़ा आपका नहीं, किसी दूसरे का है, तो आप ख़ुद को उससे अलग कर सकते हैं और यह चुनाव कर सकते हैं कि उसे आगे जारी रखा जाए या छोड़ दिया जाए। इसके लिए आपको इस बात पर विचार करना होगा कि आप आज कहाँ हैं और आने वाले कल में कहाँ पहुँचना चाहते हैं। आप सोचने के इस तरीक़े का निरीक्षण करके इसकी हक़ीक़त देख सकते हैं। आप जान जाते हैं कि यह जानकारी की ऐसी "फ़ाइल" है, जो आपके दिमाग़ में बहुत, बहुत पहले से रखी हुई है और हो सकता है कि अब वह सच्ची या महत्वपूर्ण न हो।

परिवर्तन का चौथा तत्व *रिकंडीशनिंग* (reconditioning) है। हम इस पुस्तक के खंड दो में इस प्रक्रिया को शुरू करेंगे। वहाँ हम आपको दौलत पैदा करने वाली मानसिक फ़ाइलें देंगे। अगर आप एक क़दम आगे जाना चाहें, तो मैं आपको अपने मिलियनेअर माइंड इनटेंसिव सेमिनार में भाग लेने के लिए आमंत्रित करता हूँ, जहाँ आपको प्रभावी अनुभवजन्य तकनीकों की श्रृंखला से गुज़ारा जाता है। ये तकनीकें आपके अवचेतन को सूक्ष्म तरीक़े से हमेशा के लिए बदल देंगी। इनसे आपका मस्तिष्क धन और सफलता के संदर्भ में सकारात्मक प्रतिक्रिया करने के लिए रिकंडीशन हो जाएगा।

स्थायी परिवर्तन के लिए निरंतरता और सतत समर्थन भी महत्वपूर्ण है, इसलिए मैं आपको एक और तोहफ़ा देना चाहूँगा। अगर आप www.millionairemindbook.com वेबसाइट पर जाएँ और "Free Book

Bonuses" पर क्लिक करें, तो आप मिलियनेअर माइंड के "thought of the week" के लिए रजिस्ट्रेशन कर सकते हैं। हर सप्ताह आपको एक गूढ़ सबक़ मिलेगा, जो सफल होने में आपकी मदद कर सकता है।

हम शाब्दिक कंडीशनिंग की चर्चा पर दोबारा लौटते हैं। अब हम बताते हैं कि आप धन के अपने ब्लूप्रिंट को सुधारने के लिए इसी वक़्त कौन से क़दम उठा सकते हैं।

परिवर्तन के क़दम : शाब्दिक प्रोग्रामिंग

जागरूकता : बचपन में धन, दौलत और अमीर लोगों के बारे में सुनी सभी बातें लिख लें।

समझ : यह भी लिख लें कि आपके हिसाब से इन बातों ने आपके वित्तीय जीवन को अब तक किस तरह प्रभावित किया है।

अलगाव : क्या आप देख सकते हैं कि ये विचार आपने सिर्फ़ सीखे हैं ? ये आपके शरीर या मूलभूत अस्तित्व का हिस्सा नहीं हैं। क्या आप देख सकते हैं कि इस समय आप इन विचारों को बदलने का चुनाव कर सकते हैं ?

घोषणा : अपना हाथ दिल पर रखकर कहें ...

> *"धन के बारे में मैंने जो भी सुना था, उसका सच होना ज़रूरी नहीं है। मैं सोचने के नए तरीक़े अपनाने का विकल्प चुनता हूँ, जो मेरे सुख और सफलता को बढ़ाते हैं।"*

अपना सिर छूकर कहें ...

> *"मेरे पास मिलियनेअर मस्तिष्क है।"*

दूसरा प्रभाव : मॉडलिंग

जिस दूसरे तरीक़े से हमें कंडीशन किया जाता है, वह है मॉडलिंग (अनुसरण)। जब आप बड़े हो रहे थे, तो पैसों के मामले में आपके माता-पिता या अभिभावक कैसे थे ? क्या उनमें से एक ने या दोनों ने अपने धन का अच्छा प्रबंधन किया या ख़राब प्रबंधन किया ? वे फ़िज़ूलख़र्च थे या मितव्ययी ? वे चतुर निवेशक थे या वे निवेश ही नहीं करते थे ? वे जोखिम लेने वाले थे या सुरक्षित मानसिकता

वाले थे ? उनके पास पैसा टिका रहता था या फिर पैसे के मामले में हमेशा उतार-चढ़ाव का सिलसिला चलता रहता था ? आपके परिवार में पैसा आसानी से आता था या फिर इसके लिए हमेशा संघर्ष करना पड़ता था ? पैसा आपके परिवार में ख़ुशी का स्रोत था या फिर इसे लेकर हमेशा बहस होती रहती थी ?

यह जानकारी महत्वपूर्ण क्यों है ? शायद आपने यह कहावत सुनी होगी, "बंदर जैसा देखते हैं, वैसा ही करते हैं।" इंसान भी ज़्यादा पीछे नहीं हैं। बचपन में हम हर चीज़ अनुसरण से ही सीखते हैं।

हालाँकि हममें से ज़्यादातर लोग इस बात को स्वीकार नहीं करना चाहेंगे, लेकिन इस पुरानी कहावत में काफ़ी सच्चाई है, "सेब पेड़ से ज़्यादा दूर नहीं गिरता है।"

इससे मुझे एक औरत की कहानी याद आती है, जो डिनर के लिए हैम पकाते समय उसके दोनों सिरे काट देती थी। एक दिन यह देखकर उसका पति हैरान रह गया और उसने पूछा कि वह दोनों सिरे क्यों काटती है। पत्नी का जवाब था, "मेरी माँ भी इसी तरह पकाती थीं।" संयोग की बात, उस औरत की माँ डिनर के लिए उस रात को उनके घर आ रही थीं। उन दोनों ने उनसे पूछा कि वे हैम के दोनों सिरे क्यों काटती हैं। माँ का जवाब था, "मेरी माँ इसी तरह पकाती थीं।" यह सुनकर उन्होंने नानी से फ़ोन पर पूछने का फैसला किया और पूछा कि वे हैम के दोनों सिरे क्यों काटती थीं। उनका जवाब ? "क्योंकि मेरी कड़ाही बहुत छोटी थी!"

सबक़ यह है कि आम तौर पर हम धन के क्षेत्र में अपने माता या पिता या दोनों के तालमेल के अनुरूप होते हैं।

उदाहरण के लिए, मेरे डैडी उद्यमी थे। वे भवन निर्माण के व्यवसाय में थे। वे हर प्रोजेक्ट में एक दर्जन से लेकर सौ मकान तक बनाते थे। हर प्रोजेक्ट में ढेर सारा पैसा लगाना पड़ता था। डैडी घर की सारी पूँजी लगा देते थे और बैंक से भारी कर्ज़ ले लेते थे। हम तब तक कड़के ही रहते थे, जब तक कि सारे मकान बिक नहीं जाते थे और नक़द नहीं आ जाता था। परिणामस्वरूप हर प्रोजेक्ट के शुरू होते समय हमारे पास पैसा नहीं रहता था और हम गले तक कर्ज़ में भी डूबे रहते थे।

जैसा कि आप अंदाज़ा लगा सकते हैं, इस दौरान डैडी का मूड कोई ख़ास

अच्छा नहीं रहता था और न ही वे उदारता के मूड में रहते थे। अगर मैं उनसे चवन्नी की भी कोई चीज़ माँगता था, तो हमेशा उनका जवाब होता था, "मैं किस चीज़ से बना हूँ, पैसे से? क्या तुम पागल हो गए हो?" ज़ाहिर है, मुझे धेला भी नहीं मिलता था, बल्कि "मुझसे दोबारा माँगने के बारे में सोचना भी मत" कहती कोपदृष्टि मिलती थी। मुझे यक़ीन है कि आपको भी कभी न कभी इसी तरह का अनुभव हुआ होगा।

यह सिलसिला एक-दो साल तक चलता था, जब तक कि मकान अंततः बिक नहीं जाते थे। फिर हमारे घर पैसों की बरसात होने लगती थी। अचानक डैडी बिलकुल बदल जाते थे। वे ख़ुश, दयालु और बहुत उदार हो जाते थे। वे आकर मुझसे पूछते थे कि क्या मुझे कुछ पैसे चाहिए। मेरे मन में तो आता था कि मैं उन्हें उनकी कोपदृष्टि वापस लौटा दूँ, लेकिन मैं उतना मूर्ख नहीं था, इसलिए मैं बस आँखें मटकाकर कह देता था, "हाँ डैडी, धन्यवाद।"

फिर हमारी ज़िंदगी अच्छी तरह से चलती थी ... जब तक कि वह भयंकर दिन नहीं आ जाता था, जब डैडी घर आकर यह घोषणा करते थे, "मुझे एक अच्छी ज़मीन मिल गई है। हम वहाँ पर मकान बनाने जा रहे हैं।" मुझे अच्छी तरह याद है, यह सुनकर मैं कहता था, "बहुत बढ़िया, डैडी, शुभकामनाएँ।" हालाँकि मेरा दिल डूब जाता था, क्योंकि मैं जानता था कि इसके बाद जीवन कितना संघर्षपूर्ण होगा।

यह सिलसिला मेरी छह साल की उम्र से लेकर तब तक लगातार चलता रहा, जब मैंने इक्कीस साल की उम्र में हमेशा के लिए अपने माता-पिता का घर नहीं छोड़ दिया। फिर यह सिलसिला थम गया या कम से कम मुझे ऐसा ही लगा था।

इक्कीस साल की उम्र में मैंने पढ़ाई पूरी की और जैसा आपने अंदाज़ा लगा लिया होगा, बिल्डर बन गया। मैं प्रोजेक्ट वाले कई अन्य व्यवसायों में भी गया। न जाने क्यों थोड़े पैसे कमाने के कुछ समय बाद ही मैं दोबारा कड़का हो जाता था। मैं दूसरे बिज़नेस में छलाँग लगा देता था और ख़ुद को दुनिया के शिखर पर समझने लगता था, लेकिन साल भर बाद ही मैं खाई में पहुँच जाता था।

उतार-चढ़ाव का यह सिलसिला लगभग दस साल तक चलता रहा। तब जाकर मुझे एहसास हुआ कि शायद समस्या मेरा चुना हुआ बिज़नेस नहीं है,

मेरे चुने हुए पार्टनर नहीं हैं, मेरे कर्मचारी, अर्थव्यवस्था की स्थिति या अच्छी स्थिति में छुट्टी मनाने या आराम करने का मेरा निर्णय नहीं है। मैं आख़िरकार पहचान गया कि शायद मैं अचेतन रूप से अपने डैडी की उतार-चढ़ाव भरी आमदनी के पैटर्न को दोहरा रहा था।

मैं बस ईश्वर का शुक्रिया अदा कर सकता हूँ कि मैंने वह सीख लिया, जो आप इस पुस्तक में सीख रहे हैं। मैं ख़ुद को रिकंडीशन करके इस "उतार-चढ़ाव" भरे मॉडल से बाहर निकला और मैंने लगातार बढ़ने वाली आमदनी हासिल की। आज जब सब कुछ अच्छा चल रहा होता है, तब भी मेरे मन में व्यवसाय बदलने (और इस प्रक्रिया में ख़ुद का नुक़सान करने की) सनक उठती है। लेकिन अब मेरे मस्तिष्क में एक और फ़ाइल है, जो इस भावना को देखकर कहती है, "अपनी बात रखने के लिए धन्यवाद। अब हम दोबारा अपने काम पर ध्यान केंद्रित करते हैं।"

एक अन्य उदाहरण ऑरलैन्डो, फ़्लोरिडा के मेरे सेमिनार का है। हमेशा की तरह लोग ऑटोग्राफ़ लेने, हैलो कहने या धन्यवाद देने के लिए एक-एक करके मंच पर आ रहे थे। मैं एक बूढ़े आदमी को कभी नहीं भूल पाऊँगा, क्योंकि वह सुबकता हुआ आया। वह मुश्किल से साँस ले पा रहा था और आस्तीन से अपने आँसू पोंछ रहा था। मैंने उससे पूछा कि क्या गड़बड़ हो गई। उसने कहा, "मेरी उम्र तिरेसठ साल है और मैं काफ़ी लंबे समय से पुस्तकें पढ़ रहा हूँ और सेमिनारों में जा रहा हूँ। मैंने हर वक्ता की बातें सुनी हैं और उनकी सिखाई हर चीज़ आज़माकर देखी है। मैं शेयर बाज़ार, रियल एस्टेट समेत हर क्षेत्र को आज़माकर देख चुका हूँ। मैं दर्जनों बिज़नेस कर चुका हूँ। मैं दोबारा यूनिवर्सिटी जाकर एमबीए कर चुका हूँ। मेरे पास आम लोगों से दस गुना ज़्यादा ज्ञान है, लेकिन मैं आज तक कभी आर्थिक दृष्टि से सफल नहीं हो पाया। मेरी शुरुआत हमेशा अच्छी होती है, लेकिन अंत में मैं ख़ाली हाथ ही रह जाता हूँ। इतने बरसों में मुझे इसका कारण कभी पता नहीं चल पाया। मैं सोचता था कि शायद मैं मूर्ख हूँ ... लेकिन आज सब कुछ बदल गया है।"

"आपकी बातें सुनने और आपके बताए काम करने के बाद मुझे आख़िरकार सच्चाई पता चल गई। मुझमें कोई गड़बड़ नहीं है। मेरे दिमाग़ में तो मेरे डैडी का धन का ब्लूप्रिंट था और वही मेरे विनाश का कारण बना। मेरे डैडी ने मंदी के युग का सामना किया था। हर दिन वे काम खोजने या सामान बेचने की

कोशिश करते थे, लेकिन शाम को ख़ाली हाथ घर लौटते थे। काश मुझे चालीस साल पहले मॉडलिंग (अनुसरण) और धन संबंधी कंडीशनिंग के बारे में पता चल जाता! मेरा इतना सारा वक़्त, ज्ञान और सीखना तो बर्बाद नहीं होता।" इसके बाद वह फूट-फूटकर रोने लगा।

मैंने जवाब दिया, "ज्ञान पाने में आपने जो समय लगाया है, वह बर्बाद कहाँ हुआ है! यह ज्ञान तो आपके मस्तिष्क में सोया हुआ है, यह तो 'मस्तिष्क' बैंक में इंतज़ार कर रहा है, अवसर के बाहर निकलने का इंतज़ार कर रहा है। अब जबकि आपने 'सफलता का ब्लूप्रिंट' बना लिया है, तो आपकी सीखी हर चीज़ काम आ सकती है और आप बड़ी तेज़ी से सफलता के आकाश में पहुँच सकते हैं।"

हममें से ज़्यादातर लोग जब सच्चाई सुनते हैं, तो जान जाते हैं। वह आदमी दोबारा बेहतर महसूस करने लगा और गहरी साँसें लेने लगा। फिर उसके चेहरे पर एक चौड़ी मुस्कान खिल गई। उसने मुझे ज़ोर से गले लगाकर कहा, "धन्यवाद, धन्यवाद, धन्यवाद।" आख़िरी बार जब मुझे उस आदमी की चिट्ठी मिली थी, तो उसके जीवन में हर चीज़ बहुत अच्छी चल रही थी। पिछले अठारह महीनों में वह इतनी सारी दौलत कमा चुका था, जितनी उसने पिछले अठारह सालों में भी नहीं जोड़ी थी। मुझे सुनकर बहुत अच्छा लगा!

हो सकता है आपके पास दुनिया का सारा ज्ञान और योग्यता हो, लेकिन अगर आपका "ब्लूप्रिंट" सफलता के लिए निर्धारित नहीं है, तो आप वित्तीय दृष्टि से असफल ही रहेंगे।

अक्सर हमारे सेमिनारों में ऐसे प्रतिभागी आते हैं, जिनके माता-पिता द्वितीय विश्व युद्ध में भाग ले चुके हैं या मंदी के दौर में रह चुके हैं। उन लोगों को प्रायः झटका लगता है, जब उन्हें यह एहसास होता है कि उनके माता-पिता के अनुभवों ने उनके धन संबंधी विश्वासों और आदतों को कितना ज़्यादा प्रभावित किया है। कुछ लोग पागलों की तरह ख़र्च करते हैं, क्योंकि "पैसा कभी भी डूब सकता है, इसलिए जब तक इसका आनंद लेने का मौक़ा है, तब तक ले लो।" बाक़ी लोग इसके उल्टे रास्ते पर जाते हैं। वे अपने पैसे को दाँतों से पकड़कर रखते हैं और "मुश्किल समय के लिए बचाते हैं।"

बुद्धिमानी की सलाह : मुश्किल समय के लिए बचत करने का विचार अच्छा तो लगता है, लेकिन यह जान लें कि इससे बड़ी समस्याएँ भी उत्पन्न हो सकती

हैं। हम अपने एक अन्य कोर्स में इरादे की शक्ति का सिद्धांत भी सिखाते हैं। अगर आप *मुश्किल* समय के लिए पैसा बचा रहे हैं, तो आपको क्या मिलेगा? मुश्किल समय! इसलिए ऐसा करना छोड़ दें। मुश्किल समय के लिए पैसा बचाने के बजाय *ख़ुशहाल* समय के लिए पैसा जोड़ने पर ध्यान केंद्रित करें या उस समय के लिए जोड़ें, जब आप अपनी आर्थिक स्वतंत्रता जीत लेंगे। फिर इरादे के नियम के परिणामस्वरूप आपको ठीक वही चीज़ मिलेगी।

पहले हमने कहा था कि धन के क्षेत्र में हममें से ज़्यादातर लोग अपने एक या दोनों अभिभावकों के समान होते हैं, लेकिन इस सिक्के का दूसरा पहलू भी है। हममें से कुछ लोग अपने एक या दोनों अभिभावकों के बिलकुल विपरीत हो जाते हैं। ऐसा क्यों होता है? क्या *क्रोध* और *विद्रोह* जैसे शब्दों की घंटी बजती है? संक्षेप में, यह इस बात पर निर्भर करता है कि आप उनसे कितने नाराज़ हैं।

दुर्भाग्य से, बचपन में हम अपने माता-पिता से यह नहीं कह सकते, "मम्मी-डैडी, आप लोग बैठ जाएँ। मैं आपके साथ एक गंभीर मुद्दे पर चर्चा करना चाहता हूँ। आप लोग जिस तरह से अपने पैसे या ज़िंदगी का प्रबंधन करते हैं, वह मुझे अच्छा नहीं लगता है, इसलिए बड़ा होने के बाद मैं अलग तरीक़े से काम करूँगा। मुझे उम्मीद है कि आप समझ गए होंगे। अच्छा, शुभ रात्रि और सुखद स्वप्न।"

नहीं, नहीं, नहीं, ऐसा नहीं होता है। इसके बजाय, जब हमारे बटन दब जाते हैं, तो हम आम तौर पर बौखला जाते हैं और इस तरह की बात सोचने लगते हैं, "मैं आपसे नफ़रत करता हूँ। मैं कभी आप जैसा नहीं बनूँगा। बड़ा होकर मैं अमीर बनूँगा। फिर मैं अपनी हर मनचाही चीज़ पा लूँगा, चाहे वह आपको पसंद हो या न हो।" इसके बाद हम अपने बेडरूम की तरफ़ भागते हैं, धड़ाम से दरवाज़ा बंद करते हैं और भड़ास निकालने के लिए अपने तकिए या किसी और चीज़ पर मुक्के मारने लगते हैं।

ग़रीब परिवारों में पले कई लोग ग़रीबी को लेकर नाराज़ और विद्रोही हो जाते हैं। अक्सर वे या तो घर से निकलने के बाद अमीर बन जाते हैं या कम से कम उनमें ऐसा करने की प्रेरणा तो होती है। लेकिन एक छोटी सी दिक्क़त आती है, जो दरअसल बहुत बड़ी दिक्क़त बन जाती है। ये लोग चाहे जितने अमीर बन जाएँ या सफल बनने के लिए कितनी ही मेहनत कर लें, आम तौर पर वे सुखी नहीं होते हैं। क्यों? क्योंकि उनकी अमीरी या पैसे कमाने की प्रेरणा

की जड़ में ग़ुस्सा और चिढ़ है। परिणामस्वरूप, उनके दिमाग़ में पैसे और ग़ुस्से के बीच कड़ी जुड़ जाती है। ऐसे लोग जितना ज़्यादा पैसा कमाते हैं, उनका ग़ुस्सा उतना ही बढ़ता जाता है।

आख़िरकार, उच्चतर स्वरूप (higher self) कहता है, "मैं अब ग़ुस्से और तनाव से थक चुका हूँ। मैं शांति और ख़ुशी चाहता हूँ।" इस पर वे ग़ुस्से और पैसे की कड़ी *जोड़ने* वाले मस्तिष्क से पूछते हैं कि इस स्थिति में क्या करना चाहिए। उनका मस्तिष्क तत्काल जवाब देता है, "अगर तुम्हें ग़ुस्सा छोड़ना है, तो अपने पैसे से भी छुटकारा पाना होगा।" तो वे ऐसा ही करते हैं। वे अवचेतन रूप से अपने पैसे से छुटकारा पा लेते हैं।

वे फ़िज़ूलख़र्ची कर बैठते हैं या निवेश का ग़लत निर्णय ले लेते हैं या वित्तीय रूप से तबाह कर देने वाला तलाक़ ले लेते हैं या अपनी सफलता को किसी दूसरे तरीक़े से बर्बाद कर लेते हैं। लेकिन कम से कम अब वे सुखी तो हैं। सही ? ग़लत! स्थितियाँ और बिगड़ जाती हैं, क्योंकि अब वे सिर्फ़ ग़ुस्सा नहीं हैं। अब वे ग़ुस्सा और दिवालिया दोनों हैं। उन्होंने ग़लत चीज़ से छुटकारा पा लिया है!

ग़ुस्से के बजाय उन्होंने पैसे से छुटकारा पा लिया। जड़ के बजाय फल से छुटकारा पा लिया। बहरहाल, अपने माता-पिता के प्रति उनकी नाराज़गी ही असली मुद्दा है और हमेशा था। जब तक उस ग़ुस्से का समाधान नहीं निकलेगा, तब तक वे कभी सचमुच ख़ुश या शांत नहीं रह सकते, चाहे उनके पास कितना भी पैसा हो या न हो।

पैसा कमाने या सफलता पाने का आपका कारण या प्रेरणा बेहद महत्वपूर्ण है। अगर पैसे या सफलता की प्रेरणा की जड़ नकारात्मक है, जैसे डर, ग़ुस्सा या ख़ुद को "साबित" करने की ज़रूरत, तो पैसा आपको कभी सुखी नहीं बना सकता।

दौलत का सिद्धांत :

अगर धन या सफलता की प्रेरणा की जड़ नकारात्मक है, जैसे डर, ग़ुस्सा या ख़ुद को "साबित" करने की ज़रूरत, तो पैसा आपको कभी सुखी नहीं बना सकता।

क्यों ? क्योंकि आप इनमें से किसी भी मुद्दे को पैसे से नहीं सुलझा सकते हैं। मिसाल के तौर पर, डर को ही लीजिए। अपने सेमिनारों में मैं लोगों से पूछता हूँ, "आपमें से कितने लोग मानते हैं कि डर आपके लिए सफलता की मूल प्रेरणा है ?" ज़्यादातर लोग अपने हाथ नहीं उठाते हैं। बहरहाल, इसके बाद मैं पूछता हूँ, "आपमें से कितने लोग मानते हैं कि सुरक्षा आपके लिए सफलता की मुख्य प्रेरणा है ?" लगभग हर हाथ व्यक्ति का ऊपर उठ जाता है। लेकिन एक बात समझ लें – सुरक्षा और डर एक ही चीज़ से प्रेरित होते हैं। सुरक्षा की चाह असुरक्षा से उत्पन्न होती है, जिसका आधार डर है।

तो, क्या ज़्यादा पैसे से डर चला जाएगा ? काश ऐसा होता! लेकिन ऐसा बिलकुल नहीं होता है। क्यों ? क्योंकि पैसा समस्या की जड़ नहीं है; समस्या की जड़ तो डर है। इससे भी बुरी बात यह है कि डर सिर्फ़ समस्या नहीं है; यह तो एक आदत है। इसलिए ज़्यादा पैसे कमा लेने के बाद हमारे डर का सिर्फ़ प्रकार बदलता है। कड़की के दौर में हमें सबसे ज़्यादा डर यह लगता था कि हम कभी सफल नहीं हो पाएँगे या हमारे पास पर्याप्त पैसा नहीं रहेगा। सफल होने के बाद हमारा डर आम तौर पर बदलकर यह हो जाता है, "अगर मेरी कमाई सारी दौलत चली गई, तो क्या होगा ?" या "हर व्यक्ति की निगाह मेरी दौलत पर है," या "मुझे ढेर सारा टैक्स देना पड़ेगा।" संक्षेप में, जब तक हम मुद्दे की जड़ तक नहीं पहुँचते हैं और डर को ख़त्म नहीं करते हैं, तब तक चाहे कितना भी पैसा आ जाए, कोई फ़ायदा नहीं होगा।

ज़ाहिर है, अगर हमारे सामने विकल्प मौजूद हों, तो हममें से ज़्यादातर लोग दौलतमंद बनने के बाद उसे गँवाने का विकल्प चुनेंगे, बजाय इसके कि हमारे पास बिलकुल भी पैसा न हो। लेकिन दोनों ही तरीक़े ज़्यादा समझदारी भरे नहीं हैं।

कई लोगों को वित्तीय सफलता पाने की प्रेरणा ख़ुद को "पर्याप्त अच्छा" साबित करने की चाह से मिलती है। इस पुस्तक के खंड दो में हम इस चुनौती पर विस्तार से बात करेंगे, लेकिन फ़िलहाल बस इतना समझ लें कि ढेर सारी दौलत भी आपको पर्याप्त अच्छा साबित नहीं कर सकती। पैसा आपको वह नहीं बना सकता, जो आप पहले से नहीं हैं। एक बार फिर, डर की तरह ही "हमेशा ख़ुद को साबित करने" का मुद्दा आपकी स्वाभाविक जीवनशैली बन

जाता है। आपको यह एहसास ही नहीं होता कि यह आपको भगाए जा रहा है। आप ख़ुद को बहुत सफल, मेहनती, संकल्पवान मानते हैं और ये सारे गुण अच्छे हैं। इकलौता सवाल है, क्यों? वह मूल इंजन क्या है, जो इस सब को चला रहा है?

जो लोग ख़ुद को पर्याप्त अच्छा साबित करने की प्रेरणा से संचालित होते हैं, उन्हें ढ़ेर सारा पैसा भी अंदरूनी दर्द से राहत नहीं दे सकता। वे हमेशा यह सोचते रहेंगे कि वे और उनके जीवन की हर चीज़ "पर्याप्त अच्छी नहीं" है। पैसे या किसी भी चीज़ की कितनी ही मात्रा ऐसे लोगों के लिए कभी पर्याप्त नहीं होगी, जो महसूस करते हैं कि वे ख़ुद पर्याप्त अच्छे नहीं हैं।

एक बार फिर, यह सब आप ही पर निर्भर है। याद रखें, आपका बाहरी संसार आपके अंदरूनी संसार का प्रतिबिंब है। अगर आपको यक़ीन है कि आपके पास पर्याप्त नहीं है, तो आप इस विश्वास को सही साबित करते हुए उस वास्तविकता को उत्पन्न करेंगे, जिसमें आपके पास पर्याप्त नहीं होगा। दूसरी ओर, अगर आप यक़ीन करते हैं कि आपके पास पर्याप्त है, तो आप इस विश्वास को सही साबित करते हुए प्रचुरता (abundance) उत्पन्न कर लेंगे। क्यों? क्योंकि आपकी जड़ "प्रचुरता" है और यह आपकी स्वाभाविक जीवनशैली बन जाएगी।

ग़ुस्से, डर और ख़ुद को साबित करने जैसी चीज़ों को पैसे की प्रेरणा न बनाएँ। इसके बजाय आप *उद्देश्य, योगदान* और *ख़ुशी* की नई प्रेरणा बना सकते हैं। अगर आप ऐसा कर लेते हैं, तो आपको सुखी होने के लिए कभी भी पैसे से छुटकारा पाने की ज़रूरत नहीं होगी।

विद्रोही या अपने माता-पिता का विरोधी होना हमेशा समस्या नहीं होती है। इसके विपरीत, अगर आप विद्रोही हैं (अक्सर दूसरे नंबर पर पैदा होने वाले बच्चों के साथ ऐसा होता है) और पैसे के क्षेत्र में आपके माता-पिता की आदतें ख़राब थीं, तो शायद यह अच्छा है कि आप उनकी विपरीत दिशा में चल रहे हैं। दूसरी तरफ़, अगर आपके माता-पिता सफल थे, लेकिन आप उनके ख़िलाफ़ विद्रोह कर रहे हैं, तो आप गंभीर आर्थिक कठिनाइयों में फँस सकते हैं।

दोनों ही तरह से यह पहचानना महत्वपूर्ण है कि पैसे के क्षेत्र में आप अपने

माता-पिता के कितने अनुरूप हैं।

परिवर्तन के क़दम : मॉडलिंग (अनुसरण)

जागरूकता : धन-दौलत के मामले में अपने माता-पिता की आदतों के बारे में विचार करें। लिख लें कि आप किस तरह उनमें से किसके अनुरूप या विपरीत हो सकते हैं।

समझ : अपने वित्तीय जीवन पर इससे पड़ने वाले प्रभाव को लिख लें।

अलगाव : क्या आप देख सकते हैं कि यह जीवनशैली आपने सिर्फ़ सीखी है और यह आपका सच्चा स्वरूप नहीं है ? क्या आप देख सकते हैं कि आपके पास इसी पल बदल जाने का विकल्प मौजूद है ?

घोषणा : दिल पर हाथ रखकर कहें ...

"पैसे के क्षेत्र में मैं उनका अनुसरण कर रहा था। अब मैं अपना रास्ता खुद चुनता हूँ।"

अपने सिर को छूकर कहें ...

"मेरे पास मिलियनेअर मस्तिष्क है!"

तीसरा प्रभाव : विशिष्ट घटनाएँ

हमारी कंडीशनिंग का तीसरा बुनियादी तरीक़ा है : विशिष्ट घटनाएँ। बचपन में धन-दौलत और अमीर लोगों के मामले में आपके अनुभव कैसे थे ? ये अनुभव बहुत महत्त्वपूर्ण हैं, क्योंकि ये आपकी धारणाओं - या भ्रमों - को आकार देते हैं, जिनके अनुरूप आप जी रहे हैं।

आइए, मैं आपको एक उदाहरण देता हूँ। एक महिला ऑपरेशन थिएटर में नर्स थी। वह मिलियनेअर माइंड इनटेंसिव सेमिनार में भाग लेने आई। जोसी नामक इस महिला की आमदनी तो अच्छी थी, लेकिन उसका सारा पैसा ख़र्च हो जाता था। जब हमने थोड़ी छानबीन की, तो उसने बताया कि ग्यारह साल की उम्र में वह अपने माता-पिता और बहन के साथ एक चाइनीज़ रेस्तराँ में गई थी। उसके मम्मी-डैडी पैसों को लेकर बहस कर रहे थे। उसके डैडी खड़े

होकर चिल्ला रहे थे और टेबल पर मुक्का मार रहे थे। उसे याद है कि उसके डैडी का चेहरा लाल हुआ, फिर नीला पड़ा और हार्ट अटैक के कारण वे फ़र्श पर गिर गए। वह स्कूल की स्विमिंग टीम में थी और उसके पास आपातकालीन चिकित्सा का प्रशिक्षण था। उसने पिता को बचाने की कोशिश की, लेकिन कोई फ़ायदा नहीं हुआ। उन्होंने उसकी बाँहों में दम तोड़ दिया।

उस दिन के बाद से जोसी के दिमाग़ ने पैसे को *दर्द* के साथ जोड़ दिया। कोई हैरानी नहीं कि अपने दर्द से छुटकारा पाने के लिए वह वयस्क जीवन में अचेतन रूप से अपने सारे पैसे से छुटकारा पा लेती है। यह भी दिलचस्प है कि वह नर्स बनी। क्यों? कहीं ऐसा तो नहीं कि वह अब भी अपने डैडी को बचाने की कोशिश कर रही है?

कोर्स में हमने धन के पुराने ब्लूप्रिंट को पहचानने और बदलने में जोसी की मदद की। आज वह वित्तीय रूप से स्वतंत्र बनने की राह पर है। अब वह नर्स नहीं है। इसका मतलब यह नहीं है कि उसे वह काम पसंद नहीं था। बात सिर्फ़ इतनी है कि वह ग़लत कारण से नर्स बन गई थी। अब वह फ़ाइनैंशियल प्लानर बनकर लोगों की मदद कर रही है। अब वह उन्हें परामर्श देकर यह समझा रही है कि उनके अतीत की प्रोग्रामिंग उनके वित्तीय जीवन के हर पहलू को किस तरह प्रभावित करती है।

मैं आपको एक और उदाहरण देता हूँ, जो मेरे परिवार का है। जब मेरी पत्नी आठ साल की थी, तो सड़क पर आइसक्रीम वाले की घंटी सुनते ही वह भागकर अपनी मम्मी के पास जाती थी और चवन्नी माँगती थी। उसकी माँ जवाब देती थीं, "बेटा, मेरे पास पैसे नहीं हैं। जाकर अपने डैडी से माँगो। सारे पैसे डैडी के पास ही रहते हैं।" मेरी पत्नी फिर अपने डैडी से पैसे माँगती थी। वे उसे एक चवन्नी दे देते थे, वह अपना आइसक्रीम कोन ख़रीद लाती थी और ख़ुश हो जाती थी।

हर हफ़्ते यही घटना होती थी। तो इससे मेरी पत्नी ने पैसे के बारे में क्या सीखा?

पहली बात यह कि सारा पैसा मर्दों के पास रहता है। इसलिए जब हमारी शादी हो गई, तो आपको क्या लगता है, उसने मुझसे क्या माँगा होगा? सही सोचा : पैसा। और मैं आपको बता दूँ कि अब वह चवन्नी नहीं माँग रही थी!

न जाने कैसे उसकी माँगें बढ़ गई थीं!

उसने दूसरी बात यह सीखी कि औरतों के पास पैसे नहीं रहते हैं। अगर उसकी माँ (उसकी आराध्य देवी) के पास पैसे नहीं रहते थे, तो ज़ाहिर है उसके पास भी नहीं रहने चाहिए। इस विचार को सही साबित करने के लिए वह अचेतन रूप से अपने सारे पैसे से छुटकारा पा लेती थी। वह इसके बारे में बिलकुल नियम से चलती थी। अगर आप उसे 100 डॉलर देते थे, तो वह 100 डॉलर ख़र्च करती थी। अगर 200 डॉलर देते थे, तो वह 200 डॉलर ख़र्च कर देती थी। अगर आप उसे 500 डॉलर देते थे, तो वह 500 डॉलर ख़र्च कर देती थी और अगर आप उसे 1,000 डॉलर देते थे, तो वह 1,000 डॉलर ख़र्च कर देती थी। फिर उसने मेरे एक कोर्स में भाग लेकर लीवरेज की कला सीखी। मैंने उसे 2,000 डॉलर दिए, उसने 10,000 डॉलर ख़र्च कर दिए! मैंने उसे समझाने की कोशिश की, "देखो प्रिये, लीवरेज का मतलब है कि हमें दस हज़ार डॉलर *कमाने* हैं, ख़र्च नहीं करने हैं!" न जाने क्यों, यह उसकी समझ में ही नहीं आया।

हमारे बीच सिर्फ़ पैसे को लेकर ही लड़ाई होती थी। इसकी वजह से हमारी शादी टूटते-टूटते बची। हम उस वक़्त यह नहीं जानते थे कि पैसे के बारे में हमारे नज़रिए में ज़मीन-आसमान का फ़र्क़ था। मेरी पत्नी के लिए पैसे का मतलब था तात्कालिक *ख़ुशी* (जैसे आइसक्रीम का आनंद लेने में)। दूसरी तरफ़, मैं इस विश्वास के साथ बड़ा हुआ था कि पैसे का मतलब संग्रह करना है, ताकि *आर्थिक स्वतंत्रता* हासिल की जा सके।

जहाँ तक मेरा सवाल था, पैसा ख़र्च करते समय मेरी पत्नी सिर्फ़ पैसा ही ख़र्च नहीं कर रही थी, वह तो मनमाफिक़ जीने की हमारी भावी आर्थिक स्वतंत्रता ख़र्च कर रही थी। और जहाँ तक उसका सवाल था, उसे ख़र्च करने से रोकते समय मैं उसकी ज़िंदगी की ख़ुशी छीन रहा था।

ईश्वर का शुक्र है कि हमने अपने धन के ब्लूप्रिंट को बदलने का तरीक़ा सीख लिया। इससे भी महत्वपूर्ण बात यह है कि हमने विशेष रूप से अपने ख़ुशहाल रिश्ते के लिए धन का तीसरा ब्लूप्रिंट बनाया।

डेबोरा कैमिटॉफ़ की सफलता की कहानी

द्वारा : डेबोरा कैमिटॉफ़
प्रति : टी. हार्व एकर
विषय : वित्तीय स्वतंत्रता!

हार्व,

आज मेरे पास निष्क्रिय आमदनी के 18 स्रोत हैं और मुझे नौ. क. री. की कोई ज़रूरत नहीं है। हाँ, मैं अमीर बन चुकी हूँ, लेकिन इससे भी ज़्यादा महत्वपूर्ण बात यह है कि मेरी *ज़िंदगी* समृद्ध, आनंददायक और सार्थक बन गई है! लेकिन ऐसा हमेशा नहीं था।

पहले पैसा मुझे बोझ लगता था। मैं अपने वित्तीय मामलों का प्रबंधन अजनबियों को सौंप देती थी, ताकि मुझे इसकी मेहनत न करनी पड़े। पिछली बार शेयर बाज़ार के लुढ़कने पर मेरी लगभग सारी पूँजी चली गई और मुझे इस बात का जब तक एहसास हुआ, तब तक बहुत देर हो चुकी थी।

इससे भी बड़ी बात यह कि मैंने अपना आत्मसम्मान खो दिया। डर, शर्म और निराशा से मुझे लक़वा सा मार गया। मैं अपने आस–पास के हर व्यक्ति से मुँह छिपाने लगी। मैं ख़ुद को सज़ा देती रही, जब तक कि मुझे घसीटकर मिलियनेअर माइंड सेमिनार में नहीं ले जाया गया।

उस जीवन बदलने वाले वीकएंड में मुझे अपनी शक्ति वापस मिली और मैंने अपनी वित्तीय तक़दीर की बागडोर ख़ुद सँभाल ली। मैंने दौलत की घोषणाओं को अपनाया और अपनी पिछली ग़लतियों के लिए ख़ुद को माफ़ कर दिया। मुझे पूरा विश्वास हो गया कि मैं दौलतमंद बनने की हक़दार हूँ।

और अब, मुझे अपने पैसे का प्रबंधन करने में सचमुच मज़ा आ रहा है! मैं आर्थिक रूप से स्वतंत्र हो चुकी हूँ और जानती हूँ कि मैं हमेशा स्वतंत्र रहूँगी, क्योंकि मेरे पास मिलियनेअर मस्तिष्क है!

आपको धन्यवाद, हार्व ... आपको धन्यवाद।

क्या यह सब कारगर है? मैं इसे इस तरह से कहना चाहूँगा। मैंने अपने जीवन में तीन चमत्कार देखे हैं :

1. मेरी बेटी का जन्म।
2. मेरे बेटे का जन्म।
3. मेरी पत्नी और मैं अब पैसे के बारे में नहीं लड़ते हैं!

आँकड़ों से पता चलता है कि संबंधों के टूटने का सबसे बड़ा कारण पैसा है। धन-संबंधी झगड़ों के पीछे सबसे बड़ा कारण पैसा नहीं, बल्कि लोगों के अलग-अलग "ब्लूप्रिंट्स" होते हैं। इससे फ़र्क़ नहीं पड़ता है कि आपके पास कितना ज़्यादा या कम पैसा है। अगर आपका ब्लूप्रिंट सामने वाले व्यक्ति के ब्लूप्रिंट से मेल नहीं खाता है, तो आप मुश्किल में हैं। यह विवाहित लोगों के लिए भी सही है, डेटिंग पर जाने वाले जोड़ों के लिए भी, पारिवारिक रिश्तों और यहाँ तक बिज़नेस के सहयोगियों में भी। समझने की बात यह है कि दिक्क़त पैसे की नहीं है, दिक्क़त तो ब्लूप्रिंट की है। जब आप अपने पार्टनर के धन के ब्लूप्रिंट को पहचान लेते हैं, तो आप ऐसा तरीक़ा खोज सकते हैं, जो आप दोनों के लिए काम करता हो। आप इस बारे में जागरूक रहकर शुरुआत कर सकते हैं कि शायद आपके पार्टनर की दौलत की फ़ाइलें आप जैसी न हों। इस बारे में बुरा मानने के बजाय समझने की कोशिश करें। यह पता लगाने की पूरी कोशिश करें कि पैसे के क्षेत्र में आपके पार्टनर के लिए क्या महत्वपूर्ण है। उसकी प्रेरणा और डर को जानें। इस तरह आप फलों के बजाय जड़ों को देखेंगे और आपकी सफलता की संभावना बढ़ जाएगी। वरना कोई रास्ता ही नहीं है!

आप जो सबसे महत्वपूर्ण चीज़ें सीखेंगे (अगर आप मिलियनेअर माइंड इनटेंसिव सेमिनार में भाग लेने का फ़ैसला करते हैं), उनमें से एक यह है कि अपने पार्टनर के धन के ब्लूप्रिंट को कैसे पहचानें और आप दोनों अपने लिए बिलकुल नया ब्लूप्रिंट कैसे तैयार कर सकते हैं, जो आप दोनों की मनचाही चीज़ तक पहुँचने में आपकी मदद करे। अगर आप यह कर लेते हैं, तो यह किसी वरदान से कम नहीं है, क्योंकि इससे ज़्यादातर लोगों को दुख के एक बहुत बड़े कारण से छुटकारा मिल जाता है।

परिवर्तन के क़दम : विशिष्ट घटनाएँ

आप अपने पार्टनर के साथ यह अभ्यास कर सकते हैं। साथ बैठकर धन संबंधी अपने-अपने विचारों पर चर्चा करें - आपने बचपन में क्या सुना था, अपने परिवार में बड़ों को क्या करते देखा था और आपके साथ कौन सी भावनात्मक घटनाएँ हुई थीं। इसके साथ ही यह भी पता लगाएँ कि आपके पार्टनर के लिए पैसे का दरअसल मतलब क्या है। क्या यह ख़ुशी है, स्वतंत्रता है, सुरक्षा है या प्रतिष्ठा है? इससे आपको एक-दूसरे के दौलत के वर्तमान ब्लूप्रिंट को पहचानने में मदद मिलेगी और आप इस क्षेत्र में आपसी असहमति का कारण भी पता कर सकते हैं।

इसके बाद यह चर्चा करें कि आज आप अलग-अलग व्यक्तियों के रूप में नहीं, बल्कि पार्टनर के रूप में क्या चाहते हैं। पैसे और सफलता के बारे में अपने नज़रियों और आम लक्ष्यों पर मिलकर फ़ैसला करें। फिर उन नज़रियों और कार्यों की सूची बनाएँ, जिनके अनुरूप आप जीने के लिए राज़ी होते हैं। उन्हें लिख लें। उन्हें दीवार पर चिपका लें और अगर कभी कोई बहस हो, तो नर्मी से, बहुत नर्मी से सामने वाले को याद दिलाएँ कि जब आप भावुक नहीं, निष्पक्ष थे और धन के अपने पुराने ब्लूप्रिंट की गिरफ़्त में नहीं थे, तो आपने मिलकर क्या फ़ैसला किया था।

जागरुकता : पैसे से संबंधित बचपन की किसी विशिष्ट भावनात्मक घटना के बारे में सोचें।

समझ : लिख लें कि इस घटना ने आपके वर्तमान वित्तीय जीवन को किस तरह प्रभावित किया होगा।

अलगाव : क्या आप देख सकते हैं कि यह चीज़ आपने सिर्फ़ सीखी है और यह आपके मूलभूत स्वरूप में शामिल नहीं है? क्या आप देख सकते हैं कि वर्तमान पल में आपके पास बदलने का विकल्प है?

घोषणा : दिल पर हाथ रखकर कहें ...

"मैं अतीत के अपने धन संबंधी नकारात्मक अनुभवों को छोड़ता हूँ और एक नया व समृद्ध भविष्य बनाता हूँ।"

अपना सिर छूकर कहें ...

"मेरे पास मिलियनेअर मस्तिष्क है!"

तो आपका धन का ब्लूप्रिंट कहाँ निर्धारित है?

अब "मिलियन डॉलर" वाले सवाल का जवाब देने का समय है। धन और सफलता का आपका वर्तमान ब्लूप्रिंट कैसा है और यह अवचेतन रूप से आपको किन परिणामों की ओर ले जा रहा है? सफलता, दोयमता या वित्तीय असफलता – ब्लूप्रिंट इन तीनों में कहाँ निर्धारित (set) है? आपकी प्रोग्रामिंग आर्थिक संघर्ष के लिए हुई है या आर्थिक संपन्नता के लिए? आप अपने धन के लिए कड़ी मेहनत कर रहे हैं या फिर आराम से काम कर रहे हैं?

आपकी कंडीशनिंग नियमित, स्थायी आमदनी के लिए हुई है या फिर अनियमित, अस्थायी आमदनी के लिए? आप उतार-चढ़ाव का सिलसिला जानते हैं : "पहले तो पैसा आपके पास होता है, फिर नहीं होता है, फिर होता है, फिर नहीं होता है।" ऐसा लगता है, जैसे ये उतार-चढ़ाव बाहरी संसार के परिणाम हैं। मिसाल के तौर पर : "मुझे अच्छी तनख़्वाह वाली नौकरी मिल गई, लेकिन फिर कंपनी दिवालिया हो गई। फिर मैंने अपना ख़ुद का बिज़नेस शुरू किया और स्थिति बहुत अच्छी दिख रही थी, लेकिन बाज़ार ठंडा पड़ गया। मेरा अगला बिज़नेस बेहतरीन चल रहा था, लेकिन तभी मेरा पार्टनर छोड़कर चला गया, आदि।" मूर्ख न बनें, यह आपके ब्लूप्रिंट का किया-धरा है।

आपकी प्रोग्रामिंग कितनी आमदनी की है – ऊँची आमदनी, मध्यम आमदनी या कम आमदनी? क्या आप जानते हैं कि हममें से कई लोगों की प्रोग्रामिंग असली डॉलर की धनराशि में हुई है? क्या आपकी प्रोग्रामिंग हर साल 20,000 से 30,000 डॉलर कमाने के लिए हुई है? 40,000 से 60,000? 75,000 से 1,00,000 डॉलर? 1,50,000 डॉलर से 2,00,000 डॉलर तक? हर साल 2,50,000 या उससे ज़्यादा?

कुछ साल पहले हमारे दो घंटे के एक सांध्यकालीन सेमिनार में एक बेहतरीन पोशाक वाला व्यक्ति बैठा था। सेमिनार पूरा होने के बाद उसने मुझसे पूछा कि क्या तीन दिन के मिलियनेअर माइंड कोर्स से उसे कोई मदद मिल सकती है, क्योंकि वह तो पहले से ही हर साल 5 लाख डॉलर कमा रहा है। मैंने उससे पूछा कि वह 5 लाख डॉलर कब से कमा रहा है। उसने जवाब दिया, "लगातार सात साल से।"

मैं यही सुनना चाहता था। मैंने उससे कहा कि वह हर साल 20 लाख डॉलर क्यों नहीं कमा रहा है। मैंने उसे यह भी बताया कि यह कोर्स उन लोगों के लिए

है, जो अपनी *पूर्ण वित्तीय संभावना* तक पहुँचना चाहते हैं। फिर मैंने उससे इस बारे में सोचने को कहा कि वह आधे मिलियन डॉलर की धनराशि पर ही क्यों "अटका" हुआ है। उसने कोर्स में आने का फ़ैसला कर लिया।

एक साल बाद मुझे उसका ईमेल मिला, जिसमें लिखा था, "कोर्स अविश्वसनीय रूप से फ़ायदेमंद था, लेकिन मुझसे एक ग़लती हो गई। अपने धन के ब्लूप्रिंट को दोबारा निर्धारित करते समय मैंने 20 लाख डॉलर सालाना आमदनी का लक्ष्य रखा, जो हमने पहले सोचा था। मैं इस साल उतनी कमाई कर चुका हूँ, इसलिए अब मैं कोर्स में दोबारा आ रहा हूँ, ताकि ब्लूप्रिंट की प्रोग्रामिंग 1 करोड़ डॉलर के सालाना लक्ष्य पर कर लूँ।"

मैं यहाँ सिर्फ़ यह कहना चाहता हूँ कि वास्तविक धनराशि महत्वपूर्ण नहीं है। महत्वपूर्ण तो यह है कि क्या आप अपनी पूरी वित्तीय संभावना तक पहुँच रहे हैं। मैं जानता हूँ कि आपमें से कई लोग यह पूछ सकते हैं, दुनिया में किसी को इतनी दौलत की क्या ज़रूरत है? पहली बात तो यह है कि यह सवाल आपकी दौलत के लिए बहुत सकारात्मक नहीं है और इससे साफ़ पता चलता है कि आपको धन का अपना ब्लूप्रिंट बदल लेना चाहिए। दूसरी बात, वह व्यक्ति इतनी बड़ी धनराशि इसलिए भी कमाना चाहता है क्योंकि वह अफ्रीका में एड्स पीड़ितों की मदद करने वाली एक संस्था को बहुत बड़ा दान देना चाहता है। तो यह ग़लत धारणा छोड़ दें कि अमीर लोग "लालची" होते हैं!

आइए आगे चलते हैं। आपकी प्रोग्रामिंग पैसे बचाने के लिए हुई है या पैसे ख़र्च करने के लिए? आपकी प्रोग्रामिंग अपने धन के अच्छे प्रबंधन के लिए हुई है या इसके बुरे प्रबंधन के लिए?

आपकी प्रोग्रामिंग लाभकारी निवेश खोजने के लिए हुई है या हानिकारक निवेश खोजने के लिए? आप सोच सकते हैं, "शेयर बाज़ार या रियल एस्टेट में मेरे फ़ायदे-नुक़सान का मेरे ब्लूप्रिंट से क्या लेना-देना है?" ज़रा सोचें, शेयर या ज़मीन-जायदाद कौन चुनता है? आप चुनते हैं। इसे ख़रीदने का फ़ैसला कौन करता है? आप करते हैं। इसे बेचने का फ़ैसला कौन करता है? आप करते हैं। मुझे लगता है कि इस पूरे मामले में आपका लेना-देना तो है।

मेरा सैन डिएगो में लैरी नामक एक परिचित है। पैसे बनाने के मामले में लैरी चुंबक है। उसका ब्लूप्रिंट यक़ीनन *ऊँची आमदनी* का है। लेकिन उस पैसे के निवेश के मामले में उसके पास मौत का चुंबन (kiss of death) है। वह

जिस भी चीज़ में निवेश करता है, वह चट्टान की तरह पहाड़ से लुढ़कने लगती है। (क्या आप यक़ीन करेंगे कि उसके डैडी के साथ भी बिलकुल यही समस्या थी? ओह!) मैं निवेश संबंधी सलाह लेने के लिए लैरी के क़रीबी संपर्क में रहता हूँ। उसकी सलाह हमेशा आदर्श होती है ... आदर्श रूप से ग़लत! लैरी जो भी सलाह देता है, मैं उसका उल्टा काम करता हूँ। मैं लैरी से प्यार करता हूँ!

दूसरी तरफ़, कई लोग पारस पत्थर की तरह होते हैं। वे जिस चीज़ को छू लेते हैं, वह सोने में बदल जाती है। पारस पत्थर का स्पर्श और मौत का चुंबन दोनों ही सिंड्रोम धन के ब्लूप्रिंट्स के प्रकटीकरण भर हैं। ये इससे ज़्यादा कुछ नहीं हैं।

मैं एक बार फिर कहता हूँ, आपके धन का ब्लूप्रिंट आपके वित्तीय जीवन – और यहाँ तक कि आपके निजी जीवन को भी प्रभावित करेगा। अगर आप महिला हैं, जिसका धन का ब्लूप्रिंट निचले स्तर पर तय है, तो इस बात की संभावना है कि आप ऐसे पुरुष को आकर्षित करेंगी, जिसका ब्लूप्रिंट भी नीचे तय होगा, ताकि आप आर्थिक दृष्टि से अपने "आरामदेह दायरे" में रह सकें और अपने ब्लूप्रिंट को सही साबित कर सकें। अगर आप पुरुष हैं, जिसका ब्लूप्रिंट निचले स्तर पर तय है, तो इस बात की संभावना है कि आप ऐसी महिला को आकर्षित करेंगे, जो ख़र्चीली होगी और आपको अपने सारे पैसे से मुक्ति दिला देगी, ताकि आप अपने वित्तीय "आरामदेह दायरे" में रह सकें और अपने ब्लूप्रिंट को सही साबित कर सकें।

ज़्यादातर लोग मानते हैं कि उनके बिज़नेस की सफलता मूलतः उनकी बिज़नेस योग्यताओं और ज्ञान या फिर कम से कम बाज़ार में उनकी टाइमिंग पर निर्भर है। मुझे आपको यह बात बताते हुए अफ़सोस हो रहा है कि यह धारणा कोरी बकवास है, बकवास के सिवाय और कुछ नहीं है।

आपका बिज़नेस कितनी अच्छी तरह चलता है, यह आपके धन के ब्लूप्रिंट का परिणाम है। आपका ब्लूप्रिंट हमेशा सही साबित होगा। अगर आपका ब्लूप्रिंट एक लाख डॉलर की सालाना आमदनी पर तय है, तो आपका बिज़नेस उतना ही अच्छा चलेगा, ताकि आपको हर साल एक लाख डॉलर की आमदनी हो जाए।

मान लीजिए, आप सेल्समैन हैं और आपका ब्लूप्रिंट पचास हज़ार डॉलर

सालाना आमदनी के लिए तय है। अगर किसी तरह आप कोई बड़ी बिक्री कर लेते हैं, जिससे आपको उस साल नब्बे हज़ार डॉलर मिल जाते हैं, तो या तो वह बिक्री रद्द हो जाएगी या फिर आपका अगला साल दुर्भाग्यशाली साबित होगा और आपको अपने वित्तीय ब्लूप्रिंट के स्तर पर ले आएगा।

दूसरी तरफ़, अगर आपका ब्लूप्रिंट पचास हज़ार डॉलर आमदनी पर तय है और दो साल से आप मंदी में चल रहे हैं, तो चिंता न करें, आपको यह सब वापस मिल जाएगा। ऐसा होना ही है। यह तो मस्तिष्क और धन का अचेतन नियम है। इस स्थिति में कोई शायद सड़क के पार पैदल जाते समय बस से टकरा जाएगा और उसे बीमे में पूरे पचास हज़ार डॉलर मिल जाएँगे! यह आसान है। अगर आपका ब्लूप्रिंट 50,000 डॉलर पर तय है, तो किसी न किसी तरह अंततः आपको यही मिलेगा।

तो एक बार फिर, आप यह बात कैसे बता सकते हैं कि आपके धन का ब्लूप्रिंट कहाँ पर तय है? इसका एक स्पष्ट तरीक़ा यह है कि आप अपने परिणाम देख लें। अपना बैंक ख़ाता देखें। अपनी आमदनी देखें। अपनी नेट वर्थ देखें। निवेश में अपनी सफलता देखें। बिज़नेस में अपनी सफलता देखें। देखें कि आप फ़िज़ूलख़र्च हैं या मितव्ययी। देखें कि आप अपने धन का कितना अच्छा प्रबंधन करते हैं। देखें कि आपकी आदतें नियमित हैं या अनियमित। देखें कि आप पैसे के लिए कितनी कड़ी मेहनत करते हैं। अपने उन संबंधों को देखें, जिनमें धन शामिल हो।

धन मुश्किल से आता है या आसानी से? आप बिज़नेस करते हैं या नौकरी? आप एक बिज़नेस या नौकरी से लंबे समय तक चिपके रहते हैं या फिर काफ़ी उछलकूद करते रहते हैं?

आपका ब्लूप्रिंट थर्मोस्टेट (तापमान स्थिर रखने वाला यंत्र) की तरह होता है। अगर कमरे का तापमान 72 डिग्री फ़ैरेनहाइट है, तो इस बात की अच्छी संभावना है कि थर्मोस्टेट 72 डिग्री पर निर्धारित होगा। यहाँ मामला दिलचस्प हो जाता है। क्या यह संभव है कि खिड़की खुली होने और बाहर ठंडक होने के कारण कमरे का तापमान घटकर 65 डिग्री हो जाए? ज़ाहिर है, संभव है। लेकिन अंततः क्या होगा? थर्मोस्टेट जीत जाएगा और तापमान को फिर से 72 डिग्री पर ले आएगा।

इसके अलावा क्या यह भी संभव है कि खिड़की खुली होने और बाहर गर्मी होने के कारण कमरे का तापमान 77 डिग्री तक पहुँच जाए? निश्चित रूप से यह भी संभव है, लेकिन अंततः क्या होगा? थर्मोस्टेट जीत जाएगा और तापमान को फिर से 72 डिग्री पर ले आएगा।

कमरे के तापमान को स्थायी रूप से बदलने का इकलौता तरीक़ा थर्मोस्टेट को दोबारा निर्धारित करना है। इसी तरह, अपनी वित्तीय सफलता के स्तर को "स्थायी रूप से" बदलने का एकमात्र तरीक़ा अपने वित्तीय थर्मोस्टेट यानी अपने धन के ब्लूप्रिंट को दोबारा निर्धारित करना है।

दौलत का सिद्धांत :

कमरे के तापमान को स्थायी रूप से बदलने का इकलौता तरीक़ा थर्मोस्टेट को दोबारा निर्धारित करना है। इसी तरह, अपनी वित्तीय सफलता के स्तर को ''स्थायी रूप से'' बदलने का एकमात्र तरीक़ा अपने वित्तीय थर्मोस्टेट यानी अपने धन के ब्लूप्रिंट को दोबारा निर्धारित करना है।

आप इसके अलावा जो चाहें, आज़माकर देख लें। आप चाहें तो बिज़नेस, मार्केटिंग, सेल्स, सौदेबाज़ी और प्रबंधन का ज्ञान बढ़ा लें। आप चाहें तो रियल एस्टेट या शेयर बाज़ार के विशेषज्ञ बन जाएँ। ये सभी ज़बर्दस्त "औज़ार" हैं। लेकिन अगर अंदरूनी "टूलबॉक्स" बड़ी धनराशि उत्पन्न करने और क़ायम रखने लायक़ बड़ा और शक्तिशाली नहीं है, तो दुनिया के सारे औज़ार आपके लिए बेकार साबित होंगे।

एक बार फिर, यह साधारण सा गणित है : "आपकी आमदनी सिर्फ़ उसी हद तक बढ़ सकती है, जिस हद तक आप बढ़ते हैं।"

सौभाग्य कहें या दुर्भाग्य कहें, धन और सफलता का आपका व्यक्तिगत ब्लूप्रिंट आपके साथ ज़िंदगी भर रहेगा – जब तक कि आप इसे पहचान और बदल न लें। हम इस पुस्तक के खंड दो में यही काम करेंगे और मिलियनेअर माइंड इनटेंसिव सेमिनार में तो इससे भी आगे तक जाएँगे।

याद रखें, हर परिवर्तन का पहला तत्त्व जागरूकता है। ख़ुद पर नज़र रखें,

सचेत बनें। अपने विचारों, डरों, विश्वासों, आदतों, कार्यों और यहाँ तक कि अपनी निष्क्रियताओं पर भी ध्यान दें। ख़ुद को माइक्रोस्कोप के नीचे रखकर देखें। अपने बारे में पूरा अध्ययन करें।

हममें से ज़्यादातर लोग यह मानते हैं कि हम अपनी ज़िंदगी चुनाव के आधार पर जीते हैं। आम तौर पर ऐसा नहीं होता है! भले ही हम सचमुच ज्ञानी हों, लेकिन हम हर दिन सिर्फ़ कुछ ही चुनाव करते हैं यानी तब हम वर्तमान पल के प्रति जागरूक होते हैं। ज़्यादातर मामलों में तो हम रोबोट की तरह होते हैं, ऑटोमैटिक होते हैं और अपने अतीत की कंडीशिनिंग तथा पुरानी आदतों के हिसाब से जीते हैं। यहीं पर चेतना काम आती है। चेतना आपके विचारों और कार्यों का निरीक्षण करती रहती है, ताकि आप अतीत की प्रोग्रामिंग के बजाय वर्तमान पल में सही चुनाव करके जिएँ।

दौलत का सिद्धांत :

चेतना आपके विचारों और कार्यों का निरीक्षण करती रहती है, ताकि आप अतीत की प्रोग्रामिंग के बजाय वर्तमान पल में सही चुनाव करके जिएँ।

सचेत रहकर हम अतीत के बजाय वर्तमान के आधार पर जीवन जी सकते हैं। इस तरीक़े से हम स्थितियों पर उचित प्रतिक्रिया करेंगे और अपनी कुशलताओं व गुणों का पूरी क्षमता से दोहन करेंगे। तब हम घटनाओं पर अनुचित प्रतिक्रिया नहीं करेंगे और अतीत के डरों तथा असुरक्षाओं से संचालित नहीं होंगे।

जब आप चेतन हो जाते हैं, तो आप अपनी प्रोग्रामिंग को देखकर उसका विश्लेषण कर सकते हैं। आप देख सकते हैं कि यह सिर्फ़ अतीत में मिली जानकारी है, जिस पर आपने उस वक़्त यक़ीन कर लिया था, जब आप इतने छोटे थे कि उसका मतलब नहीं जानते थे। आप देख सकते हैं कि यह कंडीशनिंग आपका वर्तमान स्वरूप नहीं है, बल्कि आपकी पुरानी सीख है। आप देख सकते हैं कि आप "रिकॉर्डिंग" नहीं, बल्कि "रिकॉर्डर" हैं। आप गिलास की "सामग्री" नहीं, बल्कि "गिलास" हैं। आप सॉफ़्टवेयर नहीं, बल्कि हार्डवेयर हैं।

हाँ, आनुवंशिकता अपनी भूमिका निभा सकती है और हाँ, आध्यात्मिक

पहलू भी काम कर सकते हैं, लेकिन ज़्यादातर मामलों में दूसरे लोगों की धारणाएँ और उनसे मिली जानकारी आपको आकार देती है। जैसा मैंने पहले सुझाव दिया है, ज़रूरी नहीं है कि ये धारणाएँ सच हैं या झूठ, सही हैं या ग़लत। उनकी प्रामाणिकता चाहे जो हो, मूल रूप में वे ऐसे विचार हैं, जो पीढ़ी दर पीढ़ी आप तक पहुँचाए गए हैं। यह जानने के बाद आप चेतन रूप से हर ऐसी धारणा को त्यागने का चुनाव कर सकते हैं, जो आपकी दौलत के प्रति सकारात्मक न हो। उसकी जगह पर आप कोई सकारात्मक धारणा अपना सकते हैं।

अपने कोर्स में हम सिखाते हैं कि "कोई विचार आपके दिमाग़ में बिना किराए के नहीं रहता है।" आपके मन में आने वाला हर विचार या तो निवेश होगा या ख़र्च। यह या तो आपको ख़ुशी और सफलता की ओर ले जाएगा या फिर इनसे दूर ले जाएगा। यह आपको या तो सशक्त बनाएगा या फिर अशक्त बनाएगा। इसीलिए यह बहुत ज़रूरी है कि आप अपने विचार और धारणाएँ समझदारी से चुनें।

यह अच्छी तरह समझ लें कि आपके विचार और धारणाएँ आपकी वास्तविक पहचान नहीं हैं। यह भी ज़रूरी नहीं है कि वे आपका भला करते हैं। हालाँकि वे आपको क़ीमती लग सकते हैं, लेकिन उनका उससे ज़्यादा महत्व और अर्थ नहीं है, जो आप उन्हें देते हैं। *किसी चीज़ का कोई अर्थ नहीं है, सिवाय उस अर्थ के, जो आप उसे देते हैं।*

याद करें, इस पुस्तक के शुरू में मैंने आपको यह सुझाव दिया था कि आप मेरे कहे एक शब्द पर भी भरोसा न करें? देखिए, अगर आप सचमुच अपने जीवन को आसमान में ले जाना चाहते हैं, तो आप अपने *ख़ुद* के एक शब्द पर भी भरोसा न करें। और अगर आप तत्काल ज्ञान चाहते हैं, तो अपने *सोचे* एक भी विचार पर भरोसा न करें।

बहरहाल, अगर आप ज़्यादातर लोगों की तरह हैं, तो निश्चित रूप से आपकी कुछ धारणाएँ होंगी। इनमें से ऐसी धारणाओं को अपनाएँ, जो आपको फ़ायदा पहुँचाएँ यानी अमीर धारणाएँ। याद रखें, विचार भावनाओं की ओर ले जाते हैं, जो कार्यों की ओर ले जाती हैं और कार्य परिणामों की ओर ले जाते हैं। आप अमीर लोगों की तरह सोचने और काम करने का चुनाव कर

सकते हैं और इस तरह अमीर लोगों जैसे ही परिणाम उत्पन्न कर सकते हैं।

सवाल यह है, "अमीर लोग किस तरह सोचते और काम करते हैं ?" इस पुस्तक के खंड दो में हम आपको ठीक यही बताने वाले हैं।

अगर आप अपने वित्तीय जीवन को हमेशा के लिए बदलना चाहते हैं, तो आगे पढ़ते रहें!

घोषणा : दिल पर हाथ रखकर कहें ...

"मैं अपने विचारों की निगरानी करता हूँ और सिर्फ़ उन्हीं को जगह देता हूँ, जिनसे मुझे शक्ति मिलती है।"

अपना सिर छूकर कहें ...

"मेरे पास मिलियनेअर मस्तिष्क है!"

रॉन्डा और बॉब बेन्स की सफलता की कहानी

द्वारा : रॉन्डा और बॉब बेन्स
प्रति : टी. हार्व एकर
विषय : हम स्वतंत्र महसूस करते हैं!

हम जब मिलियनेअर माइंड इनटेंसिव कोर्स में गए, तो हमें दरअसल पता ही नहीं था कि हमें क्या मिलेगा। बहरहाल, परिणामों से हम बहुत प्रभावित हुए। सेमिनार में भाग लेने से पहले हमारे सामने पैसे की बहुत सी समस्याएँ थीं। हम आगे ही नहीं बढ़ पा रहे थे। हम लगातार कर्ज़ में डूबे रहते थे और हमें इसका कारण समझ में नहीं आता था। हम अपने क्रेडिट कार्ड का कर्ज़ पूरा चुका देते थे (आम तौर पर नौकरी से मिले बोनस की वजह से), लेकिन छह महीने के भीतर दोबारा कर्ज़ में डूब जाते थे। इससे कोई फ़र्क़ नहीं पड़ता था कि हम कितना कमाते थे। हम बहुत कुंठित थे और आपस में बहुत झगड़ते थे।

फिर हमने मिलियनेअर माइंड सेमिनार में भाग लिया। हार्व की बात सुनते समय मेरे पति और मैं एक–दूसरे के पैर थपथपाते रहे और एक–दूसरे की तरफ़ देखकर मुस्कराते रहे। हमें ऐसी जानकारी मिली कि हम कहते रहे, "कोई हैरानी नहीं," "ओह, तो ऐसा इसलिए है," "अब हर चीज़ समझ में आ गई।" हम बहुत रोमांचित थे।

हमने सीखा कि वे और मैं पैसे के बारे में कितना अलग–अलग सोचते हैं। वे "ख़र्चीले" हैं और मैं "किफ़ायती" हूँ। कितनी भयंकर जोड़ी थी! इस जानकारी के बाद हमने एक–दूसरे को दोष देना छोड़ दिया और एक–दूसरे को समझना शुरू किया। अंततः हम एक–दूसरे को ज़्यादा समझने और प्रेम करने लगे।

लगभग एक साल गुज़र चुका है और अब हम पैसे के बारे में बहस नहीं करते हैं – हम तो सिर्फ़ सीखे हुए सिद्धांतों के बारे में बातें करते हैं। हम अब कर्ज़ से बाहर निकल चुके हैं। सच तो यह है कि हमारे बचत ख़ाते में पैसे हैं और ऐसा 16 साल के हमारे दांपत्य जीवन में पहली बार

हुआ है – वाह! अब हमारे पास न सिर्फ़ भविष्य के लिए पैसा है, बल्कि हमने अपने दैनिक ख़र्च, मौज—मस्ती, शिक्षा, मकान के लिए दीर्घकालीन बचत और यहाँ तक कि दान के लिए भी पर्याप्त पैसे बचा लिए हैं। यह जानना अद्भुत है कि हम बिना किसी अपराधबोध के उन क्षेत्रों में पैसे का इस्तेमाल कर सकते हैं, क्योंकि हमने उसी उद्देश्य के लिए पैसे बचाए हैं।

हम स्वतंत्र महसूस करते हैं।

हार्व, आपको बहुत—बहुत धन्यवाद।

खंड दो

दौलत की फ़ाइलें

सत्रह तरीक़े, जिनसे अमीर लोग ग़रीब *और* मध्य वर्गीय लोगों से अलग तरह से सोचते और काम करते हैं

इस पुस्तक के खंड एक में हमने प्रकटीकरण की प्रक्रिया के बारे में चर्चा की है। याद है ना, विचार भावनाओं की ओर ले जाते हैं, भावनाएँ कार्यों की ओर ले जाती हैं और कार्य परिणामों की ओर ले जाते हैं। सब कुछ आपके विचारों से शुरू होता है - जो आपके दिमाग़ में उत्पन्न होते हैं। क्या यह आश्चर्यजनक नहीं है कि हमारा मस्तिष्क एक तरह से हमारे जीवन का आधार है, लेकिन इसके बावजूद हममें से ज़्यादातर लोगों को ज़रा भी अंदाज़ा नहीं है कि यह सशक्त उपकरण किस तरह काम करता है? तो आइए, एक नज़र डालकर देख लेते हैं कि आपका मस्तिष्क कैसे काम करता है। आलंकारिक भाषा में कहें तो आपका मस्तिष्क एक बड़े फ़ाइल केबिनेट से ज़्यादा कुछ नहीं है - वैसी ही अलमारी जो आपके ऑफ़िस या घर में होती है। यह अपने अंदर आने वाली सारी जानकारी पर लेबल लगाता है और उसकी फ़ाइल बनाकर फ़ोल्डर में रख देता है, ताकि आपके जीवन को सुरक्षित रखने के लिए उसे निकालने में आसानी हो। क्या आपने सुना? मैंने यह नहीं कहा है कि आपके जीवन को *संपन्न* बनाने के लिए, मैंने कहा है, आपके जीवन को *सुरक्षित* रखने के लिए।

किसी भी स्थिति में क्या करना है, यह तय करने के लिए आप अपने मस्तिष्क की फ़ाइलों तक पहुँचते हैं। उदाहरण के लिए, आप किसी वित्तीय अवसर के बारे में विचार कर रहे हैं। आप ख़ुदबख़ुद *धन* के लेबल वाली फ़ाइल तक पहुँच जाते हैं और उसके हिसाब से फ़ैसला करते हैं कि क्या करना है। पैसे के

बारे में आपके विचार वही हो सकते हैं, जो आपके धन की फ़ाइल में पहले से रखे हुए हैं। आप सिर्फ़ उतना ही सोच सकते हैं, क्योंकि आपके मस्तिष्क में उस विषय पर उतनी ही जानकारी मौजूद है।

उस समय आप अपने लिए जिसे तार्किक, समझदारी भरा और उचित मानते हैं, उसी के आधार पर फ़ैसला करते हैं। आप अपने हिसाब से *सही* चुनाव करते हैं। बहरहाल, समस्या यह है कि हो सकता है, आपका सही चुनाव सफल चुनाव न हो। सच तो यह है कि हो सकता है, जिसमें आपको समझदारी लग रही हो, वह लगातार आपको बहुत ख़राब परिणाम दे।

उदाहरण के लिए, मान लेते हैं कि मेरी पत्नी शॉपिंग मॉल में है। मेरे लिए यह कल्पना करना ज़्यादा मुश्किल नहीं है। वह एक हरा पर्स देखती है। यह सेल में मिल रहा है और इस पर 25 प्रतिशत डिसकाउंट है। "क्या मुझे यह पर्स ख़रीदना चाहिए ?" यह सवाल लेकर वह तत्काल अपने मस्तिष्क की फ़ाइलों तक जाती है। एक पल के हज़ारवें हिस्से में उसके दिमाग़ में रखी फ़ाइलें जवाब लेकर हाज़िर हो जाती हैं : "तुम पिछले हफ़्ते ख़रीदी हरी जूतियों की मैचिंग के लिए हरे पर्स की तलाश कर रही थीं। इसके अलावा इसका आकार भी बिलकुल सही है। इसे ख़रीद लो!" जब वह तत्काल चेकआउट काउंटर की ओर भागती है, तो उसका मस्तिष्क न सिर्फ़ इस बात पर रोमांचित होता है कि उसके पास यह सुंदर पर्स होगा, बल्कि उसे गर्व भी होता है कि उसे इस पर 25 प्रतिशत डिसकाउंट भी मिला है।

उसके दिमाग़ के हिसाब से इस ख़रीदारी में बहुत समझदारी है। वह पर्स चाहती है, उसे यक़ीन है कि उसे इसकी ज़रूरत है और यह "इतना अच्छा सौदा" है। बहरहाल, किसी भी मोड़ पर उसके दिमाग़ में यह विचार नहीं आया, "सच है, यह पर्स सचमुच सुंदर है और माना कि यह अच्छा सौदा है, लेकिन इस समय मुझ पर तीन हज़ार डॉलर का कर्ज़ है, इसलिए संयम रखना बेहतर होगा।"

उसके दिमाग़ में यह विचार इसलिए नहीं आया, क्योंकि उसके दिमाग़ की किसी फ़ाइल में यह बात दर्ज ही नहीं थी। "जब आप कर्ज़ में हों, तो और ख़रीदारी न करें" की फ़ाइल उसके दिमाग़ के कंप्यूटर में कभी इंस्टाल ही नहीं की गई थी और अस्तित्व में ही नहीं थी, जिसका मतलब है कि यह विकल्प दरअसल विकल्प था ही नहीं।

क्या आप मेरे कहने का मतलब समझ गए ? अगर आपके दिमाग़ के केबिनेट

में रखी फ़ाइलें वित्तीय सफलता की समर्थक नहीं हैं, तो आप ऐसे ही विकल्प चुनेंगे। वे स्वाभाविक, सहज होंगे और समझदारी भरे लगेंगे। लेकिन अंततः उनसे वित्तीय असफलता या कम से कम दोयमता उत्पन्न होगी। इसके विपरीत, अगर आपके दिमाग़ की फ़ाइलें वित्तीय सफलता की समर्थक हैं, तो आप स्वाभाविक ढंग से और अपने आप ऐसे निर्णय लेते हैं, जिनसे सफलता मिलती जाती है। आपको इसके बारे में सोचना भी नहीं पड़ेगा। सोचने का आपका स्वाभाविक तरीक़ा सफल परिणाम देगा, डोनाल्ड ट्रम्प की तरह। उनके सोचने का सामान्य तरीक़ा भी दौलत पैदा करता है।

जब बात पैसे की आती है, तो क्या यह अच्छा नहीं होगा कि आप सहज रूप से अमीर लोगों की तरह सोच सकें? मुझे यक़ीन है कि आपने इसका जवाब "बिलकुल" या इससे मिलता जुलता ही दिया होगा।

देखिए, आप ऐसा कर सकते हैं!

जैसा कि हम पहले बता चुके हैं, किसी भी परिवर्तन का पहला क़दम जागरूकता है। इसका मतलब है कि अमीर लोगों के तरीक़े से सोचने के लिए पहला क़दम यह जानना है कि अमीर लोग किस तरह सोचते हैं।

अमीर लोग ग़रीब और मध्य वर्गीय लोगों से बहुत अलग तरीक़े से सोचते हैं। वे धन, दौलत, स्वयं, अन्य लोगों और जीवन के लगभग हर पहलू के बारे में अलग तरीक़े से सोचते हैं। इस पुस्तक के खंड दो में हम इन्हीं भिन्नताओं पर बातचीत करेंगे और आपकी रिकंडीशनिंग के लिए आपके दिमाग़ में सत्रह वैकल्पिक "दौलत की फ़ाइलें" इंस्टाल करेंगे। नई फ़ाइलों के साथ नए विकल्प आएँगे। फिर अगर आप कभी ग़रीब और मध्य वर्गीय लोगों की तरह सोचने लगें, तो आप ख़ुद को पकड़ सकते हैं और अपना ध्यान चेतन रूप से उस दिशा में मोड़ सकते हैं, जिस तरह अमीर लोग सोचते हैं। याद रखें, बाधक तरीक़ों से सोचने के बजाय आप ख़ुशी और सफलता बढ़ाने वाले तरीक़ों से सोचने का *चुनाव* कर सकते हैं।

दौलत का सिद्धांत :
याद रखें, बाधक तरीक़ों से सोचने के बजाय आप ख़ुशी और सफलता बढ़ाने वाले तरीक़ों से सोचने का चुनाव कर सकते हैं।

कुछ बातें मैं पहले ही साफ़ कर देना चाहता हूँ। पहली बात, किसी तरह से, किसी प्रकार से मेरा इरादा ग़रीब लोगों का अपमान करना या उन्हें नीचा दिखाना या उनकी परिस्थितियों के प्रति संवेदनहीन होना नहीं है। मैं यह नहीं मानता कि अमीर लोग ग़रीबों से *बेहतर* होते हैं। वे बस ज़्यादा अमीर होते हैं। लेकिन साथ ही मैं यह भी सुनिश्चित करना चाहता हूँ कि आप तक मेरा संदेश पहुँच जाए, इसलिए मैं अमीरों और ग़रीबों के बीच के अंतर को अधिकतम रखना चाहता हूँ।

दूसरी बात, जब मैं अमीर, ग़रीब और मध्य वर्गीय लोगों की बात करता हूँ, तो मैं उनके पास मौजूद वास्तविक धनराशि या समाज के लिए उनके महत्व के बजाय उनकी *मानसिकता* का ज़िक्र कर रहा हूँ – ये लोग किस तरह अलग-अलग सोचते और काम करते हैं।

तीसरी बात, मैं सामान्यीकरण करने जा रहा हूँ। मैं जानता हूँ कि सभी अमीर लोग और सभी ग़रीब लोग वैसे नहीं होते हैं, जैसा मैं वर्णन करूँगा। एक बार फिर, मेरा लक्ष्य यह सुनिश्चित करना है कि आप हर सिद्धांत के मर्म को समझ लें और उसका इस्तेमाल करें।

चौथी बात, ज़्यादातर मामलों में मैं मध्य वर्ग का ज़िक्र नहीं करूँगा, क्योंकि आम तौर पर मध्य वर्गीय लोगों में अमीर और ग़रीब मानसिकताओं का मिश्रण होता है। एक बार फिर, मेरा लक्ष्य आपको जागरूक बनाना है कि आप कितनी ऊँचाई पर हैं। अगर आप ज़्यादा दौलत कमाना चाहते हैं, तो मेरा लक्ष्य आपको अमीर लोगों की तरह सोचने के लिए जागरूक बनाना है।

पाँचवीं बात, ऐसा लग सकता है कि इस खंड के कई सिद्धांत सोचने के तरीक़ों के बजाय आदतों और कार्यों से संबंधित हैं। याद रखें, हमारे कार्य हमारी भावनाओं से उत्पन्न होते हैं, जो हमारे विचारों से उत्पन्न होती हैं। यानी, अमीर व्यक्तियों के हर कार्य के पीछे अमीर विचारशैली होती है।

अंत में, मैं आपसे यह चाहता हूँ कि आप जिन्हें *सही* विकल्प मानते हैं, उन्हें छोड़ने के इच्छुक रहें! इससे मेरा मतलब यह है कि आप *अपने हिसाब से* सही काम करना छोड़ दें। क्यों? क्योंकि *आपका* तथाकथित सही तरीक़ा ही आपको वहाँ तक लाया है, जहाँ आप इस वक़्त हैं। अगर आप इसी हाल में रहना चाहते हैं, तो अपने तरीक़े पर चलते रहें। बहरहाल, अगर आप इस वक़्त अमीर नहीं

हैं, तो अलग तरीक़े पर विचार करना उचित होगा, ख़ास तौर पर ऐसे तरीक़े पर, जिसे सचमुच, सचमुच अमीर व्यक्ति ने बताया है और जिसने हज़ारों लोगों को दौलत की राह पर पहुँचाया है। अब आगे आपकी मर्ज़ी।

आप जो अवधारणाएँ सीखने वाले हैं, वे सरल लेकिन समझदारी भरी हैं। वे वास्तविक दुनिया में वास्तविक लोगों के जीवन में वास्तविक परिवर्तन कर देती हैं। मैं यह बात कैसे जानता हूँ? मेरी कंपनी पीक पोटेंशियल्स ट्रेनिंग में हमें हर साल हज़ारों चिट्ठियाँ और ईमेल मिलते हैं, जिनमें लोग बताते हैं कि दौलत की हर फ़ाइल ने किस तरह उनके जीवन का कायाकल्प कर दिया है। अगर आप उन्हें सीखते हैं और उन पर अमल करते हैं, तो मुझे पूरा विश्वास है कि वे आपके जीवन का भी कायाकल्प कर देंगी।

हर खंड के अंत में आपको एक घोषणा और शारीरिक गतिविधि मिलेगी, जो उसे आपके शरीर पर "लंगर" बनाकर जोड़ देगी।

आपको इस दौलत की फ़ाइल को आत्मसात करने के लिए कुछ कार्य भी करने होंगे, जो हमने बताए हैं। यह अनिवार्य है कि आप हर फ़ाइल को अपने जीवन में जितनी जल्दी संभव हो अमल में ले आएँ, ताकि ज्ञान शरीर और मन के हर हिस्से तक पहुँचकर स्थायी परिवर्तन उत्पन्न कर सके।

ज़्यादातर लोग समझते हैं कि हम आदतों के ग़ुलाम होते हैं, लेकिन उन्हें यह एहसास नहीं होता है कि दरअसल दो तरह की आदतें होती हैं : *करने वाली आदतें और न करने वाली आदतें*। आप इस वक़्त जो काम नहीं कर रहे हैं, आपमें उसे *न करने की आदत* है। न करने वाली आदतों को करने वाली आदतों में बदलने का इकलौता तरीक़ा उन कामों को *करना* है। पढ़ने से आपको मदद मिलेगी, लेकिन जब आप पढ़ने से करने पर पहुँचते हैं, तो यह एक बिलकुल ही अलग दुनिया होती है। अगर आप सफलता को लेकर सचमुच गंभीर हैं, तो इसे साबित करें और जिन कामों को करने की सलाह दी गई है, उन्हें करके दिखाएँ।

दौलत की फ़ाइल # 1

अमीर लोग मानते हैं ''मैं अपनी ज़िंदगी ख़ुद बनाता हूँ।''
ग़रीब लोग मानते हैं ''ज़िंदगी में मेरे साथ घटनाएँ होती हैं।''

अगर आप दौलत उत्पन्न करना चाहते हैं, तो यह मानना अनिवार्य है कि
आप अपने जीवन, ख़ास तौर पर अपने वित्तीय जीवन, के स्टियरिंग व्हील
पर बैठे हैं। अगर आप ऐसा नहीं मानते हैं, तो इसका मतलब यह है कि अपने
जीवन पर आपका बहुत कम नियंत्रण है या नियंत्रण है ही नहीं और इसीलिए
अपनी वित्तीय सफलता पर भी आपका बहुत कम नियंत्रण है या नियंत्रण है
ही नहीं। यह अमीरों का नज़रिया नहीं है।

क्या आपने कभी ग़ौर किया है कि आम तौर पर ग़रीब लोग ही लॉटरी
खेलने के लिए बहुत सा पैसा लगाते हैं ? वे सचमुच मानते हैं कि उनके पास
दौलत आने का तरीक़ा यही है कि कोई बक्से में से उनके नाम की पर्ची उठा
ले। वे शनिवार की रात को टीवी से चिपके रहते हैं और लॉटरी का ड्रॉ देखते
रहते हैं, ताकि अगर उस सप्ताह दौलत उन पर "मेहरबान" हो, तो उन्हें
दिख जाए।

निश्चित रूप से, हर व्यक्ति लॉटरी जीतना चाहता है और अमीर लोग
भी कभी-कभार मज़े के लिए लॉटरी खेल लेते हैं। लेकिन पहली बात, वे
लॉटरी टिकटों पर अपनी आधी तनख़्वाह ख़र्च नहीं करते हैं और दूसरी बात,
लॉटरी जीतना दौलत बनाने की उनकी मूल "रणनीति" नहीं होती है।

आपको यह यक़ीन करना होगा कि धन और सफलता के मामले में आप
ही अपनी सफलता का निर्माण करते हैं, आप ही अपनी दोयमता का निर्माण
करते हैं और आप ही अपने संघर्ष का निर्माण करते हैं। चेतन या अचेतन
रूप से ज़िम्मेदार आप ही हैं।

जीवन में होने वाली घटनाओं की ज़िम्मेदारी लेने के बजाय ग़रीब लोग
पीड़ित (victim) की भूमिका निभाने का चुनाव करते हैं। पीड़ित लोगों का
प्रमुख विचार अक्सर "बेचारा मैं" होता है। इसलिए इरादे के नियम के कारण
पीड़ित लोगों को यही मिलता है : वे "बेचारे" ही बने रहते हैं।

ध्यान दें, मैंने कहा था, पीड़ित की *भूमिका* निभाना। मैंने यह नहीं कहा था

कि वे पीड़ित हैं। मैं नहीं मानता हूँ कि कोई भी व्यक्ति पीड़ित है। मैं मानता हूँ कि लोग पीड़ित की भूमिका इसलिए निभाते हैं, क्योंकि वे सोचते हैं कि इससे उन्हें कुछ मिलता है। इस बारे में हम कुछ समय बाद ज़्यादा विस्तार से बात करेंगे।

आपको कैसे पता चल सकता है कि लोग पीड़ित की भूमिका अदा कर रहे हैं? इसके तीन स्पष्ट संकेत होते हैं।

इन संकेतों के बारे में बात करने से पहले मैं आपको यह एहसास दिलाना चाहता हूँ कि मैं पूरी तरह समझता हूँ कि इस पुस्तक के किसी भी पाठक का इन संकेतों से कोई लेना-देना नहीं होगा। लेकिन शायद, सिर्फ़ शायद, आप ऐसे किसी व्यक्ति को क़रीब से जानते हों! चाहे जो हो, मेरी सलाह है कि आप इस खंड को बहुत ध्यान से पढ़ें।

पीड़ित का संकेत # 1: दोष मढ़ना

वे अमीर क्यों नहीं हैं, इस बात पर ज़्यादातर पीड़ित "दोष मढ़ने के खेल" में बहुत माहिर होते हैं। इस खेल का उद्देश्य यह है कि आप कितने सारे लोगों और परिस्थितियों को दोषी ठहरा सकते हैं। दिलचस्प बात यह है कि पीड़ित ख़ुद की तरफ़ देखते तक नहीं हैं। कम से कम इसमें पीड़ितों को मज़ा आ जाता है। बहरहाल, यह दोषारोपण उन लोगों के लिए बहुत मज़ेदार नहीं होता है, जो दुर्भाग्य से उनके आस-पास रहते हैं। ऐसा इसलिए है, क्योंकि पीड़ितों के क़रीब रहने वाले लोग आसान निशाने बन जाते हैं।

पीड़ित व्यक्ति अर्थव्यवस्था को दोष देते हैं, वे सरकार को दोष देते हैं, वे शेयर बाज़ार को दोष देते हैं, वे अपने ब्रोकर को दोष देते हैं, वे अपने बिज़नेस के प्रकार को दोष देते हैं, वे अपनी कंपनी के मालिक को दोष देते हैं, वे अपने कर्मचारियों को दोष देते हैं, वे अपने मैनेजर को दोष देते हैं, वे हेड ऑफ़िस को दोष देते हैं, वे अपने अपलाइन या डाउनलाइन को दोष देते हैं, वे कस्टमर सर्विस को दोष देते हैं, वे शिपिंग डिपार्टमेंट को दोष देते हैं, वे अपने पार्टनर को दोष देते हैं, वे अपने जीवनसाथी को दोष देते हैं, वे ईश्वर को दोष देते हैं, और ज़ाहिर है, वे हमेशा अपने माता-पिता को दोष देते हैं। हमेशा कोई न कोई दूसरा व्यक्ति या परिस्थिति होती है, जिसे दोषी ठहराया जाता है। समस्या उनके अलावा किसी भी चीज़ या व्यक्ति में हो सकती है।

पीड़ित का संकेत # 2: ख़ुद को सही ठहराना

अगर पीड़ित किसी दूसरे पर दोष नहीं मढ़ रहे हैं, तो अक्सर आप पाएँगे कि वे अपनी स्थिति में ख़ुद को सही ठहरा रहे हैं या तर्क दे रहे हैं और इस तरह की बात कह रहे हैं, "पैसा सचमुच महत्वपूर्ण नहीं है।" अब मैं आपसे यह सवाल पूछता हूँ : अगर आप कहते हैं कि आपका पति या आपकी पत्नी, बॉयफ्रेंड या गर्लफ्रेंड, पार्टनर या दोस्त महत्वपूर्ण नहीं है, तो क्या उनमें से कोई आपके आस-पास ज़्यादा समय तक रहेगा ? मुझे ऐसा नहीं लगता है। इसीलिए पैसा भी आपके पास नहीं रहता है!

मेरे सेमिनारों में कुछ प्रतिभागी हमेशा मुझसे कहते हैं, "आप जानते हैं, हार्व, पैसा सचमुच इतना महत्वपूर्ण नहीं है।" मैं सीधे उनकी आँखों में देखकर कहता हूँ, "आप कड़के हैं! ठीक है ना ?" वे आम तौर पर अपने पैरों की तरफ़ देखने लगते हैं और खींसें निपोरकर इस तरह का जवाब देते हैं, "देखिए, इस वक़्त मेरे सामने कुछ आर्थिक कठिनाइयाँ हैं, लेकिन ..." मैं बीच में ही उनकी बात काट देता हूँ, "नहीं, यह इस वक़्त की बात नहीं है, यह हमेशा की बात है; आप हमेशा कड़के या इसके क़रीब रहे हैं, हाँ या नहीं ?" इस बिंदु पर वे आम तौर पर सहमति में सिर हिला देते हैं और वापस अपनी सीट पर बैठ जाते हैं। अब वे सुनने और सीखने के लिए तैयार हैं, क्योंकि उन्हें आख़िरकार यह एहसास हो गया है कि इस एक धारणा या विश्वास का उनके जीवन पर कितना विनाशक प्रभाव पड़ा है।

ज़ाहिर है, वे कड़के हैं। अगर आप मोटरसाइकल को महत्वपूर्ण नहीं मानते हैं, तो क्या आपके पास मोटरसाइकल होगी ? ज़ाहिर है, नहीं होगी। अगर आप पालतू तोते को महत्वपूर्ण नहीं मानते हैं, तो क्या आपके पास पालतू तोता होगा ? ज़ाहिर है, नहीं होगा। इसी तरह से, अगर आप पैसे को महत्वपूर्ण नहीं मानते हैं, तो आपके पास पैसा भी नहीं होगा।

आप इस ज्ञान से अपने दोस्तों को हैरान कर सकते हैं। कल्पना कीजिए कि आप अपने दोस्त से बातचीत कर रहे हों और वह आपसे कहे, "पैसा महत्वपूर्ण नहीं है।" आप अपने माथे पर हाथ रखकर ऊपर देखते हैं, जैसे आपको आसमान से संदेश मिल रहा हो। फिर आप कहते हैं, "तुम कड़के हो!" इस पर आपका दोस्त सदमे में बेशक पूछेगा, "तुम्हें कैसे पता चला ?" फिर आप अपनी हथेली फैलाकर जवाब देते हैं, "तुम और क्या जानना चाहते

हो ? परामर्श शुल्क पचास डॉलर है!"

मैं इसे साफ़-साफ़ अंदाज़ में बता रहा हूँ : जो भी कहता है कि पैसा महत्वपूर्ण नहीं है, उसके पास पैसा होता ही नहीं है! अमीर लोग पैसे के महत्व और समाज में इसके स्थान को अच्छी तरह से समझते हैं। दूसरी तरफ़, ग़रीब लोग अपनी वित्तीय अकुशलता को तार्किक साबित करने के लिए तरह-तरह की अतार्किक तुलना करते हैं। वे बहस करते हैं, "देखिए, पैसा प्रेम जितना महत्वपूर्ण नहीं है।" अब, यह तुलना मूर्खतापूर्ण है या नहीं ? ज़्यादा महत्वपूर्ण क्या है, आपका हाथ या पैर ? शायद *दोनों* ही महत्वपूर्ण हैं।

सुनिए, दोस्तो : पैसा उन क्षेत्रों में बेहद महत्वपूर्ण है, जिनमें यह काम करता है और उन क्षेत्रों में बहुत महत्वहीन है, जिनमें यह काम नहीं करता है। और हालाँकि हो सकता है प्रेम से दुनिया चलती हो, लेकिन निश्चित रूप से प्रेम किसी अस्पताल, चर्च या मकान की इमारत का भुगतान नहीं कर सकता है। यह किसी को भरपेट भोजन भी नहीं खिला सकता है।

दौलत का सिद्धांत :
पैसा उन क्षेत्रों में बेहद महत्वपूर्ण है, जिनमें यह काम करता है और उन क्षेत्रों में बहुत महत्वहीन है, जिनमें यह काम नहीं करता है।

अब भी यक़ीन नहीं है ? प्रेम से अपने बिलों का भुगतान करने की कोशिश करके देखें। अब भी यक़ीन नहीं है ? तो बैंक जाकर कुछ प्रेम जमा करने की कोशिश करें और फिर देखें क्या होता है। मैं आपको इस मुसीबत से बचा लेता हूँ। टेलर आपकी ओर ऐसे देखेगी, जैसे आप पागलख़ाने से भागकर आए हों और सिर्फ़ एक शब्द चिल्लाएगी : *"सिक्युरिटी!"*

कोई भी अमीर व्यक्ति यह नहीं मानता कि पैसा महत्वपूर्ण नहीं है। और अगर मैं आपको यक़ीन दिलाने में असफल रहा हूँ और आप अब भी यही मानते हैं कि पैसा महत्वपूर्ण नहीं है, तो मेरे पास आपके लिए तीन शब्द हैं, *आप कड़के हैं,* और तब तक रहेंगे, जब तक कि आप अपने वित्तीय ब्लूप्रिंट से इस नकारात्मक फ़ाइल को मिटा नहीं लेंगे।

पीड़ित का संकेत # 3: शिकायत करना

शिकायत करना वह सबसे बुरी चीज़ है, जो आप अपनी सेहत या दौलत के लिए कर सकते हैं। सबसे बुरी! क्यों ?

मैं ब्रह्मांड की हर चीज़ पर लागू होने वाले उस नियम में बहुत विश्वास करता हूँ, जो कहता है, "आप जिस पर ध्यान केंद्रित करते हैं, वह बढ़ता है।" शिकायत करते समय आप किस चीज़ पर ध्यान केंद्रित कर रहे हैं, अपने जीवन की सही चीज़ों पर या अपने जीवन की ग़लत चीज़ों पर ? ज़ाहिर है, आप अपने जीवन की ग़लत चीज़ों पर ध्यान केंद्रित कर रहे हैं और चूँकि आप जिस पर ध्यान केंद्रित करते हैं, वह बढ़ता है, इसलिए आपको जीवन में ग़लत चीज़ें और ज़्यादा मिलती रहेंगी।

व्यक्तिगत विकास के क्षेत्र के कई शिक्षक आकर्षण के नियम की बात करते हैं। इसके अनुसार, "चीज़ें अपने समान चीज़ों को आकर्षित करती हैं।" इसका मतलब यह है कि शिकायत करके आप दरअसल अपने जीवन में "ग़लत चीज़ों" को आकर्षित कर रहे हैं।

दौलत का सिद्धांत :
जब आप आदतन शिकायत करते रहते हैं, तो आप जीते -
जागते ''कष्ट आकर्षित करने वाले चुंबक'' बन जाते हैं।

क्या आपने कभी इस बात पर ग़ौर किया है कि शिकायत करने वालों की ज़िंदगी आम तौर पर बहुत मुश्किल होती है ? ऐसा लगता है कि जो भी चीज़ ग़लत हो सकती है, वह उन्हीं के साथ होती है। वे कहते हैं, "ज़ाहिर है, मैं शिकायत करता हूँ - देखिए तो सही, मेरी ज़िंदगी कितनी गड़बड़ है।" अब जब आप बेहतर जान गए हैं, तो उनसे कह सकते हैं, "नहीं, तुम शिकायत करते हो, *इसीलिए* तुम्हारी ज़िंदगी इतनी गड़बड़ है। अपना मुँह बंद रखो ... और यहाँ से दफ़ा हो जाओ!"

यहाँ हम एक और काम की बात बता दें। आपको यह सुनिश्चित कर लेना चाहिए कि आप शिकायत करने वालों के आस-पास न रहें। अगर आपको उनके आस-पास रहना ही पड़े, तो यह सुनिश्चित करें कि आपके पास फ़ौलाद

का छाता हो, वरना गड़बड़ चीज़ें उनके बजाय आपके पास आ जाएँगी!

जहाँ तक संभव होता है, मैं शिकायत करने वालों से बहुत दूर रहता हूँ, क्योंकि नकारात्मक ऊर्जा संक्रामक होती है। बहरहाल, बहुत से लोग शिकायत करने वालों के पास खड़े होकर चाव से उनकी बात सुनते हैं। क्यों ? कारण साफ़ है : वे क़िस्सा सुनाने की अपनी बारी का इंतज़ार कर रहे हैं! "आपको लगता है कि यह बुरा है ? ठहरिए तो सही, ज़रा सुनिए तो सही, मेरे साथ क्या हुआ!"

यहाँ मैं आपको थोड़ा होमवर्क दे रहा हूँ और मेरा वादा है कि यह आपकी ज़िंदगी बदल देगा। मैं आपको चुनौती देता हूँ कि अगले सात दिनों तक आप किसी बारे में शिकायत न करें। मुँह के शब्दों से ही नहीं, अपने दिमाग़ के विचारों में भी। लेकिन आपको यह काम पूरे सात दिन तक करना होगा। क्यों ? क्योंकि हो सकता है, शुरुआत में पहले की कुछ "शिकायतें" आपके दिमाग़ में आने लगें। दुर्भाग्य से, शिकायतें आम तौर पर प्रकाश की गति से नहीं चलती हैं। वे शिकायतों की गति से चलती हैं, इसलिए उन्हें साफ़ करने में थोड़ा वक़्त लग सकता है।

मैंने हज़ारों लोगों को यह चुनौती दी है और इसके परिणामों से मैं स्वयं हैरान हूँ। उनमें से बहुत सारे लोगों ने मुझे बताया कि इस छोटे से अभ्यास ने उनकी ज़िंदगी पूरी तरह बदल दी है। जब आप अपने जीवन में गड़बड़ चीज़ों की शिकायत करना छोड़ देंगे और इस तरह उन्हें अपनी ओर आकर्षित करना छोड़ देंगे, तो मैं गारंटी देता हूँ कि आप ख़ुद यह देखकर हैरान रह जाएँगे कि आपका जीवन कितना अद्भुत बन गया है। अगर आप शिकायत करने के आदी हैं, तो इस वक़्त सफलता को आकर्षित करने के बारे में भूल जाएँ। ज़्यादातर लोगों के मामले में तो सिर्फ़ "न्यूट्रल" तक पहुँचना ही अच्छी शुरुआत होगी!

दोष देना, ख़ुद को सही ठहराना और शिकायत करना दवा की गोलियों की तरह हैं। ये तनाव कम करने वाली गोलियों से ज़्यादा कुछ नहीं हैं। ये असफलता के तनाव को कम करती हैं। ज़रा इस बारे में सोचें! अगर कोई व्यक्ति किसी तरह से असफल नहीं हो रहा है, तो क्या उसे दूसरों पर दोष मढ़ने, ख़ुद को सही ठहराने या शिकायत करने की ज़रूरत है ? जवाब स्पष्ट है, ज़रूरत ही नहीं है।

आगे से जब आप ख़ुद को दोष मढ़ते, सही ठहराते या शिकायत करते

सुनें, तो तत्काल रुक जाएँ। ख़ुद को याद दिलाएँ कि आप अपने जीवन का निर्माण कर रहे हैं और हर पल सफलता या असफलता को आकर्षित कर रहे हैं। यह बेहद ज़रूरी है कि आप अपने विचारों और शब्दों का चयन सावधानी से करें!

अब आप दुनिया के महानतम रहस्यों में से एक को जानने जा रहे हैं। क्या आप तैयार हैं ? इसे सावधानी से पढ़ें : *सच तो यह है कि अमीर पीड़ित जैसी कोई चीज़ नहीं होती है!* क्या आप इसका मतलब समझ गए ? मैं इसे दोबारा कहता हूँ : सच तो यह है कि अमीर पीड़ित (victim) जैसी कोई चीज़ नहीं होती है! इसके अलावा, सुनेगा कौन ? "अरे, मेरी याट में एक खरोंच आ गई।" इस पर लगभग हर व्यक्ति कहता है, "किसे परवाह है ?"

दौलत का सिद्धांत :

सच तो यह है कि अमीर पीड़ित जैसी कोई चीज़ नहीं होती है।

बहरहाल, पीड़ित होने के निश्चित रूप से अपने लाभ होते हैं। बेचारा बनने से लोगों को क्या मिलता है ? जवाब है, दूसरों का *ध्यान*। क्या ध्यान इतना महत्वपूर्ण है ? शर्त लगा लें, है। किसी न किसी तरह से लगभग हर व्यक्ति इसी के लिए जीता है। और जिस कारण लोग ध्यान के लिए जीते हैं, वह यह है कि उन्होंने एक गंभीर ग़लती कर दी है। यह वही ग़लती है, जो हममें से लगभग सभी ने की है। हमने ध्यान और प्रेम को ग़लती से एक समझ लिया है।

मेरा यक़ीन करें, सचमुच ख़ुश और सफल बनना लगभग असंभव है, अगर आप लगातार दूसरों का ध्यान पाने की इच्छा करते हैं। क्योंकि अगर आप ध्यान चाहते हैं, तो आप दूसरों की दया पर हैं। आम तौर पर अंत में आप "लोगों को ख़ुश करने वाले" बन जाते हैं और उनसे प्रशंसा की भीख माँगते हैं। ध्यान चाहना एक समस्या भी है, क्योंकि इसे पाने के लिए लोगों में मूर्खतापूर्ण हरकतें करने की प्रवृत्ति होती है। कई कारणों से ध्यान और प्रेम को "अलग-अलग करना" बहुत ज़रूरी है।

पहली बात, आप ज़्यादा सफल बन जाएँगे। दूसरी बात, आप ज़्यादा सुखी हो जाएँगे। और तीसरी बात, आप अपने जीवन में "सच्चा" प्रेम पा सकते

हैं। अधिकांश मामलों में, जब लोग प्रेम और ध्यान को एक मान लेते हैं, तो वे सच्चे आध्यात्मिक अर्थ में एक-दूसरे से प्रेम नहीं करते हैं। वे अपने अहं की रोशनी में एक-दूसरे से प्रेम करते हैं, जैसे "तुम मेरे लिए जो करती हो, उसके लिए मैं तुमसे प्रेम करता हूँ।" इसलिए, संबंध दरअसल सामने वाले या दोनों के बारे में नहीं, बल्कि व्यक्ति के बारे में होता है।

प्रेम और ध्यान को अलग-अलग करने पर आप सामने वाले व्यक्ति से बिना शर्त का प्रेम कर सकते हैं। तब आपका पैमाना यह नहीं होगा कि वह आपके लिए क्या करता है।

जैसा मैंने कहा है, अमीर पीड़ित जैसी कोई चीज़ नहीं होती है। इसलिए पीड़ित बने रहने के लिए, ध्यान चाहने वालों को यह सुनिश्चित करना होता है कि वे कभी अमीर न बन जाएँ।

यह फ़ैसला करने का समय है। आप पीड़ित बन सकते हैं *या* आप अमीर बन सकते हैं, लेकिन आप एक साथ दोनों नहीं बन सकते। कान खोलकर सुन लीजिए। *हर* बार और मेरा मतलब है, *हर* बार, जब आप दोष देते हैं, ख़ुद को सही ठहराते हैं, या शिकायत करते हैं, तो आप अपना *वित्तीय गला काट* रहे होते हैं। निश्चित रूप से यहाँ पर ज़्यादा दयालु और नम्र शब्दों का प्रयोग करना अच्छा होता, लेकिन उसे छोड़िए। फ़िलहाल मेरी दिलचस्पी दयालु या नम्र होने में नहीं है। मेरी दिलचस्पी तो आपको यह दिखाने में है कि आप अपने साथ क्या कर रहे हैं! बाद में, जब आप अमीर बन जाएँगे, तब हम ज़्यादा दयालु और नम्र हो सकते हैं, ठीक है ना ?

अब अपनी शक्ति पहचानने का समय है और यह स्वीकार करने का कि आप अपने जीवन में मौजूद हर चीज़ का निर्माण करते हैं और उसका भी, जो आपके जीवन में नहीं है। यह जान लें कि आप अपनी दौलत, अपनी कंगाली और इन दोनों के बीच के हर स्तर का निर्माण करते हैं।

घोषणा : दिल पर हाथ रखकर कहें ...

"अपनी वित्तीय सफलता के स्तर का निर्माण मैं खुद करता हूँ!"

अपना सिर छूकर कहें ...

"मेरे पास मिलियनेअर मस्तिष्क है!"

मिलियनेअर मस्तिष्क की गतिविधियाँ

1. जब भी आप देखें कि आप दोष मढ़ रहे हैं, ख़ुद को सही ठहरा रहे हैं या शिकायत कर रहे हैं, तो हर बार अपनी तर्जनी उँगली अपने गले पर फेरें, ताकि आपको तत्काल याद आ जाए कि आप अपना वित्तीय गला काट रहे हैं। एक बार फिर, हालाँकि ख़ुद के गले पर उँगली फेरना थोड़ा अजीब लग सकता है, लेकिन यह दोष देकर, ख़ुद को सही ठहराकर या शिकायत करके अपना बुरा करने से ज़्यादा अजीब नहीं है। और अंततः यह क्रिया इन विनाशकारी आदतों को ख़त्म कर देगी।
2. एक "डिब्रीफ़" करें। हर रात सोने से पहले एक ऐसी चीज़ लिख लें, जो अच्छी तरह हुई और एक ऐसी चीज़ लिख लें, जो अच्छी तरह नहीं हुई। फिर नीचे दिए गए सवाल का जवाब लिख लें : "मैंने किस तरह इनमें से प्रत्येक परिस्थिति का निर्माण किया?" अगर दूसरे लोग शामिल हों, तो ख़ुद से पूछें, "इनमें से प्रत्येक स्थिति का निर्माण करने में मेरी भूमिका क्या थी?" यह अभ्यास आपको अपने जीवन के प्रति जवाबदेह बनाएगा और उन रणनीतियों के बारे में जागरूक भी बनाएगा, जो आपके लिए काम कर रही हैं या नहीं कर रही हैं।

विशेष बोनस : www.millionairemindbook.com वेबसाइट पर जाएँ और "Free Book Bonuses" पर क्लिक करके मुफ़्त मिलियनेअर माइंड "एक्शन रिमाइंडर" पाएँ।

दौलत की फ़ाइल # 2

अमीर लोग पैसे का खेल जीतने के लिए खेलते हैं।
ग़रीब लोग पैसे का खेल हार से *बचने* के लिए खेलते हैं।

ग़रीब लोग पैसे का खेल आक्रामक नहीं, सुरक्षात्मक तरीक़े से खेलते हैं। मैं आपसे पूछता हूँ : अगर आप किसी खेल को पूरी तरह सुरक्षात्मक खेलते हैं, तो उस मैच में आपके जीतने की कितनी संभावना है? अधिकांश लोग सहमत होंगे, बहुत ही कम या बिलकुल भी नहीं।

बहरहाल, ज़्यादातर लोग पैसे का खेल इसी तरह से खेलते हैं। दौलत और प्रचुरता उत्पन्न करने के बजाय वे हमेशा बचे रहने और सुरक्षित रहने की ही चिंता करते रहते हैं। अब बताएँ, आपका लक्ष्य क्या है? आपका उद्देश्य क्या है? आपका सच्चा इरादा क्या है?

सचमुच अमीर लोगों का लक्ष्य प्रचुर दौलत और समृद्धि होता है। सिर्फ़ थोड़ा पैसा नहीं, बल्कि ढेर सारा पैसा। दूसरी तरफ़, ग़रीब लोगों का बड़ा लक्ष्य क्या होता है? "बिल चुकाने लायक़ पैसे ... अगर समय पर मिल जाएँ, तो चमत्कार होगा!" एक बार फिर मैं आपको इरादे की ताक़त याद दिला दूँ। अगर आपका इरादा बिल चुकाने लायक़ पैसा पाना है, तो आपको उतना ही मिलेगा – सिर्फ़ बिल चुकाने लायक़ ... इससे एक पैसा भी ज़्यादा नहीं मिलेगा।

मध्य वर्गीय लोग एक क़दम आगे जाते हैं ... बड़ी बुरी बात यह है कि यह सिर्फ़ छोटा सा क़दम है। जीवन में उनका बड़ा लक्ष्य दुनिया में उनका सबसे प्रिय शब्द है। वे बस "आरामदेह" (comfortable) अवस्था में रहना चाहते हैं। मुझे आपको यह ख़बर देते हुए अफ़सोस है, लेकिन आरामदेह होने और अमीर होने में भारी अंतर है।

मुझे मानना होगा कि मैं यह बात हमेशा नहीं जानता था। मेरे ख़्याल से मुझे यह पुस्तक लिखने का अधिकार इसलिए भी है, क्योंकि मैं तीनों ख़ेमों में रह चुका हूँ। मैं बिलकुल कड़का रह चुका हूँ और मुझे अपनी कार में गैस भरवाने के लिए एक डॉलर उधार लेना पड़ा था। लेकिन मैं इस बारे में आगे भी कुछ बताना चाहता हूँ। पहली बात तो यह है कि वह मेरी कार नहीं थी। दूसरी बात, वह डॉलर चार क्वार्टर्स यानी सिक्कों के रूप में आया था। क्या आप जानते हैं कि किसी वयस्क के लिए गैस डलवाने के बाद चार सिक्के देना कितना शर्मनाक होगा? पंप पर काम करने वाले लड़के ने मेरी तरफ़ ऐसे देखा, जैसे मैं सिक्के डालने पर सामान देने वाली वेंडिंग मशीन लूटकर आया हूँ और फिर अपना सिर हिलाकर हँसने लगा। मैं नहीं जानता कि आपको इस बात का एहसास है या नहीं, लेकिन यह निश्चित रूप से मेरे वित्तीय निचले स्तरों में से एक था और दुर्भाग्य से ऐसे अन्य प्रसंग भी हुए थे।

जब मैंने अपनी स्थिति सुधारी, तो मैं *आरामदेह* होने के स्तर पर पहुँच गया। आर्थिक दृष्टि से आरामदेह रहना अच्छा होता है। कम से कम आप अच्छे रेस्तराँओं में जा सकते हैं। लेकिन ज़्यादातर मामलों में मैं सिर्फ़ चिकन

का ऑर्डर दे सकता था। देखिए, चिकन खाने में कोई ग़लत बात नहीं है, बशर्ते आप सचमुच चिकन ही खाना चाहते हों। लेकिन अक्सर ऐसा होता नहीं है।

दरअसल, जो लोग वित्तीय दृष्टि से सिर्फ़ आरामदेह होते हैं, वे आम तौर पर खाने की चीज़ का फ़ैसला मीनू के दाएँ हिस्से की तरफ़ देखकर करते हैं, जहाँ क़ीमतें लिखी रहती हैं। "तुम आज रात क्या खाना चाहोगी, प्रिय?" "मैं यह 7.95 डॉलर वाली डिश लूँगी। देखते हैं कि यह क्या है। हैरानी, हैरानी, यह फिर से चिकन है," इस सप्ताह उन्नीसवीं बार!

जब आप आरामदेह होते हैं, तो आप मीनू में नीचे की ओर लिखी डिशेस पर निगाह डालने की हिम्मत भी नहीं कर सकते हैं, क्योंकि वहाँ पर मध्य वर्गीय डिक्शनरी में सबसे प्रतिबंधित शब्द लिखे रहते हैं : *बाज़ार भाव पर!* और उत्सुकता जागने पर भी आप उसका भाव कभी नहीं पूछते हैं। पहली बात, क्योंकि आप जानते हैं कि वह भाव आपके बजट के बाहर होगा। दूसरी बात, यह बहुत शर्मनाक होता है। जब वेटर आपको बताता है कि उस डिश की क़ीमत 49 डॉलर है, तो वह आपके जवाब पर यक़ीन नहीं करेगा, जब यह सुनकर आप कहेंगे, "देखो, न जाने क्यों आज रात तो मेरा मन चिकन खाने का है!"

मैं यह कहना चाहूँगा कि निजी तौर पर मेरे लिए अमीर बनने के बारे में एक बड़ी अच्छी बात यह है कि अब मुझे मीनू में क़ीमतें देखने की कोई ज़रूरत नहीं होती है। मैं वही खाता हूँ, जो मैं खाना चाहता हूँ, चाहे क़ीमत जो भी हो। मैं आपको आश्वस्त कर सकता हूँ कि जब मैं *दिवालिया* या *आरामदेह* था, तब मैं ऐसा नहीं करता था।

मूल मुद्दा यह है : अगर आपका लक्ष्य आरामदेह बनना है, तो इस बात की संभावना है कि आप कभी अमीर नहीं बन पाएँगे। लेकिन अगर आपका लक्ष्य अमीर बनना है, तो इस बात की संभावना है कि आप बहुत आरामदेह तो बन ही जाएँगे।

दौलत का सिद्धांत :

अगर आपका लक्ष्य आरामदेह बनना है, तो इस बात की संभावना है कि आप कभी अमीर नहीं बन पाएँगे। लेकिन अगर आपका लक्ष्य अमीर बनना है, तो इस बात की संभावना है कि आप बहुत आरामदेह तो बन ही जाएँगे।

हम अपने कोर्स में एक सिद्धांत सिखाते हैं, "अगर आप सितारों पर निशाना साधते हैं, तो आप कम से कम चाँद पर निशाना लगा ही लेंगे।" ग़रीब लोग अपने मकान की छत पर भी निशाना नहीं साध पाते हैं और फिर इस बात पर हैरान होते हैं कि वे सफल क्यों नहीं हैं। देखिए, उन्हें अभी-अभी कारण पता चल गया है। आप वही पाते हैं, जिसे पाने का सच्चा इरादा रखते हैं। अगर आप अमीर बनना चाहते हैं, तो आपका लक्ष्य अमीरी होना चाहिए, बिल चुकाने लायक़ या आरामदेह होने लायक़ पैसे होना नहीं। अमीर मतलब अमीर!

घोषणा : दिल पर हाथ रखकर कहें ...

"मेरा लक्ष्य मिलियनेअर और उससे भी ज़्यादा बनना है!"

अपना सिर छूकर कहें ...

"मेरे पास मिलियनेअर मस्तिष्क है!"

मिलियनेअर मस्तिष्क की गतिविधियाँ

1. दो वित्तीय लक्ष्य लिख लें, जो दोयमता या ग़रीबी के बजाय दौलत बनाने का इरादा दर्शाएँ। "जीतने के लिए खेलने" के अपने दो लक्ष्य लिख लें :

   (अ) वार्षिक आय

   (ब) नेट वर्थ (कुल संपत्तियाँ)

   इन लक्ष्यों को यथार्थवादी समय सीमा में हासिल होने योग्य बनाएँ, लेकिन साथ ही यह भी याद रखें कि आपको "सितारों पर निशाना साधना" है।

2. किसी बेहतरीन रेस्तराँ में जाकर "बाज़ार भाव पर" डिश का ऑर्डर दें, बिना उसका भाव पूछे। (अगर आर्थिक तंगी चल रही हो, तो बिल आधा-आधा बाँटा जा सकता है।)

   पुनश्च : चिकन नहीं चलेगा!

दौलत की फ़ाइल # 3

अमीर लोग अमीर बनने के प्रति समर्पित होते हैं।
ग़रीब लोग अमीर बनना चाहते हैं।

अगर आप लोगों से यह पूछें कि क्या वे अमीर बनना चाहते हैं, तो ज़्यादातर लोग आपकी ओर ऐसे देखेंगे, जैसे आप पागल हो गए हों। वे कहेंगे, "ज़ाहिर है, मैं अमीर बनना चाहता हूँ।" बहरहाल, सच्चाई यह है कि ज़्यादातर लोग वास्तव में अमीर नहीं बनना चाहते हैं। क्यों ? क्योंकि उनके अवचेतन मन में दौलत की बहुत सारी नकारात्मक फ़ाइलें रहती हैं, जो उनसे कहती हैं कि अमीर बनने में कुछ ग़लत है।

अपने मिलियनेअर माइंड इनटेंसिव सेमिनार में हम लोगों से एक सवाल पूछते हैं, "अमीर बनने की कोशिश करने या अमीर बनने से जुड़ी कुछ संभावित नकारात्मक बातें क्या हैं ?"

नीचे देखें कि इस बारे में कुछ लोग क्या कहते हैं। क्या आपको इनमें से किसी में अपने विचार दिख रहे हैं ?

"अगर मैं दौलत कमाने के बाद उसे गँवा दूँ, तो क्या होगा ? फिर मैं सचमुच असफल कहलाऊँगा।"

"मुझे कभी पता ही नहीं चलेगा कि लोग मुझे पसंद करते हैं या मेरी दौलत को।"

"मैं सबसे ऊँची टैक्स रेंज में पहुँच जाऊँगा और मुझे अपना आधा पैसा सरकार को देना पड़ेगा।"

"इसमें बहुत ज़्यादा मेहनत है।"

"इस कोशिश में मैं अपनी सेहत गँवा सकता हूँ।"

"मेरे दोस्त और परिवार वाले कहेंगे, 'तुम्हें क्या लगता है, तुम कौन हो ?' और मेरी आलोचना करेंगे।"

"हर व्यक्ति मुझसे मदद की उम्मीद करेगा।"

"मुझे लूटा जा सकता है।"

"मेरे बच्चों का अपहरण हो सकता है।"

"यह बहुत बड़ी ज़िम्मेदारी है। मुझे इतने सारे पैसे का प्रबंधन करना होगा। मुझे सचमुच निवेशों को समझना होगा। मुझे टैक्स की रणनीतियों और पूँजी की सुरक्षा की चिंता करनी पड़ेगी और मुझे महँगे अकाउंटेंट्स तथा वकीलों को फ़ीस देनी पड़ेगी! उफ, कितनी मुसीबत का काम है!"

और सूची इसी तरह आगे बढ़ती चली जाती है ...

जैसा मैंने पहले ज़िक्र किया है, हममें से हर एक की दिमाग़ नाम की अलमारी में दौलत की एक फ़ाइल होती है। इस फ़ाइल में हमारे व्यक्तिगत विश्वास होते हैं, जिनमें यह भी शामिल होता है कि अमीर बनना शानदार क्यों होगा। बहरहाल, कई लोगों की फ़ाइल में यह जानकारी भी होती है कि अमीर बनना इतना शानदार क्यों नहीं होगा। इसका मतलब है कि दौलत के बारे में उनके आंतरिक संदेश मिले-जुले होते हैं। उनका एक हिस्सा ख़ुशी से कहता है, "ज़्यादा पैसे का मतलब है ज़िंदगी में ज़्यादा मज़ा।" लेकिन दूसरा हिस्सा चीख़ता है, "हाँ, लेकिन मुझे गधे की तरह काम करना पड़ेगा! इसमें क्या मज़ा है?" एक हिस्सा कहता है, "मैं दुनिया भर की सैर कर सकूँगा।" लेकिन तभी दूसरा हिस्सा कहता है, "हाँ और दुनिया का हर आदमी मेरे सामने मदद का हाथ फैलाएगा।" ये मिले-जुले संदेश मासूम लग सकते हैं, लेकिन सच तो यह है कि यही वे प्रमुख कारण हैं, जिनकी वजह से ज़्यादातर लोग कभी अमीर नहीं बन पाते हैं।

आप इसे इस तरह देख सकते हैं। ब्रह्मांड यानी "उच्चतर शक्ति" (higher power) एक बड़े मेल-ऑर्डर डिपार्टमेंट जैसा है। ब्रह्मांड लगातार आपकी ओर लोगों, घटनाओं और चीज़ों को भेज रहा है। आप अपने प्रबल विश्वासों के आधार पर ऊर्जा से संचारित संदेश ब्रह्मांड की ओर भेजकर "ऑर्डर" देते हैं। आकर्षण के नियम के आधार पर ब्रह्मांड आपके ऑर्डर को पूरा करने की सर्वश्रेष्ठ कोशिश करेगा। लेकिन अगर आपकी फ़ाइल में मिले-जुले संदेश हैं, तो ब्रह्मांड यह समझ ही नहीं पाता है कि आप चाहते क्या हैं।

एक मिनट ब्रह्मांड सुनता है कि आप अमीर बनना चाहते हैं, इसलिए यह आपकी ओर दौलत के अवसर भेजने लगता है। लेकिन फिर यह आपको कहते सुनता है, "अमीर लोग लालची होते हैं," इसलिए ब्रह्मांड आपकी बात मानकर ऐसी व्यवस्था करने लगता है, ताकि आपके पास ज़्यादा पैसा न रहे। लेकिन फिर आप सोचते हैं, "ज़्यादा पैसा होने पर ज़िंदगी बहुत मज़ेदार बन

जाएगी," तो बेचारा ब्रह्मांड दुविधा में दोबारा आपकी ओर ज़्यादा पैसे कमाने के अवसर भेजने लगता है। अगले दिन आप प्रेरणाहीन मूड में रहते हैं, इसलिए आप सोचते हैं, "पैसा इतना महत्वपूर्ण नहीं है।" हैरान-परेशान ब्रह्मांड आख़िरकार चीख़ उठता है, "पहले फ़ैसला कर लो! तुम जो चाहते हो, वह मैं तुम्हें दे दूँगा, बस मुझे इतना बता दो कि तुम चाहते क्या हो!"

ज़्यादातर लोगों को अपनी मनचाही चीज़ इस प्रमुख कारण से नहीं मिलती है, क्योंकि उन्हें पता ही नहीं होता है कि वे क्या चाहते हैं। अमीर लोग पूरी तरह स्पष्ट होते हैं कि वे दौलत चाहते हैं। उनकी इच्छा अटल होती है। वे दौलत कमाने के लिए पूरी तरह समर्पित रहते हैं। जब तक तरीक़ा क़ानूनी, नैतिक और सही हो, वे दौलत कमाने के लिए हर काम करने को तैयार रहते हैं। अमीर लोग ब्रह्मांड को मिले-जुले संदेश नहीं भेजते हैं; ग़रीब लोग भेजते हैं।

(वैसे, पिछला पैरेग्राफ़ पढ़ते समय अगर आपके दिमाग़ के भीतर की धीमी आवाज़ ने कहा हो, "अमीर लोगों को इस बात की परवाह ही नहीं होती कि तरीक़ा क़ानूनी, नैतिक और सही हो," तो आप निश्चित रूप से यह पुस्तक पढ़कर सही काम कर रहे हैं। आपको जल्दी ही पता चल जाएगा कि इस तरह सोचना कितना हानिकारक हो सकता है।)

दौलत का सिद्धांत :
ज़्यादातर लोगों को अपनी मनचाही चीज़ इस प्रमुख कारण से नहीं मिलती है, क्योंकि उन्हें पता ही नहीं होता है कि वे क्या चाहते हैं।

ग़रीब लोगों के पास बहुत से बहाने होते हैं कि सचमुच अमीर बनने में कितनी समस्याएँ हो सकती हैं। परिणामस्वरूप उन्हें शत-प्रतिशत यक़ीन नहीं होता है कि वे सचमुच अमीर बनना चाहते हैं। वे ब्रह्मांड को जो संदेश भेजते हैं, वह दुविधापूर्ण होता है। दूसरों के प्रति उनका संदेश दुविधापूर्ण होता है। और यह सारी दुविधा क्यों होती है? क्योंकि ख़ुद के प्रति उनका संदेश भी दुविधापूर्ण ही होता है।

पहले हमने इरादे की शक्ति के बारे में बात की है। मैं जानता हूँ कि इस पर यक़ीन करना मुश्किल हो सकता है, लेकिन आपको हमेशा वही मिलता है,

जो आप चाहते हैं – जो आप *अवचेतन मन* में चाहते हैं; वह नहीं, जो आप *कहते* हैं कि आपको चाहिए। हो सकता है, आप ज़ोर से इसका विरोध करते हुए प्रतिक्रिया करें, "यह पागलपन भरी बात है! मैं भला वित्तीय मुश्किलें क्यों चाहूँगा ?" और आपसे मेरा सवाल भी ठीक यही है : "मैं नहीं जानता। आप वित्तीय मुश्किलें क्यों चाहेंगे ?"

अगर आप कारण खोजना ही चाहते हैं, तो मैं आपको मिलियनेअर माइंड इनटेंसिव सेमिनार में भाग लेने के लिए आमंत्रित करता हूँ, जहाँ आप धन के अपने ब्लूप्रिंट को पहचानेंगे। जवाब आपके ठीक सामने होगा। खरी भाषा में कहा जाए, तो अगर आप मनचाही दौलत हासिल नहीं कर पा रहे हैं, तो इस बात की काफ़ी संभावना है कि अव्वल तो आप अवचेतन रूप से सचमुच दौलत नहीं चाहते हैं, या दूसरी बात, आप वह काम करने के इच्छुक नहीं हैं, जो इसे पाने के लिए किया जाना चाहिए।

आइए इसे और टटोलते हैं। दरअसल तथाकथित चाह के तीन स्तर होते हैं। पहला स्तर है "मैं अमीर बनना *चाहता* हूँ।" इसका मतलब है, "मैं दौलत ले लूँगा, मगर तभी जब यह मेरी गोद में गिरेगी।" सिर्फ़ चाहना बेकार है। क्या आपने ग़ौर किया है कि चाहने से हमेशा वह चीज़ "मिल" नहीं जाती है ? इस बात पर भी ध्यान दें कि मिले बिना चाहने से चाहतें और ज़्यादा बढ़ जाती हैं। चाहना आदत बन जाता है और यह सिर्फ़ ख़ुद की ओर ले जाता है। इस तरह एक ऐसा चक्र बन जाता है, जो कहीं नहीं ले जाता है। सिर्फ़ चाहने भर से दौलत नहीं आ जाती है। इस बात की सच्चाई का सबूत क्या है ? नज़रें घुमाकर हक़ीक़त देख लें : बिलियनों लोग अमीर बनना *चाहते* हैं, लेकिन बहुत कम लोग ही अमीर हैं।

चाहने का दूसरा स्तर है, "मैं अमीर बनने का *चुनाव* करता हूँ।" इसमें अमीर बनने का फ़ैसला शामिल होता है। चुनाव करने में ज़्यादा सशक्त ऊर्जा है और इसके साथ अपनी वास्तविकता का निर्माण करने की ज़िम्मेदारी आप पर आ जाती है। *फ़ैसला* (decision) शब्द लैटिन शब्द *डिसाइडेर* से आया है, जिसका मतलब है, "किसी भी अन्य विकल्प को ख़त्म कर देना।" चुनना बेहतर तो है, लेकिन सर्वश्रेष्ठ नहीं।

चाहने का तीसरा स्तर है, "मैं अमीर बनने के लिए *समर्पित* हूँ।" *समर्पण* (commitment) शब्द की परिभाषा है, "बिना किसी संकोच के निष्ठापूर्वक

पूरी तरह से जुट जाना।" इसका मतलब है, कोई क़सर बाक़ी नहीं रखना। दौलत हासिल करने के लिए हर काम में अपना 100 प्रतिशत योगदान देना। इसका मतलब है हर वह काम करने की इच्छा जो इसके लिए ज़रूरी हो, उतने समय तक करने की इच्छा, जितने समय तक ज़रूरी हो। यह योद्धा का तरीक़ा है। कोई बहाने, कोई अगर, कोई मगर, कोई शायद नहीं है – और असफलता स्वीकार करने का कोई विकल्प नहीं है। योद्धा का तरीक़ा आसान है : "मैं या तो अमीर बनूँगा या इस कोशिश में मर जाऊँगा।"

"मैं अमीर बनने के लिए समर्पित हूँ।" ख़ुद से यह कहने की कोशिश करें ... आपके सामने क्या आता है? कुछ लोगों के लिए यह शक्तिदायक होता है। बाक़ी लोगों को घबराहट महसूस होती है।

ज़्यादातर लोग कभी अमीर बनने के प्रति सचमुच समर्पित नहीं होते हैं। अगर आप उनसे पूछें, "क्या आप अपनी ज़िंदगी दाँव पर लगा सकते हैं कि अगले दस साल में आप दौलतमंद बन जाएँगे ?" तो ज़्यादातर कहेंगे, "बिलकुल नहीं!" अमीर और ग़रीब लोगों के बीच यही फ़र्क़ है। लोग अमीर बनने के लिए सचमुच समर्पित नहीं होते, सिर्फ़ इसीलिए वे अमीर नहीं हैं और उनके अमीर बनने की संभावना भी नहीं है।

कुछ लोग कह सकते हैं, "हार्व, आप यह क्या कह रहे हैं ? मैं दिन भर काम करता हूँ। मैं सचमुच कड़ी मेहनत करता हूँ। ज़ाहिर है, मैं अमीर बनने के लिए समर्पित हूँ।" मेरा जवाब होगा, "आप कोशिश कर रहे हैं, इसका कोई मतलब नहीं है। *समर्पण* की परिभाषा पूरी तरह से जुटना है।" मुख्य शब्द *पूरी तरह से* हैं। इसका मतलब है कि आप हर चीज़ लगा रहे हैं और मेरा मतलब है अपनी हर चीज़। मैं जिन वित्तीय रूप से असफल लोगों को जानता हूँ, उनमें से ज़्यादातर की सीमाएँ हैं कि वे कितना काम करने के इच्छुक हैं, वे कितना जोखिम लेने के इच्छुक हैं और वे कितना त्याग करने के इच्छुक हैं। हालाँकि वे सोचते हैं कि वे सब कुछ करने के इच्छुक हैं, लेकिन गहरे सवाल पूछने पर मुझे हमेशा यह पता चलता है कि उनकी बहुत सी शर्तें हैं, कि वे सफल होने के लिए क्या करेंगे और क्या नहीं करेंगे!

मुझे आपको यह बताते हुए अफ़सोस है, लेकिन अमीर बनना बगीचे में टहलने जैसा नहीं है, और जो इससे अलग बात कहता है, वह या तो मुझसे बहुत ज़्यादा जानता है या फिर झूठ बोल रहा है। मेरा अनुभव यह है कि अमीर

बनने के लिए एकाग्रता, साहस, ज्ञान, विशेषज्ञता, शत-प्रतिशत प्रयास, कभी हार न मानने के नज़रिए और ज़ाहिर है, अमीर मानसिकता की ज़रूरत होती है। आपको अपने दिल की गहराई में यक़ीन करना होता है कि आप दौलत बना सकते हैं और आप पूरी तरह से इसके हक़दार हैं। एक बार फिर, इसका मतलब यह है कि अगर आप दौलतमंद बनने के लिए पूरी तरह और सचमुच समर्पित नहीं हैं, तो संभावना है कि आप बन भी नहीं पाएँगे।

दौलत का सिद्धांत :

अगर आप दौलतमंद बनने के लिए पूरी तरह और सचमुच समर्पित नहीं हैं, तो संभावना है कि आप बन भी नहीं पाएँगे।

क्या आप हर दिन सोलह घंटे काम करने के इच्छुक हैं? अमीर लोग होते हैं! क्या आप हर हफ़्ते सातों दिन काम करने और अपने ज़्यादातर वीकएंड्स की मौज-मस्ती छोड़ने के इच्छुक हैं? अमीर लोग होते हैं! क्या आप अपने परिवार या मित्रों से मिलने और अपने मनोरंजन व शौक़ का त्याग करने के इच्छुक हैं? अमीर लोग होते हैं! क्या आप अपना सारा समय, ऊर्जा और शुरुआती पूँजी बिना लाभ की गारंटी वाले जोखिम भरे काम में लगाने के इच्छुक हैं? अमीर लोग होते हैं!

अमीर लोग कुछ समय तक यह सब करने के इच्छुक रहते हैं। वे आशा करते हैं कि उनका लक्ष्य थोड़े समय में ही पूरा हो जाएगा, लेकिन अक्सर लंबा समय लगता है। अमीर लोग ऊपर बताए गए सभी काम करने के लिए तैयार और इच्छुक होते हैं। क्या आप हैं?

शायद आप ख़ुशक़िस्मत होंगे और आपको ज़्यादा लंबे समय तक या मेहनत से काम नहीं करना पड़ेगा या किसी चीज़ का त्याग नहीं करना होगा। आप ऐसी कामना कर सकते हैं, लेकिन मुझे पता है कि ऐसा होगा नहीं। दोबारा बता दूँ, अमीर लोग अपने लक्ष्य तक पहुँचने की ख़ातिर ज़रूरी हर काम करने को समर्पित होते हैं। बात ख़त्म।

बहरहाल, यह देखना दिलचस्प है कि एक बार जब आप समर्पित हो जाते हैं, तो ब्रह्मांड आपकी मदद करने के लिए आगे आ जाता है। मेरा एक प्रिय

अंश एक्सप्लोरर (साहसिक खोजी) डब्ल्यू. एच. मरे का है, जिन्होंने अपने एक शुरुआती हिमालयन पर्वतारोहण अभियान के दौरान यह लिखा था :

जब तक इंसान समर्पित नहीं है, तब तक झिझक है, पीछे हटने की संभावना है, हमेशा प्रभावहीनता है। पहलशक्ति (और सृजन) संबंधी सभी कार्यों में एक मूलभूत सच्चाई है, जिसका अज्ञान असंख्य विचारों और बेहतरीन योजनाओं का गला घोंट देता है : जिस पल इंसान ख़ुद को निश्चित रूप से समर्पित कर देता है, ब्रह्मांड भी उसकी मदद के लिए आगे आ जाता है। उस निर्णय से बहुत सी घटनाएँ उत्पन्न होती हैं और व्यक्ति को अप्रत्याशित घटनाओं या मुलाक़ातों से हर तरह की भौतिक मदद मिलने लगती है, जिसकी कल्पना उसने सपने में भी नहीं की होगी।

दूसरे शब्दों में, ब्रह्मांड आपकी मदद करेगा, मार्गदर्शन देगा, सहयोग देगा और यहाँ तक कि आपके लिए चमत्कार भी करेगा। लेकिन पहले, आपको समर्पित होना होगा!

घोषणा : दिल पर हाथ रखकर कहें ...

"मैं अमीर बनने के लिए समर्पित हूँ।"

अपना सिर छूकर कहें ...

"मेरे पास मिलियनेअर मस्तिष्क है!"

मिलियनेअर मस्तिष्क की गतिविधियाँ

1. एक छोटा पैरेग्राफ़ लिखें कि दौलतमंद बनना आपके लिए महत्त्वपूर्ण क्यों है। साफ़-साफ़ बताएँ।

2. किसी दोस्त या परिवार के सदस्य से मिलें, जो आपकी मदद करने का इच्छुक हो। उस व्यक्ति को बताएँ कि आप ज़्यादा बड़ी सफलता पाने के उद्देश्य से समर्पण की शक्ति को जाग्रत करना चाहते हैं। अपना हाथ दिल पर रखें, उस व्यक्ति की आँखों में देखें और नीचे दिया गया वाक्य कहें :

"मैं, _____ (आपका नाम), यहाँ पर _____ (तारीख़) समय तक मिलियनेअर या उससे ज़्यादा बनने के लिए समर्पित होता हूँ।"

अपने पार्टनर से यह जवाब देने को कहें, "मैं आपमें यक़ीन करता हूँ।"

फिर आप कहें, "धन्यवाद।"

पुनश्च। आपके समर्पण को सशक्त बनाने के लिए मैं आपको आमंत्रित करता हूँ कि आप वेबसाइट पर सीधे मेरे सामने अपने समर्पण की घोषणा कर दें और फिर उसका प्रिंटआउट निकालकर अपनी दीवार पर टाँग लें।

दोबारा पुनःश्च। इस बात पर ग़ौर करें कि समर्पण से पहले और बाद में आपको कैसा महसूस होता है। अगर आपको स्वतंत्रता का एहसास होता है, तो आप सही रास्ते पर हैं। अगर आपको डर का एहसास होता है, तो भी आप सही रास्ते पर हैं। अगर आप इसे करने की जहमत ही नहीं उठाते हैं, तो आपमें अब भी "हर काम करने की इच्छा" वाली मानसिकता नहीं है, या आपकी मानसिकता यह है, "मुझे यह अजीब काम करने की कोई ज़रूरत नहीं है।" दोनों में से चाहे जो स्थिति हो, मैं आपको याद दिलाना चाहूँगा, आप आज तक जिस रास्ते पर चल रहे थे, उसी ने ही आपको वहाँ तक पहुँचाया है, जहाँ आप इस वक़्त हैं।

दौलत की फ़ाइल # 4

अमीर लोग बड़ा सोचते हैं।
ग़रीब लोग छोटा सोचते हैं।

हमारे एक सेमिनार में एक प्रशिक्षक था, जिसकी नेट वर्थ सिर्फ़ तीन साल में ढाई लाख से 60 करोड़ डॉलर हो गई। जब उससे इसका रहस्य पूछा गया, तो उसने कहा, "जब मैंने बड़ा सोचना शुरू किया, तो हर चीज़ बदल गई।" मैं आपको आमदनी का नियम बताना चाहता हूँ, "आप बाज़ार के अनुसार जो मूल्य देते हैं, आपको उसी के अनुपात में भुगतान मिलेगा।"

दौलत का सिद्धांत :

**आमदनी का नियम : आप बाज़ार के अनुसार जो मूल्य देते हैं,
आपको उसी के अनुपात में भुगतान मिलेगा।**

प्रमुख शब्द *मूल्य* (value) है। यह जानना महत्वपूर्ण है कि बाज़ार में आपके मूल्य को चार तत्व तय करते हैं : *आपूर्ति, माँग, गुणवत्ता और मात्रा।* मेरे अनुभव में जो तत्व ज़्यादातर लोगों के लिए सबसे बड़ी चुनौती पेश करता है, वह है मात्रा। मात्रा (quantity) के तत्व का मतलब आसान है, आप अपने कितने मूल्य को बाज़ार तक सचमुच पहुँचाते हैं ?

इसे कहने का एक और तरीक़ा यह है कि आप कितने लोगों की सेवा करते हैं या उन्हें प्रभावित करते हैं ?

उदाहरण के लिए, मेरे बिज़नेस में कुछ प्रशिक्षक एक समय में बीस लोगों के छोटे समूहों को सिखाना पसंद करते हैं। कई प्रशिक्षक कमरे में सौ प्रतिभागियों के साथ आरामदेह होते हैं। बाक़ी पाँच सौ लोगों को सिखाना पसंद करते हैं और कुछ तो हज़ार से पाँच हज़ार या इससे ज़्यादा प्रतिभागियों को सिखाना पसंद करते हैं। क्या इन प्रशिक्षकों की आमदनी में अंतर है ? बिलकुल है!

नेटवर्क मार्केटिंग बिज़नेस पर ग़ौर करें। अगर एक व्यक्ति की डाउनलाइन में दस लोग हों और दूसरे व्यक्ति की डाउनलाइन में दस हज़ार लोग हों, तो क्या उनकी आय में अंतर होगा ? निश्चित रूप से होगा!

इस पुस्तक की शुरुआत में मैंने ज़िक्र किया था कि मैं रिटेल फ़िटनेस स्टोर्स की चेन का मालिक था। जिस पल मैंने इस बिज़नेस में जाने का विचार किया, उसी पल से मेरा इरादा सौ सफल स्टोर खोलकर लाखों लोगों को प्रभावित करना था। दूसरी तरफ़, मुझसे छह महीने बाद काम शुरू करने वाली मेरी प्रतियोगी का इरादा सिर्फ़ एक सफल स्टोर खोलना था। अंत में, उसे अच्छी आमदनी मिली, जबकि मैं अमीर बन गया!

आप अपनी ज़िंदगी कैसे जीना चाहते हैं ? आप खेल को कैसे खेलना चाहते हैं ? आप मेजर लीग में खेलना चाहते हैं या माइनर लीग में ? बड़े-बड़ों में या छुटभैयों में ? आप बड़ा खेलना चाहते हैं या छोटा ? चुनाव आपका है।

ज़्यादातर लोग छोटा खेलने का चुनाव करते हैं। क्यों ? पहली बात तो डर

के कारण। वे असफलता से बुरी तरह घबराते हैं, जबकि सफलता से तो और भी ज़्यादा घबराते हैं। दूसरी बात, लोग छोटा इसलिए खेलते हैं, क्योंकि वे छोटा महसूस करते हैं। वे नाक़ाबिल महसूस करते हैं। वे ऐसा महसूस नहीं करते, जैसे वे पर्याप्त अच्छे या महत्वपूर्ण हों, जो दूसरों के जीवन में वास्तविक अंतर ला सकते हों।

लेकिन यह जान लें : आपका जीवन सिर्फ़ आपके लिए ही नहीं है। यह दूसरों को योगदान देने के लिए भी है। यह अपने मिशन के प्रति सच्चा होने के लिए है। इस समय धरती पर आपके रहने के पीछे जो कारण है, उसे जीने के बारे में है। यह दुनिया के पज़ल में अपना टुकड़ा जोड़ने के बारे में है। लोग अपने अहं में फँसकर यह मानने लगते हैं कि हर चीज़ मेरे, मेरे और सिर्फ़ मेरे चारों तरफ़ घूमती है। लेकिन अगर आप सच्चे अर्थों में अमीर बनना चाहते हों, तो यह सिर्फ़ आपके बारे में नहीं हो सकता। इसमें तो दूसरों के जीवन में सकारात्मक योगदान देना शामिल होगा।

हमारे समय के एक महान आविष्कारक और दार्शनिक बकमिन्स्टर फ़ुलर ने कहा है, "हमारे जीवन का उद्देश्य इस पीढ़ी और आगे आने वाली पीढ़ियों के लोगों का मूल्य बढ़ाना है।"

हम इस धरती पर अपने नैसर्गिक गुण लेकर आते हैं, यानी हम कुछ चीज़ों में स्वाभाविक रूप से निपुण होते हैं। ये उपहार आपको किसी ख़ास कारण से दिए गए हैं : इनका उपयोग करने तथा दूसरों को लाभ पहुँचाने के लिए। शोध से पता चलता है कि सबसे सुखी लोग वे होते हैं, जो अपने नैसर्गिक गुणों का अधिकतम उपयोग करते हैं। जीवन में आपके मिशन का एक हिस्सा ज़्यादा से ज़्यादा लोगों तक अपने नैसर्गिक गुणों का लाभ पहुँचाना और उनका मूल्य बढ़ाना होना चाहिए। इसका मतलब है, आपको बड़ा खेलने की इच्छा रखनी होगी।

क्या आप उद्यमी की परिभाषा जानते हैं ? हम अपने कोर्स में इस परिभाषा का प्रयोग करते हैं, "जो दूसरों की समस्याएँ लाभ के साथ सुलझाता है।" यह सही है, उद्यमी "समस्या सुलझाने वाले" से ज़्यादा कुछ नहीं है।

तो मैं आपसे पूछता हूँ, आप ज़्यादा लोगों के लिए समस्याएँ सुलझाएँगे या कम लोगों के लिए ? अगर आपका जवाब ज़्यादा है, तो आपको ज़्यादा बड़ा

सोचने की ज़रूरत होगी और आपको बहुत बड़ी संख्या में - हज़ारों, यहाँ तक कि लाखों - लोगों की मदद करने का फ़ैसला करना होगा। परिणामस्वरूप आप जितने ज़्यादा लोगों की मदद करेंगे, आप उतने ही ज़्यादा "समृद्ध" बन जाएँगे, मानसिक रूप से, भावनात्मक रूप से, आध्यात्मिक रूप से और बेशक, आर्थिक रूप से भी।

इसे समझने में कोई ग़लती न करें, इस धरती पर हर व्यक्ति का एक मिशन या उद्देश्य है। अगर आप इस वक़्त ज़िंदा हैं, तो इसका कोई कारण है। रिचर्ड बाख़ ने अपनी पुस्तक *जोनाथन लिविंग्स्टन सीगल* में पूछा है, "मुझे कैसे पता चलेगा कि मेरा मिशन पूरा हो गया है?" जवाब? "अगर आप अब भी साँस ले रहे हैं, तो आपका मिशन पूरा नहीं हुआ है।"

मैं देखता हूँ कि बहुत से लोग अपना *काम* नहीं कर रहे हैं, बहुत से लोग अपने *कर्तव्य* या संस्कृत भाषा के *धर्म* को नहीं निभा रहे हैं। मैं देखता हूँ कि बहुत से लोग बहुत छोटे खेल खेल रहे हैं और बहुत से लोग अपने डर पर आधारित अहं के स्वरूपों को ख़ुद पर शासन करने दे रहे हैं। परिणाम यह है कि हममें से ज़्यादातर लोग अपनी पूरी क्षमता तक नहीं पहुँच पा रहे हैं - अपने जीवन के संदर्भ में भी और दूसरों के प्रति अपने योगदान के मामले में भी।

मूल मुद्दा यह है : अगर आप नहीं, तो फिर कौन?

एक बार फिर, हर व्यक्ति का अपना अनूठा उद्देश्य होता है। हो सकता है आप रियल एस्टेट निवेशक हों और मकान ख़रीदकर उन्हें किराए पर उठाते हों तथा कैशफ़्लो व मूल्यवृद्धि का लाभ उठाते हों। आपका मिशन क्या है? आप कैसे मदद करते हैं? इस बात की अच्छी संभावना है कि आप सस्ते मकान खोजने में परिवारों की मदद करके अपने समुदाय का मूल्य बढ़ा रहे हैं, जो इसके बिना उन्हें नहीं मिल सकते थे। अब सवाल यह है कि आप कितने लोगों की मदद कर सकते हैं? क्या आप एक के बजाय दस की, दस के बजाय बीस, बीस के बजाय सौ की मदद करने के इच्छुक हैं? बड़े खेल से मेरा यही मतलब है।

अपनी अद्भुत पुस्तक *अ रिटर्न टु लव* में मैरियन विलियमसन ने इसे इस तरह से लिखा है :

आप ईश्वर की संतान हैं। आपके छोटा खेलने से दुनिया का भला नहीं होता है। बाक़ी लोग आपके आस-पास असुरक्षित महसूस न करें, यह

सोचकर सिकुड़ने में कोई दिव्यता नहीं है। हमारे रचयिता का इरादा यह था कि हम सभी उसी तरह चमकें, जिस तरह बच्चे चमकते हैं। हम ईश्वर की दिव्यता को प्रकट करने के लिए पैदा हुए हैं, जो हमारे भीतर है। यह हममें से सिर्फ़ कुछ लोगों में नहीं है। यह हर एक में है। और जब हम अपनी ख़ुद की रोशनी को चमकने देते हैं, तो हम अचेतन रूप से दूसरे लोगों को भी ऐसा ही करने की अनुमति दे देते हैं। जब हम अपने ख़ुद के डर से मुक्त होते हैं, तो हमारी उपस्थिति अपने आप दूसरों को मुक्त कर देती है।

दुनिया को इस बात की ज़रूरत नहीं है कि इसके ज़्यादातर लोग छोटा खेलें। यह छिपना बंद करने और बाहर क़दम रखने का समय है। यह अपनी ज़रूरतों को छोड़ने और नेतृत्व करने का समय है। यह अपने नैसर्गिक गुण छिपाकर रखने या उनके न होने का नाटक करने के बजाय उन्हें बाँटने का समय है। यह अपने जीवन का खेल "बड़े" पैमाने पर शुरू करने का समय है।

सारांश यह है कि छोटी सोच और छोटे काम दिवालिएपन और असंतुष्टि की ओर ले जाते हैं। बड़ी सोच और बड़े काम दौलत व सार्थकता की ओर ले जाते हैं। चुनाव आपका है!

घोषणा : दिल पर हाथ रखकर कहें ...

"मैं बड़ा सोचता हूँ! मैं हज़ारों लोगों की मदद करने का चुनाव करता हूँ!"

अपना सिर छूकर कहें ...

"मेरे पास मिलियनेअर मस्तिष्क है!"

मिलियनेअर मस्तिष्क की गतिविधियाँ

1. लिख लें कि आपके हिसाब से आपके "नैसर्गिक गुण" क्या हैं। ये वे चीज़ें हैं, जिनमें आप हमेशा से स्वाभाविक रूप से अच्छे हैं। यह भी लिख लें कि आप अपने जीवन में और ख़ास तौर पर अपने कामकाज में इन गुणों का ज़्यादा इस्तेमाल कैसे और कहाँ कर सकते हैं।

जिम रोज़मैरी की सफलता की कहानी

द्वारा : जिम रोज़मैरी

प्रति : टी. हार्व एकर

अगर किसी ने मुझसे कहा होता कि मेरी आमदनी के साथ ही मेरा ख़ाली समय भी दोगुना हो जाएगा, तो मैंने कहा होता कि यह असंभव है। लेकिन मेरे साथ ठीक यही हुआ।

एक साल में हमारा बिज़नेस 175 प्रतिशत बढ़ गया और उसी साल हमने कुल मिलाकर सात हफ़्तों की छुट्टियाँ मनाईं (उनमें से ज़्यादातर अतिरिक्त पीक पोटेंशियल सेमिनारों में गुज़रीं)! यह बहुत आश्चर्यजनक है, जब हम इस बात पर विचार करते हैं कि पिछले पाँच साल से हमारी तरक्की की रफ़्तार बहुत कम थी और हम साल भर में मुश्किल से दो हफ़्ते की छुट्टियाँ मनाने का समय निकाल पाते थे।

हार्व एकर को जानने और पीक पोटेंशियल सेमिनारों में भाग लेने के परिणामस्वरूप मुझे अपने व्यक्तित्व और जीवन में समृद्धि का ज़्यादा एहसास हुआ है। अपनी पत्नी और बच्चों के साथ मेरे संबंधों में भी आश्चर्यजनक सुधार हुआ है। मुझे अब इतने सारे अवसर नज़र आते हैं, जितने पहले संभव भी नहीं लगते थे। मुझे महसूस होता है कि मैं जीवन के सभी पहलुओं में सफलता के सच्चे मार्ग पर चल रहा हूँ।

2. लिख लें या लोगों के समूह के साथ विचारमंथन करें कि आप इस समय अपने काम या बिज़नेस में जितने लोगों को प्रभावित करते हैं, उससे दस गुना ज़्यादा लोगों की समस्याओं को किस तरह सुलझा सकते हैं। कम से कम तीन अलग-अलग रणनीतियाँ बना लें। "लीवरेज" के बारे में सोचें।

दौलत की फ़ाइल # 5

अमीर लोग अवसरों पर ध्यान केंद्रित करते हैं।
ग़रीब लोग बाधाओं पर ध्यान केंद्रित करते हैं।

अमीर लोग अवसरों को देखते हैं। ग़रीब लोग बाधाओं को देखते हैं। अमीर लोग विकास की संभावनाएँ देखते हैं। ग़रीब लोग हानि की आशंकाएँ देखते हैं। अमीर लोग पुरस्कारों पर ध्यान केंद्रित करते हैं। ग़रीब लोग जोखिमों पर ध्यान केंद्रित करते हैं।

मामला युगों पुराने सवाल का है, "गिलास आधा ख़ाली है या आधा भरा है?" लेकिन यहाँ हम *सकारात्मक* चिंतन की बात नहीं कर रहे हैं, हम तो दुनिया को देखने के आपके आदतन दृष्टिकोण की बात कर रहे हैं। ग़रीब लोग डर के आधार पर विकल्प चुनते हैं। उनका दिमाग़ लगातार यह खोजता है कि किसी स्थिति में क्या ग़लत है या ग़लत हो सकता है। उनकी मूलभूत मानसिकता होती है, "अगर यह काम नहीं करेगा, तो क्या होगा?" या अक्सर, "यह काम नहीं करेगा।"

मध्य वर्गीय लोग थोड़े ज़्यादा आशावादी होते हैं। उनकी मानसिकता होती है, "मुझे उम्मीद है कि यह काम करेगा।"

जैसा हम पहले भी कह चुके हैं, अमीर लोग अपने जीवन में मिलने वाले परिणामों की ज़िम्मेदारी लेते हैं और इस मानसिकता से काम करते हैं, "यह काम करेगा, क्योंकि मैं इससे काम करवाऊँगा।"

अमीर लोग सफलता की उम्मीद करते हैं। उन्हें अपनी क्षमताओं पर भरोसा होता है। उन्हें अपनी रचनात्मकता पर भरोसा होता है। उन्हें यक़ीन होता है कि अगर वे कामयाब न हुए, तो भी वे सफल होने का कोई दूसरा तरीक़ा खोज सकते हैं।

आम तौर पर लाभ जितना ज़्यादा बड़ा होता है, जोखिम भी उतना ही ज़्यादा होता है। चूँकि अमीर लोग लगातार अवसर देखते हैं, इसलिए वे जोखिम लेने के इच्छुक होते हैं। अमीरों को यक़ीन होता है कि अगर बुरे से बुरा भी हो जाए, तो भी वे हमेशा अपनी दौलत वापस पा सकते हैं।

दूसरी तरफ़, ग़रीब लोग असफलता के बारे में लगातार आशंकित रहते हैं। उन्हें ख़ुद पर और अपनी योग्यताओं पर भरोसा नहीं होता है। ग़रीब लोग यह मानते हैं कि अगर स्थिति गड़बड़ हो गई, तो वे तबाह हो जाएँगे। चूँकि वे लगातार बाधाओं को देखते हैं, इसलिए वे आम तौर पर जोखिम लेने के अनिच्छुक होते हैं। जोखिम नहीं, तो लाभ नहीं।

रिकॉर्ड के लिए हम यह कहना चाहते हैं कि जोखिम लेने का इच्छुक होने का यह मतलब नहीं है कि आप पैसे गँवाने के इच्छुक रहें। अमीर लोग *सोच-समझकर* जोखिम (educated risks) लेते हैं। इसका मतलब है कि वे शोध करते हैं, आकलन करने में मेहनत करते हैं और फिर ठोस जानकारी तथा तथ्यों के आधार पर निर्णय लेते हैं। क्या अमीर लोग सोच-विचार में बहुत समय लगाते हैं? नहीं। वे कम से कम संभव समय में जानकारी इकट्ठी करते हैं और फिर उस जानकारी के आधार पर यह फ़ैसला करते हैं कि फलाँ काम किया जाए या नहीं।

हालाँकि ग़रीब लोग दावा करते हैं कि वे अवसर के लिए तैयारी कर रहे हैं, लेकिन आम तौर पर यह *टालमटोल* करने का बहाना होता है। वे बुरी तरह घबराए होते हैं। वे हफ़्तों, महीनों और यहाँ तक कि बरसों तक हूँ-हाँ करते रहते हैं और आम तौर पर तब तक अवसर हाथ से निकल जाता है। अक्सर वे अपनी स्थिति को तर्कसंगत बनाने के लिए कहते हैं, "मैं तो तैयारी कर रहा था।" निश्चित रूप से ऐसा ही था, लेकिन जब वे "तैयारी कर रहे थे," तब तक अमीर आदमी अंदर गया, बाहर निकला और इस दौरान उसने ढेर सारी दौलत कमा ली।

मैं जानता हूँ कि मैं आगे जो कहने वाला हूँ, वह आपको थोड़ा अजीब लग सकता है, क्योंकि मैं स्वयं की ज़िम्मेदारी पर बहुत ज़ोर देता हूँ। बहरहाल, मेरा मानना है कि अमीर बनने या किसी भी चीज़ में सफल होने में क़िस्मत का भी हाथ होता है।

हो सकता है कि फ़ुटबॉल मैच में विरोधी टीम का खिलाड़ी आपकी एक गज़ की रेखा पर अपना नियंत्रण खो दे, जबकि खेल ख़त्म होने में सिर्फ़ एक मिनट का समय बाक़ी हो और इस वजह से आपकी टीम मैच जीत जाए। गोल्फ़ में कोई गड़बड़ शॉट बाहरी सीमा पर लगे पेड़ से टकराकर वापस घास

पर लौट आए और होल से सिर्फ़ तीन इंच दूर रुक जाए।

बिज़नेस में आपने कितनी बार उस व्यक्ति के बारे में सुना है, जिसने बाहरी इलाक़े का कोई प्लॉट ख़रीदा और दस साल बाद किसी बड़े कॉरपोरेशन ने वहाँ पर शॉपिंग सेंटर या ऑफ़िस बिल्डिंग बनाने का फ़ैसला किया ? परिणाम यह हुआ कि वह निवेशक एकाएक अमीर बन गया। तो अब बताएँ कि यह उसका बुद्धिमत्तापूर्ण व्यावसायिक निर्णय था या ख़ुशक़िस्मती थी ? मेरा अंदाज़ा है कि कुछ हद तक दोनों का ही हाथ था।

बहरहाल, मुद्दे की बात यह है कि क़िस्मत – या कोई भी अच्छी चीज़ – आपकी राह में तब तक नहीं आएगी, जब तक कि आप किसी तरह का कोई *काम* शुरू ही न करें। वित्तीय सफलता पाने के लिए आपको कुछ करना होगा, कुछ ख़रीदना होगा या कुछ शुरू करना होगा। और जब आप ऐसा करते हैं, तो क्या यह क़िस्मत है या ब्रह्मांड है या उच्चतर शक्ति है, जो चमत्कारिक तरीक़े से आपकी मदद करती है, क्योंकि आपने वह काम करने का साहस और समर्पण दिखाया ? मुझे लगता है कि ऐसा किस वजह से होता है, यह ज़्यादा महत्वपूर्ण नहीं है। महत्वपूर्ण बात तो यह है कि ऐसा होता है!

दूसरा प्रमुख सिद्धांत, जिसे यहाँ पर बताना उचित होगा, यह है कि अमीर लोग उन चीज़ों पर ध्यान केंद्रित करते हैं, जिन्हें वे चाहते हैं, जबकि ग़रीब लोग उन चीज़ों पर ध्यान केंद्रित करते हैं, जिन्हें वे *नहीं* चाहते हैं। एक बार फिर, ब्रह्मांड का नियम कहता है, "आप जिस चीज़ पर ध्यान केंद्रित करते हैं, वही बढ़ती है।" चूँकि अमीर लोग हर समय अवसरों पर ध्यान केंद्रित करते हैं, इसलिए उन्हें ढेर सारे अवसर मिल जाते हैं। उनकी सबसे बड़ी समस्या यह होती है कि उन्हें पैसे कमाने की इतनी सारी संभावनाएँ दिखती हैं कि वे उन सबको नहीं सँभाल पाते हैं। दूसरी तरफ़, चूँकि ग़रीब लोग हर चीज़ में बाधाओं पर ध्यान केंद्रित करते हैं, इसलिए उनके सामने ढेर सारी बाधाएँ आ जाती हैं। उनकी सबसे बड़ी समस्या यह होती है कि उन्हें इतनी अविश्वसनीय बाधाएँ नज़र आती हैं कि वे उन सबको नहीं सँभाल पाते हैं।

कारण बिल्कुल साफ़ है। आपकी एकाग्रता किस क्षेत्र में है, इसी से तय होता है कि जीवन में आपको क्या मिलता है। अवसरों पर ध्यान केंद्रित करेंगे, तो अवसर मिलेंगे। बाधाओं पर ध्यान केंद्रित करेंगे, तो बाधाएँ मिलेंगी। मैं

यह नहीं कह रहा हूँ कि समस्याओं की परवाह न करें। ज़ाहिर है, जब समस्याएँ आएँ, तो उनसे तत्काल निबटें। लेकिन अपनी निगाह लक्ष्य पर जमाए रखें और लगातार उसकी ओर बढ़ते रहें। अपना समय और ऊर्जा अपनी मनचाही चीज़ को साकार करने में लगाएँ। जब बाधाएँ आएँ, तो उनका सामना करें और फिर तत्काल अपनी निगाह लक्ष्य पर जमा लें। ज़िंदगी में आपका लक्ष्य समस्याएँ सुलझाना नहीं है। आपको अपना सारा समय आग बुझाने में नहीं बिताना है। जो लोग ऐसा करते हैं, वे पीछे रह जाते हैं! आप अपना समय और ऊर्जा विचार तथा कर्म में लगाएँ और अपने लक्ष्य की ओर लगातार आगे बढ़ते रहें।

क्या आप बहुत साधारण लेकिन उतनी ही दुर्लभ सलाह चाहते हैं? तो वह सलाह यह है : अगर आप अमीर बनना चाहते हैं, तो पैसा बनाने, रोककर रखने और निवेश करने पर ध्यान केंद्रित करें। अगर आप ग़रीब बनना चाहते हैं, तो पैसा ख़र्च करने पर ध्यान केंद्रित करें। आप चाहे हज़ारों पुस्तकें पढ़ लें या सफलता के मंत्र बताने वाले सैकड़ों कोर्सों में चले जाएँ, लेकिन मुद्दे की बात यही है। याद रखें, आप जिस चीज़ पर ध्यान केंद्रित करते हैं, वह बढ़ती है।

अमीर लोग यह भी समझते हैं कि किसी को भी सारी जानकारी पहले से नहीं मिल सकती। हमारे एक कार्यक्रम एनलाइटन्ड वारियर ट्रेनिंग में हम लोगों को प्रशिक्षित करते हैं कि वे हर चीज़ के बावजूद अपनी आंतरिक शक्ति का इस्तेमाल करके सफलता हासिल कर लें। इस कोर्स में हम एक सिद्धांत सिखाते हैं, "तैयार रहो, गोली चलाओ, निशाना साधो!" इसका क्या मतलब है? कम से कम समय में जितनी अच्छी तैयारी कर सकते हों, कर लें; फिर कर्म करें; फिर रास्ते में सुधार करते जाएँ।

यह सोचना मूर्खता है कि आप भविष्य में हो सकने वाली हर घटना का पहले से अनुमान लगा सकते हैं। यह मानकर ख़ुद को धोखा न दें कि आप भविष्य में आने वाली हर परिस्थिति से निबटने की तैयारी कर सकते हैं और ख़ुद को उससे सुरक्षित रख सकते हैं। क्या आप जानते हैं कि ब्रह्मांड में सीधी लकीरें नहीं होती हैं? ज़िंदगी बिलकुल सीधी लकीरों में नहीं चलती है। यह तो बल खाती नदी की तरह बहती है। अक्सर आपको सिर्फ़ अगला मोड़ ही दिखता है और वहाँ पहुँचने के बाद ही आप उससे आगे का दृश्य देख सकते हैं।

विचार यह है कि आपके पास जो भी हो, आप जहाँ भी हों, खेल में उतर जाएँ। मैं इसे *गलियारे* (corridor) में प्रवेश करना कहता हूँ। मिसाल के तौर पर, बरसों पहले मैं फ़ोर्ट लॉडरडेल, फ़्लोरिडा में रात्रिकालीन डेज़र्ट कैफ़े खोलने की योजना बना रहा था। मैंने जगह के विकल्पों और बाज़ार का अध्ययन किया। इसके साथ ही मैंने पता लगाया कि मुझे किन सामानों की ज़रूरत है। मैंने केक, पाई, आइसक्रीम और कॉफ़ी के उपलब्ध प्रकारों पर भी शोध किया। नतीजा क्या निकला? पहली बड़ी समस्या – मैं मोटा हो गया! शोध के चक्कर में खाने-पीने से मुझे कोई मदद नहीं मिली थी। तो मैंने ख़ुद से पूछा, "हार्व, इस बिज़नेस का अध्ययन करने का सबसे अच्छा तरीक़ा क्या है?" फिर मैंने हार्व नाम के इस आदमी की बात सुनी, जो ज़ाहिर है मुझसे ज़्यादा स्मार्ट था, "अगर आप सचमुच किसी व्यवसाय की बारीक़ियाँ सीखना चाहते हैं, तो उसमें उतर जाएँ। आपको पहले दिन से ही उसका मालिक बनने की ज़रूरत नहीं है। उस बिज़नेस में नौकरी कर लो और गलियारे में पहुँच जाओ। आप किसी रेस्तराँ में झाडू लगाकर या बर्तन मांजकर उसके बारे में जितना जानेंगे, उतना बाहर रहकर दस साल के शोध में भी नहीं जान पाएँगे।" (मैंने आपको बताया था ना कि वह मुझसे बहुत स्मार्ट था।)

और मैंने यही किया। मैंने मदर बटलर्स पाई शॉप में नौकरी कर ली। काश! मैं आपको बता सकता कि उन्होंने तत्काल मेरे बेहतरीन गुणों को पहचान लिया और पहले दिन ही मुझे सीईओ बना दिया। लेकिन न जाने क्यों, वे मेरे प्रशासनिक नेतृत्व गुणों को नहीं देख पाए या उन्होंने उनकी परवाह ही नहीं की और इसलिए मैंने बसबॉय के रूप में काम शुरू किया। हाँ, फ़र्श पर झाडू लगाना और जूठे बर्तन हटाना। इरादे की शक्ति भी कितने मज़ेदार ढंग से काम करती है, है ना?

आपको लग रहा होगा कि यह काम करने के लिए मुझे अपने आत्मसम्मान को भूलना पड़ा होगा, लेकिन सच्चाई तो यह है कि मैंने इसे इस तरह से देखा ही नहीं। मैं तो डेज़र्ट बिज़नेस सीखने के मिशन पर था। मैं किसी दूसरे के "टिकट" पर मिले सीखने के इस अवसर के लिए कृतज्ञ था और इस बात पर भी कि मुझे जेबख़र्च के लिए थोड़ी चिल्लर भी मिल रही थी।

बसबॉय के अपने काम के दौरान मैंने मैनेजर से बातचीत करने में ज़्यादा

से ज़्यादा समय लगाया और आमदनी तथा लाभ के बारे में जानकारी ली। मैंने बॉक्स की जाँच करके सप्लायर्स के नाम पता किए। यही नहीं, मैंने चार बजे सुबह उठकर बेकर की मदद की, ताकि बर्तनों, मूल सामग्री और उत्पन्न हो सकने वाली समस्याओं के बारे में जाना जा सके।

पूरा सप्ताह गुज़र गया और मुझे लगता है कि मेरा काम काफ़ी अच्छा रहा होगा, क्योंकि मैनेजर ने मुझे बैठाकर पाई खिलाई (उफ़!) और मुझे ... (तालियाँ बजाइए) *कैशियर* बनाने का प्रस्ताव रखा! मैंने इसके बारे में काफ़ी लंबे समय तक यानी लगभग एक सेकंड तक सोचा और फिर जवाब दिया, "नहीं, धन्यवाद।"

पहली बात तो यह थी कि कैश रजिस्टर के पीछे फँसा रहकर मैं ज़्यादा नहीं सीख सकता था। दूसरी बात, मैं जो सीखने आया था, वह मैं पहले ही सीख चुका था। मिशन पूरा हो चुका था!

तो "गलियारे" में रहने से मेरा यही मतलब है। इसका मतलब उस क्षेत्र में दाख़िल होना है, जहाँ आप भविष्य में रहना चाहते हैं। आप किसी भी ओहदे से यह काम शुरू कर सकते हैं। यह किसी बिज़नेस के बारे में सीखने का सबसे अच्छा तरीक़ा है, क्योंकि तब आप उसे अंदर से देखते हैं। दूसरी बात, आपको जिन संपर्कों की ज़रूरत है, अंदर रहकर आप उन्हें आसानी से बना सकते हैं, जो आप बाहर रहकर कभी नहीं कर सकते थे। तीसरी बात, जब आप गलियारे में पहुँच जाते हैं, तो आपके लिए अवसर के कई अन्य द्वार खुल सकते हैं। यानी, एक बार जब आप देख लेते हैं कि सचमुच क्या हो रहा है, तो हो सकता है कि आपको उस बिज़नेस का कोई ख़ास क्षेत्र पता लग जाए, जिस पर आपने पहले ध्यान नहीं दिया था। चौथी बात, आपको यह पता लग सकता है कि आप असल में उस बिज़नेस को पसंद ही नहीं करते हैं और ईश्वर का शुक्र है कि आपको यह बात ज़्यादा गहराई में गए बिना ही पता चल गई!

तो मेरे मामले में इनमें से क्या हुआ? जब मैं मदर बटलर्स से बाहर निकला, तो मुझसे पाई की गंध या शक्ल बर्दाश्त ही नहीं हुई। दूसरी बात, मेरे काम छोड़ने के अगले ही दिन बेकर भी काम छोड़कर चला गया। उसने मुझे फ़ोन करके बताया कि उसे एक लोकप्रिय नए व्यायाम उपकरण का पता चला था, जिसका नाम ग्रेविटी गाइडेंस इनवर्शन बूट था (आपने *अमेरिकन जिगोलो* फ़िल्म

में रिचर्ड गेर को इन्हें पहनकर उल्टा लटकते देखा होगा)। बेकर यह जानना चाहता था कि क्या उन जूतों में मेरी दिलचस्पी है। जूते देखकर मैंने फ़ैसला किया कि जूते तो पटाख़ा थे, लेकिन वह बेकर ज़ोरदार नहीं था, इसलिए मैं अपने दम पर ही यह काम करने लगा।

मैं वे जूते स्पोर्टिंग गुड्स और डिपार्टमेंट स्टोर्स में बेचने लगा। मैंने ग़ौर किया कि इन रिटेल आउटलेट्स में एक चीज़ समान थी - घटिया व्यायाम उपकरण। मेरे दिमाग़ की घंटी तेज़ी से बजने लगी - "अवसर, अवसर, अवसर।" अजीब बात है कि चीज़ें किस तरह होती हैं। व्यायाम उपकरण बेचने के इस पहले अनुभव ने मुझे अंततः नॉर्थ अमेरिका का शुरुआती रिटेल फ़िटनेस स्टोर खोलने की ओर पहुँचाया और अपना पहला मिलियन कमाने की ओर भी। ज़रा सोचिए, यह सब इसलिए शुरू हुआ, क्योंकि मैंने मदर बटलर्स पाइज़ शॉप में बसबॉय का काम किया था! सबक़ आसान है : गलियारे में पहुँच जाएँ। आपको कभी भी पता नहीं होता कि आपके लिए कौन से दरवाज़े खुल जाएँगे।

मेरा एक सूत्रवाक्य है : "सक्रियता हमेशा निष्क्रियता को हरा देती है।" अमीर लोग शुरू कर देते हैं। उन्हें भरोसा होता है कि खेल में उतरने के बाद वे हर मौक़े पर समझदारी भरे निर्णय ले सकते हैं, सुधार कर सकते हैं और चलते-चलते अपनी पतवार संतुलित कर सकते हैं।

ग़रीब लोगों को ख़ुद पर या अपनी योग्यताओं पर भरोसा नहीं होता है, इसलिए वे मानते हैं कि उन्हें हर चीज़ पहले से ही पता होनी चाहिए, जो लगभग असंभव है। इस दौरान वे कोई सक्रिय तैयारी नहीं करते हैं! जबकि अमीर लोग "तैयार रहो, गोली चलाओ, निशाना साधो" के सकारात्मक नज़रिए के चलते क़दम उठा लेते हैं और आम तौर पर जीत भी जाते हैं।

ग़रीब लोग ख़ुद से कहते हैं, "मैं यह काम तब तक नहीं करूँगा, जब तक कि मैं हर संभावित समस्या को पहचान न लूँ और ठीक-ठीक यह न जान लूँ कि इसके बारे में क्या करना है।" इसी वजह से वे कभी क़दम ही नहीं उठा पाते हैं और हर अवसर गँवा देते हैं।

अमीर लोग अवसर देखते हैं, लपककर उसे पकड़ लेते हैं और पहले से ज़्यादा अमीर बन जाते हैं। और ग़रीब लोग? वे हमेशा "तैयारी" ही करते रहते हैं!

घोषणाएँ : दिल पर हाथ रखकर कहें ...

"मैं बाधाओं के बजाय अवसरों पर ध्यान केंद्रित करता हूँ।"

"मैं तैयार होता हूँ, मैं गोली चलाता हूँ, मैं निशाना साधता हूँ!"

अपना सिर छूकर कहें ...

"मेरे पास मिलियनेअर मस्तिष्क है!"

मिलियनेअर मस्तिष्क की गतिविधियाँ

1. खेल में उतर जाएँ। उस काम या प्रोजेक्ट पर विचार करें, जिसे आप शुरू करना चाहते हैं। आप जिस चीज़ का इंतज़ार कर रहे हों, उसे भूल जाएँ। आप जहाँ भी हों, आपके पास जो भी हो, बस उसी से शुरू कर दें। अगर संभव हो, तो वह काम पहले किसी दूसरे के लिए या दूसरे के साथ कर लें, ताकि आपको उसका अनुभव मिल जाए। अगर आप पहले ही सीख चुके हैं, तो कोई बहाना नहीं चलेगा। बस उसे शुरू कर दें!

2. आशावाद का अभ्यास करें। आज जिसे लोग समस्या या बाधा कहते हैं, उसे अवसर में ढाल लें। इससे नकारात्मक लोग पगला जाएँगे, लेकिन उससे क्या फ़र्क़ पड़ता है? वे तो वैसे भी पगला रहे हैं!

3. आपके पास जो है, उस पर ध्यान केंद्रित करें। आपके पास जो नहीं है, उस पर ध्यान केंद्रित न करें। आप अपने जीवन में जिन चीज़ों के लिए कृतज्ञ हैं, उनमें से दस चीज़ों की सूची बनाएँ और उस सूची को ज़ोर से पढ़ें। अगले तीस दिनों तक हर सुबह वह सूची पढ़ें। अगर आप अपने पास मौजूद चीज़ के लिए कृतज्ञ नहीं हैं, तो आपको वह चीज़ ज़्यादा नहीं मिलेगी और शायद आपको ज़्यादा की ज़रूरत भी नहीं होगी।

दौलत की फ़ाइल # 6

अमीर लोग दूसरे अमीर और सफल लोगों की प्रशंसा करते हैं। ग़रीब लोग अमीर और सफल लोगों से द्वेष रखते हैं।

ग़रीब लोग अक्सर दूसरों की सफलता को द्वेष, ईर्ष्या और डाह भरी दृष्टि से देखते हैं। या वे कहते हैं, "वे बहुत ख़ुशक़िस्मत हैं," या फिर बुदबुदाते हैं, "घटिया अमीर लोग।"

आपको यह एहसास करना होगा कि अगर आप अमीर लोगों को किसी भी तरह, प्रकार या आकार से *बुरा* मानते हैं और ख़ुद *अच्छा* बनना चाहते हैं, तो आप कभी अमीर नहीं बन सकते। यह असंभव है। आप *वैसे* व्यक्ति कैसे बन सकते हैं, जिससे आप नफ़रत करते हैं ?

यह देखना अद्भुत है कि कई ग़रीब लोग अमीरों के प्रति कितना द्वेष या नाराज़गी भरा नज़रिया रखते हैं। शायद वे मानते हैं कि अमीर लोगों के कारण ही वे ग़रीब हैं। "हाँ, यह सही है, अमीर लोगों ने सारा पैसा हड़प लिया, इसलिए मेरे लिए कुछ भी नहीं बचा।" ज़ाहिर है, यह पीड़ित व्यक्ति (victim) का आदर्श वाक्य है।

मैं आपको इस सिद्धांत से संबंधित एक क़िस्सा बताना चाहता हूँ; शिकायत करने के लिए नहीं, बल्कि सिर्फ़ अपनी आपबीती सुनाने के लिए। पुराने दौर में जब मैं वित्तीय मुश्किलों में घिरा था, तो मैं एक पुरानी, गंदी सी कार चलाता था। उस वक़्त मुझे ट्रैफ़िक में लेन बदलने में कभी समस्या नहीं आती थी। हर कार वाला मुझे अंदर आने की जगह दे देता था। लेकिन जब मैं अमीर बन गया और मैंने एक शानदार, नई, काली जगुआर कार ख़रीद ली, तो स्थिति बदल गई। अचानक लोग मेरी कार को कट मारने लगे और जले पर नमक छिड़कने के लिए मुझे उँगली भी दिखाने लगे। लोग मेरी कार पर चीज़ें भी फेंकने लगे, सिर्फ़ इसलिए क्योंकि मैं जगुआर जैसी शानदार कार चला रहा था।

एक दिन मैं सैन डिएगो के ग़रीब इलाक़े से कार से गुज़र रहा था। मैं क्रिसमस पर एक परोपकारी संस्था को टर्की पहुँचाने जा रहा था। मेरी कार की सनरूफ़

खुली थी। मेरे पीछे एक पिकअप ट्रक था, जिसमें चार गंदे से युवक बैठे थे। अचानक वे मेरी कार के साथ बास्केटबॉल खेलने लगे और मेरी खुली सनरूफ़ में बीयर कैन फेंकने की कोशिश करने लगे। पाँच जगह पर पिचकाने और कई खरोंचें लगाने के बाद वे मेरे पास से चीख़ते हुए निकले, "अमीर बदमाश!"

ज़ाहिर है, मैंने इसे सामान्य घटना माना, लेकिन सिर्फ़ दो हफ़्ते बाद मैंने एक दूसरे ग़रीब इलाक़े में अपनी कार सड़क पर खड़ी की। दस मिनट से भी कम समय में जब मैं लौटा, तो मैंने पाया कि कार के एक तरफ़ के पूरे हिस्से पर किसी ने चाबियों से निशान बना दिए थे।

अगली बार जब मैं शहर के उसी इलाक़े में गया, तो फ़ोर्ड एस्कोर्ट किराए पर लेकर गया। हैरानी की बात यह है कि मुझे ज़रा भी समस्या नहीं हुई। मेरा मतलब यह नहीं है कि ग़रीब इलाक़ों में बुरे लोग रहते हैं, लेकिन मेरा अनुभव यह है कि निश्चित रूप से वहाँ अमीरों से द्वेष रखने वाले बहुत से लोग रहते हैं। कौन जाने, शायद यह मुर्गी पहले कि अंडा पहले वाली बात हो ः वे कड़के हैं, इसलिए वे अमीरों से द्वेष रखते हैं या फिर वे अमीरों से द्वेष रखते हैं, इसलिए वे कड़के हैं। कौन जाने ? जहाँ तक मेरा सवाल है, कौन परवाह करता है ? बात तो वही है, वे ग़रीब हैं!

अमीर लोगों से द्वेष न रखने के बारे में बातें करना आसान है, लेकिन यह आपके मूड पर निर्भर करता है। इस जाल में कोई भी फँस सकता है, मैं भी। हाल ही में मैं अपने होटल के कमरे में डिनर कर रहा था। एक घंटे बाद मुझे मिलियनेअर माइंड सेमिनार के शाम के सत्र में मंच पर पहुँचना था। मैंने खेल का स्कोर पता करने के लिए टीवी चलाया और एक चैनल पर मुझे *ओपरा विनफ़्री* दिख गईं। हालाँकि मैं टीवी का बहुत हिमायती नहीं हूँ, लेकिन मुझे ओपरा बहुत अच्छी लगती हैं। इस महिला ने जितने लोगों पर सकारात्मक प्रभाव डाला है, उतना किसी अन्य व्यक्ति ने नहीं डाला है और इसलिए वे अपनी पूरी आमदनी की पाई-पाई की हक़दार हैं ... बल्कि उससे भी ज़्यादा की!

ओपरा हैली बेरी का इंटरव्यू ले रही थीं। वे इस बारे में चर्चा कर रही थीं कि किस तरह हैली ने अभिनेत्री के बतौर इतिहास का बहुत महँगा फ़िल्म अनुबंध साइन किया है 2 करोड़ डॉलर। हैली ने कहा कि वे पैसे की परवाह नहीं करती हैं और उन्होंने इस बहुत महँगे अनुबंध के लिए सिर्फ़ इसलिए संघर्ष किया, ताकि

वे बाक़ी अभिनेत्रियों के लिए राह आसान कर सकें। मेरे भीतर संदेह भरी आवाज़ गूँजी, "ओह हाँ! तुम्हें क्या लगता है, मैं और इस शो को देखने वाला हर व्यक्ति मूर्ख है ? तुम्हें तो उस पैसे के ढेर को उठाना चाहिए और अपने पब्लिक रिलेशन्स एजेंट की तनख़्वाह बढ़ा देनी चाहिए। यह दिल को बहलाने वाला सबसे अच्छा भाषण है, जो मैंने आज तक सुना है।"

मैंने महसूस किया कि मेरे भीतर नकारात्मकता उमड़ रही है, लेकिन इस ऊर्जा के मुझ पर हावी होने से पहले ही मैंने ख़ुद को सँभाल लिया। द्वेष की इस आवाज़ को दबाने के लिए मैंने चिल्लाकर अपने दिमाग़ से कहा, "ख़त्म करो, ख़त्म करो, बताने के लिए धन्यवाद।"

मुझे इस पर यक़ीन नहीं हुआ। मैं, मि. मिलियनेअर माइंड, हैली बेरी के पैसे से द्वेष कर रहा था। मैंने इसे तत्काल पलट लिया और गला फाड़कर चिल्लाने लगा, "शाबाश लड़की! तुमने तो कमाल कर दिया! तुमने उन्हें बहुत सस्ते में छोड़ दिया। तुम्हें तो तीन करोड़ डॉलर माँगने चाहिए थे! तुम्हारे लिए बहुत अच्छा है। तुम गज़ब की हो और इसकी हक़दार भी हो।" इसके बाद मैं बेहतर महसूस करने लगा।

इतने ज़्यादा पैसों की हैली की चाहत का कारण चाहे जो हो, समस्या वह नहीं थी; समस्या तो मैं था। याद रखें, मेरे विचारों से हैली की ख़ुशी या दौलत पर कोई फ़र्क़ नहीं पड़ता था, लेकिन उनसे *मेरी* ख़ुशी और दौलत पर फ़र्क़ पड़ता था। यह भी याद रखें कि राय और विचार अच्छे या बुरे, ग़लत या सही नहीं होते हैं, लेकिन आपके दिमाग़ में दाख़िल होने के बाद वे निश्चित रूप से आपकी ख़ुशी और सफलता को या तो बढ़ाते हैं या फिर घटाते हैं।

जिस पल मैंने महसूस किया कि मुझमें नकारात्मक ऊर्जा प्रवाहित हो रही थी, मेरा "निरीक्षण" अलार्म बजने लगा। और जैसा मैंने ख़ुद को प्रशिक्षित कर लिया है, मैंने तत्काल अपने मस्तिष्क की नकारात्मकता को *ख़त्म कर* दिया। अमीर बनने के लिए आपको परिपूर्ण या आदर्श बनने की ज़रूरत नहीं है, लेकिन यह जानने की ज़रूरत अवश्य है कि जब आपकी सोच आपको या दूसरों को सशक्त नहीं बना रही हो, तो तत्काल ज़्यादा सकारात्मक विचारों पर ध्यान केंद्रित कर लें। आप इस पुस्तक का जितना ज़्यादा अध्ययन करेंगे, यह प्रक्रिया उतनी ही ज़्यादा तेज़ और आसान होगी। अगर आप मिलियनेअर

माइंड इनटेंसिव सेमिनार में भाग लेंगे, तो आपकी प्रगति ज़बर्दस्त ढंग से बढ़ जाएगी। मैं जानता हूँ कि मैं मिलियनेअर माइंड कोर्स का ज़िक्र बार-बार कर रहा हूँ, लेकिन मेहरबानी करके समझने की कोशिश करें। मैं इस कोर्स की इतनी प्रशंसा नहीं करता, अगर मैंने यह नहीं देखा होता कि लोगों के जीवन में इसके कितने ज़बर्दस्त नतीजे मिले हैं।

अपनी उल्लेखनीय पुस्तक *द वन मिनट मिलियनेअर* में मेरे अच्छे दोस्त मार्क विक्टर हैन्सन और रॉबर्ट एलन ने रसेल एच. कॉनवेल की कहानी बताई है, जिसे सौ साल से भी ज़्यादा समय पहले लिखी गई पुस्तक *एकर्स ऑफ़ डायमंड्स (हीरों की खान)* से लिया गया है :

मैं कहता हूँ कि आपको अमीर बनना चाहिए और अमीर बनना आपका कर्तव्य है। मेरे बहुत से धार्मिक भाई मुझसे कहते हैं, "क्या तुम ईसाई पादरी होने के बावजूद देश भर में घूमकर नौजवानों को अमीर बनने और पैसा बनाने की सलाह देते हो?" हाँ, ज़ाहिर है, मैं ऐसा करता हूँ।

वे कहते हैं, "क्या यह बुरी बात नहीं है? तुम लोगों को पैसा बनाने का उपदेश देने के बजाय बाइबल का प्रचार क्यों नहीं करते?" क्योंकि ईमानदारी से पैसा बनाना बाइबल का प्रचार ही है। यही असल कारण है। अमीर लोग अपने समुदाय में सबसे ईमानदार व्यक्ति हो सकते हैं।

लेकिन आज रात को यहाँ कोई युवक कहता है, "ओह, हमेशा बताया गया है कि अगर किसी व्यक्ति के पास पैसा है, तो वह बेईमान, धोखेबाज़, निंदनीय और ओछा होगा।" मेरे दोस्त, तुम अमीरों के बारे में ऐसा सोचते हो, इसी कारण तुम्हारे पास पैसा नहीं है। तुम्हारी आस्था की नींव ही झूठी है। मुझे खुलकर कहने दें ... अमेरिका के सौ अमीर लोगों में से अन्ठानवे ईमानदार हैं। इसीलिए वे अमीर हैं। इसीलिए उन्हें पैसा भरोसे के साथ सौंपा गया है। इसीलिए वे महान काम करते हैं और अपने साथ बहुत से लोगों को काम देते हैं।

एक और युवक कहता है, "मैंने कई ऐसे लोगों के बारे में सुना है, जिन्होंने बेईमानी से करोड़ों डॉलर कमाए हैं।" हाँ, आपने सुना होगा और मैंने भी सुना है। लेकिन दरअसल उनकी संख्या इतनी कम है कि अख़बार वाले

ख़बर छापने के लिए उनके बारे में हर समय बात करते रहते हैं, जब तक कि आप यह नहीं सोचने लगते हैं कि हर अमीर आदमी बेईमानी से अमीर बना है।

मेरे दोस्त, तुम ... मुझे फ़िलाडेल्फ़िया के उपनगरीय इलाक़ों में ले चलो और मेरा परिचय उन लोगों से कराओ, जिन्होंने इस महान शहर में अपने मकान बनाए हैं। इतने सुंदर मकान, जिनमें बग़ीचे और फूल हैं। इतने प्यारे भव्य मकान! अगर तुम मुझे उन इलाक़ों में ले चलोगे, तो मैं तुम्हारा परिचय सबसे अच्छे लोगों से करवाऊँगा, जो चरित्र में भी बेहतरीन होंगे और हमारे शहर की उद्यमिता में भी ... जो लोग अपने मकान के मालिक हैं, वे इस वजह से ज़्यादा सम्मानीय, ईमानदार, पवित्र, सच्चे, मितव्ययी और विवेकी बन जाते हैं।

हम मंच से लोभ के ख़िलाफ़ उपदेश देते हैं ... और इतनी हिक़ारत से "गंदा पैसा" वाक्यांश बोलते हैं कि धार्मिक लोगों को लगता है ... कि किसी व्यक्ति के पास पैसा होना बुरी बात है। पैसा शक्ति है और इसे पाने के लिए आपको तार्किक रूप से महत्वाकांक्षी होना चाहिए! आपको होना चाहिए, क्योंकि आप पैसा पाने के बाद जितनी भलाई कर सकते हैं, उतनी इसके बिना नहीं कर सकते। पैसे से आपकी बाइबलें छपती हैं, पैसे से आपके चर्च बनते हैं, पैसा आपके मिशनरीज़ को भेजता है और पैसे से आपके उपदेशकों को भुगतान किया जाता है ... मैं कहता हूँ, आपके पास पैसा होना ही चाहिए। अगर आप ईमानदारी से दौलत हासिल कर सकें... तो ऐसा करना आपका ईश्वरीय कर्तव्य है। यह सोचना इन धार्मिक लोगों की बहुत भयंकर ग़लती है कि धार्मिक होने के लिए आपको बहुत ग़रीब होना चाहिए।

कॉनवेल के इस कथन में कई अच्छी बातें हैं। पहली बात तो यह कि अमीर लोगों में विश्वसनीय बनने की क्षमता होती है। अमीर बनने के लिए जितने भी गुण ज़रूरी हैं, उनकी सूची में दूसरों का भरोसा पाना काफ़ी ऊपर होगा। ज़रा सोचें, क्या आप किसी ऐसे व्यक्ति के साथ बिज़नेस करेंगे, जिस पर आप कम से कम कुछ हद तक भी भरोसा न कर सकें? किसी तरीक़े से नहीं! इसका मतलब यह है कि अगर आप अमीर बनना चाहते हैं, तो यह ज़रूरी है कि

आप पर बहुत सारे लोग भरोसा करें। और इस बात की भी संभावना है कि बहुत से लोगों का भरोसा पाने के लिए आपको काफ़ी विश्वसनीय बनना होगा।

अमीर बनने के लिए, और इससे भी ज़्यादा महत्वपूर्ण बात यह है कि अमीरी क़ायम रखने के लिए, किन गुणों की ज़रूरत होती है ? बेशक इस नियम के अपवाद हो सकते हैं, लेकिन ज़्यादातर मामलों में किसी काम में सफल होने के लिए आपमें कौन से गुण होने चाहिए ? इन गुणों को आज़माकर देखें : सकारात्मक, विश्वसनीय, एकाग्रचित्त, संकल्पवान, लगनशील, मेहनती, ऊर्जावान, लोकव्यवहार में निपुण, योग्य संप्रेषक, थोड़ा बुद्धिमान और कम से कम एक क्षेत्र में विशेषज्ञ।

कॉनवेल के उदाहरण में एक और रोचक बात है। बहुत सारे लोगों को यह यक़ीन करने के लिए कंडीशन किया गया है कि आप एक साथ अमीर और अच्छे या अमीर और आध्यात्मिक नहीं बन सकते। मैं भी पहले इसी तरीक़े से सोचता था। बहुत से लोगों की तरह ही मुझे भी दोस्तों, शिक्षकों, मीडिया और बाक़ी समाज ने बताया था कि अमीर लोग बुरे होते हैं, क्योंकि वे लोभी होते हैं। एक बार फिर, यह बकवास निकला! असली दुनिया के अनुभव में मैंने पाया है कि यह पुराना मिथक झूठा है और डर पर आधारित है। मैं जितने भी अमीर लोगों को जानता हूँ, वे बहुत अच्छे भी हैं।

जब मैं सैन डिएगो में रहने आया, तो हमने शहर के एक अमीर इलाक़े में मकान लिया। हमें उस मकान और इलाक़े की सुंदरता पसंद आई थी, लेकिन मैं थोड़ा झिझक रहा था, क्योंकि मैं वहाँ किसी को नहीं जानता था और मुझे लगता था कि मैं इतनी ऊँची सोसायटी में फ़िट नहीं होता हूँ। मेरी योजना यह थी कि मैं अपने काम से काम रखूँगा और इन घमंडी अमीर लोगों से ज़्यादा घुलने-मिलने से बचूँगा। बहरहाल, जैसा ब्रह्मांड का इरादा था, मेरे पाँच और सात साल के बच्चों ने उस इलाक़े के बच्चों से दोस्ती कर ली और जल्दी ही मैं अपने बच्चों को उन महलों में खेलने के लिए छोड़ने जाने लगा। मुझे याद है, मैं लकड़ी के कम से कम बीस फ़ुट ऊँचे बेहतरीन नक्काशी वाले दरवाज़े को खटखटा रहा था। मम्मी ने दरवाज़ा खोला और बहुत दोस्ताना आवाज़ में कहा, "हार्व, आपसे मिलकर ख़ुशी हुई। अंदर आइए ना।" मैं थोड़ा चकरा गया, जब उन्होंने मुझे आइस्ड टी और फलों की प्लेट थमा दी। मेरा शंकालु मस्तिष्क बार-बार पूछता रहा, "पेंच क्या है ?" फिर उस महिला का पति

वहाँ आ गया, जो अपने बच्चों के साथ स्विमिंग पूल में खेल रहा था। उसने और भी दोस्ताना अंदाज़ में कहा : "हार्व, हमें बहुत ख़ुशी है कि आप इस इलाक़े में रहने आए। आपको आज रात को हमारी पार्टी में अपने पूरे परिवार के साथ आना ही है। हम सबसे आपका परिचय करवा देंगे और हम जवाब में ना सुनने के लिए तैयार नहीं हैं। वैसे, क्या आप गोल्फ़ खेलते हैं? मैं कल क्लब में खेलने जा रहा हूँ। आप मेरे मेहमान के रूप में क्यों नहीं चलते हैं?" अब तक मैं सदमे में आ चुका था। वे घमंडी लोग कहाँ थे, जिनके मिलने का मुझे यक़ीन था? मैंने घर लौटकर पत्नी को बताया कि हम पार्टी में जा रहे हैं।

"ओह," उसने कहा, "लेकिन मैं पहनूँगी क्या?" "देखो प्रिय, तुम समझती नहीं हो," मैंने कहा, "वे लोग बहुत अच्छे और अनौपचारिक हैं। तुम तो बस जैसी हो, अच्छी लगोगी।"

हम उस शाम को पार्टी में गए और वहाँ हमें बहुत गर्मजोश, दयालु, उदार और स्नेही लोग मिले। एक बिंदु पर बातचीत एक परोपकारी मुहिम की ओर मुड़ गई, जिसकी अध्यक्षता एक मेहमान कर रही थी। एक के बाद एक चेकबुक बाहर निकलने लगीं। मुझे तो यक़ीन ही नहीं हुआ। मैं दरअसल यह देख रहा था कि लोग उस महिला को पैसे देने के लिए लाइन लगाए खड़े थे। लेकिन हर चेक के साथ एक शर्त थी। शर्त यह थी कि इस मामले में आदान-प्रदान होना चाहिए और वह महिला दान देने वाले की परोपकारी संस्था में भी दान देगी। जी हाँ, वहाँ मौजूद हर शख़्स किसी न किसी परोपकारी संस्था का अध्यक्ष या प्रमुख व्यक्ति था।

जिस दंपति ने हमें पार्टी में आमंत्रित किया था, वे कई समाजसेवी संस्थाओं से जुड़े थे। दरअसल वे हर साल चिल्ड्रन्स हॉस्पिटल फ़ंड में शहर के सबसे बड़े दानदाता बनने के अपने लक्ष्य को पाने में कामयाब रहते थे। वे न सिर्फ़ ख़ुद लाखों डॉलर दान देते थे, बल्कि हर साल चैरिटी डिनर आयोजित करते थे, जिसमें लाखों डॉलर और जुट जाते थे।

इसके अलावा "वेरिकोज़ वेन" (शिराओं) के एक डॉक्टर भी थे। हम उनके परिवार के भी क़रीब आ गए। वे अपनी विशेषज्ञता के क्षेत्र में दुनिया के सर्वश्रेष्ठ डॉक्टरों में से एक थे और ढेर सारी दौलत कमाते थे। वे हर ऑपरेशन के 5,000 से 10,000 डॉलर तक लेते थे और हर दिन चार-पाँच ऑपरेशन करते थे।

मैं उनका ज़िक्र इसलिए कर रहा हूँ, क्योंकि हर मंगलवार को "निःशुल्क" दिन था, जब वे शहर के उन लोगों के ऑपरेशन करते थे, जो इतनी ज़्यादा फ़ीस नहीं दे सकते थे। मंगलवार को वे सुबह 6 बजे से रात के 10 बजे तक काम करते थे और दस ऑपरेशन करते थे – सब मुफ़्त में। इसके अलावा, वे अपने संगठन के अध्यक्ष भी थे, जिसका मिशन दूसरे डॉक्टरों को भी निःशुल्क दिवस आयोजित करने के लिए प्रेरित करना था।

कहने की ज़रूरत नहीं है कि यह देखकर मेरी आँखें खुल गईं। अमीर लोग लोभी और घमंडी होते हैं, मेरी कंडीशनिंग की पुरानी धारणा हक़ीक़त की रोशनी में काफ़ूर हो गई। अब मैं जानता हूँ कि इसका उलट सच है। मैं जितने भी अमीर लोगों को जानता हूँ, वे सब बहुत अच्छे हैं। वे बहुत उदार भी हैं। मैं यह नहीं कह रहा हूँ कि जो लोग अमीर नहीं हैं, वे अच्छे या उदार नहीं होते। लेकिन मैं सुरक्षित रूप से कह सकता हूँ कि सभी अमीर लोगों को बुरा मानना अज्ञान के सिवाय कुछ नहीं है।

सच्चाई तो यह है कि अमीरों से द्वेष रखना कड़के बने रहने का अचूक उपाय है। हम सब आदतों के ग़ुलाम हैं और इस या उस आदत को छोड़ने के लिए हमें अभ्यास करने की ज़रूरत होती है। द्वेष रखने के बजाय मैं चाहता हूँ कि आप अमीर लोगों को *आशीष* देने, उनकी *प्रशंसा* करने या उनसे *प्रेम* करने का अभ्यास करें। इस तरह अचेतन रूप से आप जान जाते हैं कि आपके अमीर बनने के बाद दूसरे लोग आपकी प्रशंसा करेंगे, आपको आशीष देंगे और आपसे प्रेम करेंगे, बजाय इसके कि वे आपसे द्वेष रखेंगे, जिस तरह आप अभी रखते हैं।

मैंने हवाई इलाक़े के प्राचीन हुना दर्शन से एक बुद्धिमानी की बात सीखी है: जिस चीज़ को आप पाना चाहते हों, उसे आशीष दें। अगर आप किसी का सुंदर मकान देखें, तो उस व्यक्ति और मकान दोनों को आशीष दें। अगर आप किसी की सुंदर कार देखें, तो उस व्यक्ति और कार दोनों को आशीष दें। अगर आप किसी व्यक्ति का प्रेमपूर्ण परिवार देखें, तो उस व्यक्ति और उस परिवार को आशीष दें। अगर आप किसी व्यक्ति का सुंदर शरीर देखें, तो उस व्यक्ति और उसके शरीर को आशीष दें।

दौलत का सिद्धांत :

" जिस चीज़ को आप पाना चाहते हों, उसे आशीष दें।"

—हुना दर्शन

सबक़ यह है कि अगर आप किसी भी तरह, प्रकार या आकार में लोगों की चीज़ों से द्वेष रखते हैं, तो आप उन्हें कभी नहीं पा सकते।

चेतावनी : अगर आप ख़ुली सनरूफ़ वाली शानदार काली जगुआर में किसी व्यक्ति को देखते हैं, *तो उस पर बीयर कैन न फेंकें!*

घोषणाएँ : दिल पर हाथ रखकर कहें ...

"मैं अमीर लोगों की प्रशंसा करता हूँ!"

"मैं अमीर लोगों को आशीष देता हूँ!"

"मैं अमीर लोगों से प्यार करता हूँ!"

"और मैं भी इन्हीं अमीर लोगों में से एक बनने जा रहा हूँ!"

अपना सिर छूकर कहें ...

"मेरे पास मिलियनेअर मस्तिष्क है!"

मिलियनेअर मस्तिष्क की गतिविधियाँ

1. हुना दर्शन का अभ्यास करें: "जिस चीज़ को आप पाना चाहते हों, उसे आशीष दें।" पत्रिकाओं में या घूमते-घामते हुए सुंदर मकानों और शानदार कारों को देखें। सफल व्यवसायों के बारे में पढ़ें। आप जिस चीज़ को भी पसंद करते हों, उसे आशीष दें और उसके मालिक को भी आशीष दें।

2. किसी क्षेत्र के बहुत सफल व्यक्ति को, जिसे आप जानते हों (ज़रूरी नहीं कि व्यक्तिगत रूप से जानते हों), छोटा पत्र या ईमेल लिखकर बताएँ कि उसकी उपलब्धियों के लिए आप उसकी कितनी प्रशंसा और आदर करते हैं।

दौलत की फ़ाइल # 7

अमीर लोग सकारात्मक और सफल लोगों के साथ रहते हैं।
ग़रीब लोग नकारात्मक और असफल लोगों के साथ रहते हैं।

सफल लोग दूसरे सफल लोगों को प्रेरणापुंज की तरह देखते हैं। वे दूसरे सफल लोगों को रोल मॉडल की तरह देखते हैं, जिनसे सीखा जा सकता है। वे ख़ुद से कहते हैं, "अगर वे यह काम कर सकते हैं, तो मैं भी कर सकता हूँ।" जैसा मैं पहले कह चुका हूँ, मॉडलिंग या अनुसरण ही वह मूलभूत तरीक़ा है, जिससे लोग सीखते हैं।

अमीर लोग कृतज्ञ होते हैं कि दूसरे लोग उनसे पहले सफल हो चुके हैं, क्योंकि इस कारण अब उनके पास एक तैयार ब्लूप्रिंट है, जिसका वे अनुसरण कर सकते हैं और ज़्यादा आसानी से सफल हो सकते हैं। पहिए का आविष्कार दोबारा क्यों करना? सफलता के आज़माए हुए, अचूक तरीक़े होते हैं, जो लगभग हर व्यक्ति के लिए काम करते हैं, बशर्ते वह उन पर अमल करे।

दौलत बनाने का सबसे तेज़ और आसान तरीक़ा यह सीखना है कि अमीर लोग यानी पैसे के महारथी यह खेल किस तरह खेलते हैं। आपका लक्ष्य उनकी अंदरूनी और बाहरी रणनीतियों की नक़ल करना है। इसमें पूरी समझदारी दिखती है : अगर आप उनके जैसे काम कर सकें और उनके जैसी मानसिकता रख सकें, तो इस बात की अच्छी संभावना है कि आपको उनके जैसे परिणाम भी मिलेंगे। मैंने यही किया था और यह पूरी पुस्तक इसी बारे में है।

अमीरों के विपरीत, जब ग़रीब लोग दूसरों की सफलता के बारे में सुनते हैं, तो वे अक्सर उनकी ख़ामियाँ खोजते हैं, आलोचना करते हैं, खिल्ली उड़ाते हैं और उन्हें खींचकर अपने स्तर तक लाने की कोशिश करते हैं। आपमें से कितने इस तरह के लोगों को जानते हैं? आपमें से कितने इस तरह के पारिवारिक सदस्यों को जानते हैं? सवाल यह है कि अगर आप किसी व्यक्ति को नीचा दिखाते हैं, तो आप उससे कुछ कैसे सीख सकते हैं या प्रेरणा कैसे पा सकते हैं?

जब भी मेरा परिचय किसी बहुत अमीर व्यक्ति से कराया जाता है, तो मैं उसके साथ ज़्यादा से ज़्यादा समय बिताने का तरीक़ा खोजता हूँ। मैं उससे बात करना चाहता हूँ और यह जानना चाहता हूँ कि वह कैसा सोचता है। मैं

उससे संपर्कों का आदान-प्रदान करता हूँ और अगर हममें अन्य समानताएँ हों, तो उसके साथ व्यक्तिगत दोस्ती करने की कोशिश करता हूँ।

वैसे अगर आप सोचते हैं कि अमीर लोगों के साथ दोस्ती करके मैं कुछ ग़लत करता हूँ, तो शायद आपके हिसाब से मुझे कड़के दोस्त चुनने चाहिए? मुझे तो ऐसा नहीं लगता! जैसा कि मैं पहले ही कह चुका हूँ, ऊर्जा संक्रामक होती है और नकारात्मक ऊर्जा पाने में मेरी कोई दिलचस्पी नहीं है!

कुछ समय पहले मैं रेडियो पर इंटरव्यू दे रहा था और एक महिला ने फ़ोन करके एक बहुत बढ़िया सवाल पूछा : "अगर मैं सकारात्मक हूँ और तरक़्क़ी करना चाहती हूँ, लेकिन मेरा पति बिलकुल नकारात्मक है, तो मैं क्या करूँ? क्या उसे छोड़ दूँ? या फिर उसे बदलने की कोशिश करूँ? मैं क्या करूँ?" अपने कोर्सों में सिखाते समय मैं यह सवाल हफ़्ते में कम से कम सौ बार सुनता हूँ। लगभग हर व्यक्ति यही सवाल पूछता है : "अगर मेरे सबसे क़रीबी लोग ही व्यक्तिगत विकास नहीं कर रहे हों और यहाँ तक कि इसके लिए मुझे नीचा दिखा रहे हों, तो क्या किया जाए?"

यहाँ पर वही जवाब दिया जा रहा है, जो मैंने फ़ोन करने वाली महिला को दिया था और जो मैं अपने कोर्सों में लोगों को देता हूँ।

पहली बात, नकारात्मक लोगों को बदलने की कोशिश करने की जहमत न उठाएँ। उनकी दिशा बदलकर उन्हें सही दिशा में लाने की कोशिश न करें। यह आपका काम नहीं है। आपका काम तो सीखी हुई बातों पर अमल करके ख़ुद को और अपनी ज़िंदगी को बेहतर बनाना है। रोल मॉडल बनें, सफल बनें, सुखी बनें, फिर शायद - और मैं *शायद* पर ज़ोर देता हूँ - वे (आपमें) रोशनी देख लेंगे और आप जैसा बनना चाहेंगे। एक बार फिर, ऊर्जा संक्रामक होती है। अँधेरा प्रकाश में ग़ायब हो जाता है। जब आस-पास प्रकाश हो, तो लोगों को दरअसल "अँधेरे" में रहने में बहुत मुश्किल आती है। आपका काम तो यही है कि यथासंभव अपने सर्वश्रेष्ठ स्वरूप में रहें। अगर वे आपसे इसका रहस्य पूछने का विकल्प चुनते हैं, तो उन्हें बता दें।

दूसरी बात, एक और सिद्धांत याद रखें, जिसे हम अपनी विज़ार्ड ट्रेनिंग में सिखाते हैं। यह कोर्स शांत, केंद्रित और संतुलित रहकर मनचाही चीज़ को साकार करने के बारे में है। इसका सूत्रवाक्य है, "हर चीज़ किसी कारण से

होती है और वह कारण मेरी मदद के लिए है।" हाँ, नकारात्मक लोगों और परिस्थितियों के बीच सकारात्मक तथा सचेतन रहना ज़्यादा मुश्किल होता है, लेकिन यही तो आपका इम्तहान है! जिस तरह फ़ौलाद आग में तपकर कठोर बनता है, उसी तरह अगर आप आस-पास मौजूद शंकालु और आलोचनात्मक लोगों के बीच भी अपने जीवनमूल्यों के प्रति सच्चे रह सकें, तो आप ज़्यादा तेज़ी और शक्ति से विकास करेंगे।

यह भी याद रखें कि "किसी चीज़ का कोई अर्थ नहीं होता है, सिवाय उस अर्थ के, जो हम उसे देते हैं।" याद करें, इस पुस्तक के खंड एक में हमने इस बारे में चर्चा की थी कि आम तौर पर हम किस तरह अपने एक या दोनों अभिभावकों के अनुरूप या विपरीत होते हैं, जो इस बात पर निर्भर करता है कि हमने किस तरह उनके कार्यों को "देखा" है। मैं चाहता हूँ कि आज से आप नकारात्मक लोगों को देखकर यह याद कर लिया करें कि आपको कैसा *नहीं* बनना है। वे जितने ज़्यादा नकारात्मक होंगे, आपको उतना ही ज़्यादा याद आएगा कि उनकी तरह बनना कितना बुरा है। मैं आपको यह सुझाव नहीं दे रहा हूँ कि आप उन्हें यह बात बता दें। बस मन में सोच लें। उनके वर्तमान स्वरूप की आलोचना न करें, क्योंकि अगर आप उनके दोष निकालते हैं, आलोचना करते हैं और उन्हें उनकी औकात या उनके कामों की मूर्खता बता देते हैं, तो आप उनसे बेहतर नहीं हैं।

बुरे से बुरा यह है कि अगर आप उनकी नकारात्मक ऊर्जा को बिलकुल भी सहन नहीं कर पाते हों, अगर यह आपको उस बिंदु तक नीचे ले आए कि आप विकास ही न कर सकते हों, तो आपको इस बारे में कुछ साहसिक निर्णय लेने होंगे कि आप कौन हैं और आप अपनी बाक़ी की ज़िंदगी कैसे जीना चाहते हैं। मैं आपको जल्दबाज़ी में कोई निर्णय लेने का सुझाव नहीं दे रहा हूँ, लेकिन मैं तो ऐसे व्यक्ति के साथ कभी नहीं रहना चाहूँगा, जो नकारात्मक हो और व्यक्तिगत, आध्यात्मिक या वित्तीय स्तर पर सीखने तथा विकास करने की मेरी इच्छा को दबाए। मैं ख़ुद के साथ ऐसा इसलिए नहीं करूँगा, क्योंकि मैं अपना और अपने जीवन का सम्मान करता हूँ और मैं ज़्यादा से ज़्यादा सुखी तथा सफल बनने का हक़दार हूँ। मैं इसे इस तरह देखता हूँ कि दुनिया में 6.3 बिलियन लोग रहते हैं और मैं नकारात्मक व्यक्तियों के बोझ को क्यों सहन करूँ। या तो वे ऊपर आते हैं या फिर मैं दूर चला जाता हूँ!

एक बार फिर कहूँगा, ऊर्जा संक्रामक होती है। या तो आप लोगों को *प्रेरित करते* हैं या फिर आप उन्हें *संक्रमित* करते हैं। इसका उल्टा भी सच है : या तो लोग आपको प्रेरित करते हैं या फिर संक्रमित करते हैं। मैं आपसे एक सवाल पूछना चाहता हूँ : अगर आपको पता हो कि किसी व्यक्ति को खसरा है, तो क्या आप उसे गले लगाएँगे? ज़्यादातर लोग कहेंगे, "बिलकुल नहीं, मैं नहीं चाहता कि मुझे भी खसरा हो जाए।" देखिए, मैं नकारात्मक चिंतन को *मानसिक खसरे जैसा ही मानता हूँ।* खुजली के बजाय इसमें शिकायतें होती हैं; चकत्ते के बजाय आलोचना होती है; दर्द के बजाय कुंठा होती है। अब क्या आप सचमुच ऐसे लोगों के क़रीब रहना चाहते हैं?

मुझे यक़ीन है, आपने यह कहावत सुनी होगी, "एक जैसे पंख वाले पक्षी एक साथ रहते हैं।" क्या आप जानते हैं कि ज़्यादातर लोगों की आमदनी अपने सबसे क़रीबी दोस्तों की औसत आमदनी के 20 प्रतिशत के भीतर होती है? इसीलिए बेहतर होगा कि आप इस बात पर सतर्क निगाह रखें कि आप किनके साथ रहते हैं और उन्हें सावधानी से चुनें।

मेरा अनुभव यह है कि अमीर लोग सिर्फ़ गोल्फ़ खेलने के लिए ही कंट्री क्लब के सदस्य नहीं बनते हैं। वे तो दूसरे अमीर और सफल लोगों से मिलने के लिए वहाँ जाते हैं। एक और कहावत है, "आप *क्या* जानते हैं यह महत्वपूर्ण नहीं है, महत्वपूर्ण तो यह है कि आप *किसे* जानते हैं।" जहाँ तक मेरा ख़्याल है, आप इससे बहुत अमीर बन सकते हैं। संक्षेप में, "अगर आप बाजों के साथ उड़ना चाहते हैं, तो बतख़ों के साथ न तैरें!" मैं सिर्फ़ सफल, सकारात्मक लोगों के साथ रहना पसंद करता हूँ और उतनी ही महत्वपूर्ण बात यह है कि मैं नकारात्मक लोगों से दूर रहता हूँ।

मैं ख़ुद को विषैली स्थितियों से दूर रखने का भी ध्यान रखता हूँ। मैं ख़ुद को ज़हरीली ऊर्जा से संक्रमित नहीं करना चाहता। बहस, गपशप, पीठ पीछे होने वाली आलोचना को मैं इसी श्रेणी में रखता हूँ। मैं इसमें "चिंतनहीन" टीवी देखने को भी शामिल करता हूँ, जब तक कि आप इसे सिर्फ़ मनोरंजन के लिए न देख रहे हों। चिंता की बात तो तब है, जब टीवी मनोरंजन का एकमात्र साधन बन जाए। मैं टीवी पर आम तौर पर मैच देखता हूँ। पहली बात, मैं माहिर लोगों को काम करते हुए या इस मामले में कहें कि खेलते देखना चाहता हूँ और दूसरी बात, मुझे मैच के बाद के इंटरव्यूज़ सुनने में मज़ा

आता है। मुझे चैंपियनों की मानसिकता सुनना अच्छा लगता है। किसी खेल की बड़ी लीग में पहुँचने वाला हर खिलाड़ी मेरी निगाह में एक चैंपियन है। उस स्तर के हर खिलाड़ी ने वहाँ पहुँचने के लिए लाखों अन्य खिलाड़ियों को पीछे छोड़ा है, जिससे उनमें से हर एक मेरे लिए अद्‌भुत बन जाता है। मैं जीतने के बाद का उनका नज़रिया सुनना पसंद करता हूँ : "यह पूरी टीम का बहुत शानदार प्रयास था। हमने अच्छा काम किया, लेकिन हमें अब भी कुछ सुधार करने हैं। इससे यह साबित होता है कि मेहनत काम आती है।" मैं पराजित होने के बाद के उनके नज़रिए को सुनना भी पसंद करता हूँ : "यह सिर्फ़ एक मैच था। हम फिर लौटकर आएँगे। हम इसके बारे में भूल जाएँगे और अगले मैच पर अपना पूरा ध्यान केंद्रित करेंगे। हम लौटकर इस बारे में चर्चा करेंगे कि हम कहाँ बेहतर काम कर सकते हैं और फिर जीतने की पूरी कोशिश करेंगे।"

2004 के ऑलंपिक खेलों में कनाडा की पर्डिटा फ़ेलिसियन उस वक़्त सौ मीटर बाधा दौड़ की विश्व चैंपियन थीं और उन्हें स्वर्ण पदक का सबसे प्रबल दावेदार माना जा रहा था। अंतिम बाधा दौड़ में वे पहली बाधा से टकरा गईं और बुरी तरह गिर गईं। वे दौड़ पूरी नहीं कर पाईं। जब वे वहाँ पड़ी थीं, तो बुरी तरह विचलित थीं और उनकी आँखों में आँसू थे। उन्होंने पिछले चार साल से हर दिन छह घंटे इसी पल की तैयारी की थी। अगली सुबह मैंने उनकी न्यूज़ कॉन्फ्रेंस देखी। काश मैंने उसे टेप कर लिया होता! उनके दृष्टिकोण को सुनना अद्‌भुत था। उन्होंने इस तरह की बात कही थी, "मैं नहीं जानती कि ऐसा क्यों हुआ, लेकिन मैं इसका सकारात्मक इस्तेमाल करूँगी। मैं अब अगले चार सालों तक और ज़्यादा ध्यान केंद्रित करूँगी, और ज़्यादा मेहनत करूँगी। कौन जाने, अगर मैं जीत जाती, तो मेरा रास्ता क्या होता ? शायद इससे मेरी इच्छा की धार कुंद हो जाती। मैं नहीं जानती कि क्या होता, लेकिन मैं इतना जानती हूँ कि अब मैं जीत के लिए पहले पहले से ज़्यादा भूखी हूँ। मैं पहले से ज़्यादा मज़बूत बनकर लौटूँगी।" जब मैंने उन्हें बोलते सुना, तो मैं "वाह" के सिवा कुछ न कह सका। आप चैंपियनों की बातें सुनकर बहुत कुछ सीख सकते हैं।

अमीर लोग विजेताओं के साथ उठते-बैठते हैं। ग़रीब लोग पराजितों के साथ उठते-बैठते हैं। क्यों ? यह आरामदेह होने का मामला है। अमीर लोग दूसरे सफल लोगों के साथ आरामदेह रहते हैं। वे ख़ुद को उनके साथ रहने के

क़ाबिल मानते हैं। ग़रीब लोग बेहद सफल लोगों के साथ असहज रहते हैं। उन्हें डर होता है कि उन्हें अस्वीकार कर दिया जाएगा या उन्हें महसूस होता है कि वे उनकी श्रेणी के नहीं हैं। ख़ुद की रक्षा के लिए उनका अहं दूसरों के दोष खोजता है और आलोचना करने लगता है।

अगर आप अमीर बनना चाहते हैं, तो आपको अपने अंदरूनी ब्लूप्रिंट को बदलना होगा और पूरा यक़ीन करना होगा कि आप हर मिलियनेअर या मल्टीमिलियनेअर जितने क़ाबिल हैं। मुझे अपने सेमिनारों में सदमा लगता है, जब लोग मेरे पास आकर पूछते हैं कि क्या वे मुझे छू सकते हैं। वे कहते हैं, "मैंने पहले कभी किसी मल्टीमिलियनेअर को नहीं छुआ है।" मैं आम तौर पर विनम्रता से मुस्करा देता हूँ, लेकिन मन ही मन सोचता हूँ, "क्या बकवास है! मैं आपसे किसी तरह बेहतर या अलग नहीं हूँ और जब तक आप यह बात नहीं समझेंगे, तब तक आप कंगाल ही बने रहेंगे!"

मेरे दोस्तो, मुद्दा मिलियनेअर्स को "छूना" नहीं है। मुद्दा तो यह फ़ैसला करना है कि आप उनके जितने ही अच्छे और क़ाबिल हैं। मुद्दा तो उनके जैसे काम करना है। मेरी सबसे अच्छी सलाह यह है : अगर आप सचमुच मिलियनेअर को छूना चाहते हैं, तो ख़ुद मिलियनेअर बन जाएँ!

मुझे उम्मीद है कि आप मतलब समझ गए होंगे। अमीर लोगों की खिल्ली उड़ाने के बजाय उन्हें अपना रोल मॉडल बनाएँ। अमीर लोगों से शर्माने के बजाय उनसे पहचान बढ़ाएँ। यह कहने के बजाय, "वाह, वे कितने ख़ास हैं," यह कहें, "अगर वे यह काम कर सकते हैं, तो मैं भी कर सकता हूँ।" और अंततः, अगर आप मिलियनेअर को छूना चाहते हैं, तो आप ख़ुद को छू सकेंगे!

घोषणाएँ : दिल पर हाथ रखकर कहें ...

"मैं सफल और अमीर लोगों को अपना रोल मॉडल बनाना चाहता हूँ।"

"मैं अमीर और सफल लोगों के साथ जुड़ना चाहता हूँ।"

"अगर वे यह काम कर सकते हैं, तो मैं भी कर सकता हूँ!"

अपना सिर छूकर कहें ...

"मेरे पास मिलियनेअर मस्तिष्क है!"

मिलियनेअर मस्तिष्क की गतिविधियाँ

1. लाइब्रेरी, बुकस्टोर या इंटरनेट पर जाकर किसी बहुत अमीर और सफल व्यक्ति की जीवनी पढ़ें। एंड्रयू कारनेगी, जॉन डी. रॉकफ़ेलर, मैरी के, डोनाल्ड ट्रम्प, वॉरेन बफ़ेट, जैक वेल्च, बिल गेट्स और टेड टर्नर कुछ अच्छे उदाहरण हैं। उनकी कहानी से प्रेरणा हासिल करें, सफलता की विशिष्ट रणनीतियाँ सीखें और सबसे महत्वपूर्ण बात, उनकी मानसिकता अपना लें।

2. किसी अच्छे क्लब में शामिल हों, जैसे टेनिस, हेल्थ, बिज़नेस या गोल्फ़ क्लब। अमीर लोगों के साथ अमीरी के माहौल में घुलें-मिलें। या, अगर आप ऊँचे लोगों के क्लब में शामिल होने का ख़र्च किसी भी तरह नहीं उठा सकते हों, तो अपने शहर के सबसे अच्छे होटल में कॉफ़ी या चाय पिएँ। इस माहौल में आरामदेह बनें और वहाँ के ग्राहकों को देखकर इस बात पर ध्यान दें कि वे आपसे ज़रा भी अलग नहीं हैं।

3. अपने जीवन की नकारात्मक स्थितियों या व्यक्तियों को पहचानें। ख़ुद को हर नकारात्मक स्थिति या व्यक्ति से दूर हटा लें। अगर ऐसा व्यक्ति आपके परिवार का सदस्य है, तो उसके आस-पास कम रहने का चुनाव करें।

4. फ़ालतू टीवी देखना बंद करें और बुरी ख़बरों से दूर रहें।

दौलत की फ़ाइल # 8

अमीर लोग अपना और अपने मूल्य का प्रचार
करने के इच्छुक होते हैं। ग़रीब लोग बेचने और
प्रचार के बारे में नकारात्मक राय रखते हैं।

मेरी कंपनी पीक पोटेंशियल्स ट्रेनिंग एक दर्जन से ज़्यादा प्रशिक्षण चलाती है। शुरुआती सेमिनार में यानी आम तौर पर मिलियनेअर माइंड इनटेंसिव में हम अपने अन्य कोर्सों के बारे में संक्षेप में बताते हैं और इसके बाद प्रतिभागियों

को "सेमिनार" के ख़ास डिसकाउंट्स और बोनसों की जानकारी देते हैं। उनकी प्रतिक्रियाएँ दिलचस्प होती हैं।

ज़्यादातर लोग रोमांचित हो जाते हैं। बाक़ी कोर्सों की जानकारी और डिसकाउंट पाना उन्हें अच्छा लगता है। बहरहाल, कुछ लोग ज़रा भी रोमांचित नहीं होते हैं। उन्हें किसी भी तरह के प्रचार से चिढ़ होती है, भले ही उससे उन्हें लाभ मिल सकता हो। अगर आप भी ऐसे ही हैं, तो यह आपका एक महत्वपूर्ण लक्षण है, जिस पर ग़ौर किया जाना चाहिए।

प्रचार से चिढ़ना सफलता की राह में एक बहुत बड़ी बाधा है। जो लोग बेचने और प्रचार करने से चिढ़ते हैं, वे आम तौर पर कड़के होते हैं। यह स्पष्ट है। आप अपने बिज़नेस या सेल्समैनशिप में भारी आमदनी कैसे कर सकते हैं, अगर आप लोगों को यही न बताएँ कि आप, आपका प्रॉडक्ट या आपकी सेवा मौजूद है? कर्मचारी के रूप में भी अगर आप अपने गुणों का प्रचार नहीं करना चाहते हैं, तो कोई दूसरा इच्छुक व्यक्ति कंपनी की सीढ़ी पर आपसे आगे निकल जाएगा।

लोगों को कई कारणों से प्रचार करने या बेचने में समस्या होती है। इस बात की संभावना है कि आप नीचे दिए गए कारणों में से एक या अधिक को पहचान लेंगे।

सबसे पहला कारण, हो सकता है आपको अतीत में कोई बुरा अनुभव हुआ हो, जब लोगों ने आपके सामने अनुचित तरीक़े से प्रचार किया हो। शायद आपको लगा हो कि वे आपको "जबरन" बेच रहे हैं। शायद वे आपको ग़लत समय पर परेशान कर रहे थे। शायद वे ना सुनने के लिए तैयार ही नहीं थे। मामला चाहे जो हो, यह समझना महत्वपूर्ण है कि वह अनुभव अतीत में हुआ था और आज उसे पकड़े रखने से आपको फ़ायदा नहीं होगा।

दूसरा कारण, हो सकता है आपको अशक्त करने वाला अनुभव तब हुआ हो, जब आपने किसी व्यक्ति को कोई चीज़ बेचने की कोशिश की हो और उस व्यक्ति ने आपको पूरी तरह नकार दिया हो। इस उदाहरण में, प्रचार के प्रति आपकी अरुचि सिर्फ़ इस कारण है, क्योंकि आपने इसे असफलता और अस्वीकृति से जोड़ दिया है। एक बार फिर समझ लें, यह ज़रूरी नहीं है कि अतीत में जो हुआ है, वह वर्तमान में भी होगा।

तीसरा कारण, हो सकता है, आपकी समस्या माता-पिता की पुरानी प्रोग्रामिंग के कारण उत्पन्न हुई हो। हममें से बहुत से लोगों को बचपन में यह सिखाया जाता है कि "अपने मुँह मियाँ मिट्ठू बनना" विनम्रता नहीं होती है। देखिए, अगर आपकी कमाई शिष्टता और विनम्रता की बदौलत होती है, तो यह बहुत बढ़िया बात है। लेकिन असली दुनिया में बिज़नेस और पैसे के मामले में अगर आप अपना प्रचार ख़ुद नहीं करेंगे, तो मैं गारंटी देता हूँ कि कोई दूसरा भी नहीं करेगा। अमीर लोग हर एक के सामने अपने गुणों और मूल्य की प्रशंसा करने के इच्छुक रहते हैं। यही नहीं, वे हर एक के साथ बिज़नेस करने की उम्मीद भी करते हैं।

आख़िरी कारण, कुछ लोग महसूस करते हैं कि प्रचार उनकी शान के ख़िलाफ़ है। मैं इसे उच्च-और-शक्तिशाली सिंड्रोम कहता हूँ, जिसे "क्या मैं इतना ख़ास नहीं हूँ?" नज़रिया भी कहा जाता है। इस मामले में सोच यह होती है कि अगर लोगों को वह चीज़ चाहिए जो आपके पास है, तो उन्हें किसी तरह आपको खोजकर आपके पास आना चाहिए। जिन लोगों को यह विश्वास होता है, उनके बारे में तय है कि वे या तो दिवालिया हैं या जल्दी ही हो जाएँगे। वे यह उम्मीद कर सकते हैं कि हर व्यक्ति दुनिया भर में उन्हें खोजता रहेगा, लेकिन सच्चाई यह है कि बाज़ार में प्रॉडक्ट्स और सेवाओं की भरमार है। हो सकता है कि उनके प्रॉडक्ट्स सबसे अच्छे हों, लेकिन किसी को भी उनके बारे में कभी पता नहीं चलेगा, क्योंकि वे इतने घमंडी हैं कि किसी को भी बताते नहीं हैं।

आपने शायद यह कहावत सुनी होगी, "बेहतर चूहेदानी बनाएँ और दुनिया आपके दरवाज़े तक रास्ता बना देगी।" देखिए, यह तभी सच है, जब आप इसमें आठ शब्द और जोड़ देंगे, "अगर दुनिया को इसके बारे में पता हो।"

अमीर लोग लगभग हमेशा बहुत अच्छे प्रचारक होते हैं। वे अपने प्रॉडक्ट्स, सेवाओं और विचारों का जोश और उत्साह से प्रचार कर सकते हैं और ऐसा करना भी चाहते हैं। यही नहीं, वे अपने मूल्य या महत्व की पैकिंग इस तरह करने में निपुण होते हैं कि यह बेहद आकर्षक बन जाता है। अगर आप सोचते हैं कि इसमें कुछ ग़लत है, तो आइए हम महिलाओं के मेकअप पर प्रतिबंध लगा देते हैं और यही क्यों, हम पुरुषों के सूट पर भी प्रतिबंध लगा सकते हैं। आख़िर ये भी तो "पैकेजिंग" से ज़्यादा कुछ नहीं हैं।

रिच डैड पुअर डैड (जिस पुस्तक की मैं बहुत प्रशंसा करता हूँ) के बेस्टसेलिंग लेखक रॉबर्ट कियोसाकी बताते हैं कि हर बिज़नेस, जिसमें पुस्तकें लिखना भी शामिल है, बेचने पर ही निर्भर करता है। वे कहते हैं कि उन्हें बेस्ट-*राइटिंग* लेखक नहीं, बल्कि बेस्ट-*सेलिंग* लेखक माना जाता है। एक श्रेणी में दूसरी श्रेणी की तुलना में बहुत ज़्यादा लाभ होता है।

अमीर लोग आम तौर पर लीडर होते हैं और सभी महान लीडर्स महान प्रचारक होते हैं। लीडर बनने के लिए आपके पास अनुयायी और समर्थक होने चाहिए, जिसका मतलब है कि आपको लोगों को अपनी भविष्य-दृष्टि बेचने और प्रेरित करने के मामले में निपुण बनना होगा। यहाँ तक कि अमेरिका के राष्ट्रपति को भी अपने फ़ैसलों पर अमल करवाने के लिए लगातार जनता को, संसद को, अपनी ख़ुद की पार्टी तक को अपने विचार बेचने होते हैं। और इस सबके पहले, अगर वह *ख़ुद* का प्रचार नहीं करेगा, तो उसे कभी चुना ही नहीं जाएगा।

संक्षेप में, जो लीडर अपना प्रचार नहीं कर सकता या नहीं करता, वह लंबे समय तक लीडर नहीं रहेगा, चाहे वह राजनीति में हो, बिज़नेस में हो, खेल में हो या माता-पिता के रूप में हो। मैं इस बात को ज़ोर देकर इसलिए कह रहा हूँ, *क्योंकि लीडर्स अनुयायियों से बहुत ज़्यादा पैसे कमाते हैं!*

दौलत का सिद्धांत :
लीडर्स अनुयायियों से बहुत ज़्यादा पैसे कमाते हैं!

यहाँ पर मुद्दे की बात यह नहीं है कि आप प्रचार करना पसंद करते हैं या नहीं। मुद्दे की बात तो यह है कि आप प्रचार *क्यों* कर रहे हैं। यह आपके विश्वासों की बात है। क्या आप अपने मूल्य में सचमुच यक़ीन रखते हैं ? क्या आप अपने प्रॉडक्ट या सेवा में सचमुच यक़ीन रखते हैं ? क्या आप वाक़ई यक़ीन रखते हैं कि आपके पास जो है, उसका प्रचार करके आप सामने वाले को लाभ पहुँचाएँगे ?

अगर आप अपने महत्व या मूल्य में यक़ीन रखते हैं, तो इसे ज़रूरतमंद लोगों से छिपाए रखना किस तरह उचित हो सकता है ? मान लें, आपके पास

आर्थ्राइटिस का इलाज हो और आपको आर्थ्राइटिस का कोई रोगी दर्द से छटपटाता मिल जाए। आप क्या करेंगे ? क्या आप अपने इलाज को उससे छिपाए रखेंगे ? क्या आप इंतज़ार करेंगे कि वह व्यक्ति आपका दिमाग़ पढ़ ले या अंदाज़ा लगा ले कि आपके पास एक प्रॉडक्ट है, जो उसकी मदद कर सकता है ? आप किसी ऐसे व्यक्ति के बारे में क्या सोचेंगे, जिसने कष्ट उठा रहे लोगों की मदद करने का प्रस्ताव सिर्फ़ इसलिए नहीं रखा, क्योंकि वह इतना ज़्यादा शर्मीला, भयभीत या घमंडी था कि प्रचार नहीं कर सकता था ?

प्रचार के साथ अक्सर जिन लोगों को समस्या आती है, उन्हें अपने प्रॉडक्ट पर या ख़ुद पर पूरा यक़ीन नहीं होता है। परिणामस्वरूप उनके लिए यह कल्पना करना मुश्किल होता है कि दूसरे लोग अपने मूल्य में इतनी दृढ़ता से यक़ीन करते हैं कि वे इसका प्रचार हर सामने आने वाले व्यक्ति से और हर तरीक़े से करना चाहते हैं।

अगर आपको यक़ीन है कि आपके पास देने के लिए ऐसा कुछ है, जिससे लोगों को सचमुच मदद मिल सकती है, तो यह आपका कर्तव्य है कि आप ज़्यादा से ज़्यादा लोगों को इसके बारे में बताएँ। इस तरह आप न सिर्फ़ लोगों की मदद करते हैं, बल्कि अमीर भी बन जाते हैं!

घोषणाएँ : दिल पर हाथ रखकर कहें ...

"मैं जोश और उत्साह के साथ दूसरों के सामने अपने महत्त्व तथा मूल्य का प्रचार करता हूँ।"

अपना सिर छूकर कहें ...

"मेरे पास मिलियनेअर मस्तिष्क है!"

मिलियनेअर मस्तिष्क की गतिविधियाँ

1. आप इस समय जो प्रॉडक्ट या सेवा बेच रहे हैं (या जिसे बेचने की योजना बना रहे हैं), उसके महत्त्व पर आप कितना यक़ीन रखते हैं, इस आधार पर उसे 1 से 10 के बीच अंक दें (1 न्यूनतम, 10 अधिकतम)। अगर आपके अंक 7-9 के बीच हैं, तो अपने प्रॉडक्ट या सेवा को थोड़ा संशोधित करके उसका महत्त्व बढ़ा लें। अगर अंक 6

या इससे कम हैं, तो उस प्रॉडक्ट या सेवा को बेचना बंद कर दें और किसी दूसरे प्रॉडक्ट को बेचने लगें, जिस पर आपको सचमुच भरोसा हो।

2. पुस्तकें पढ़ें। ऑडियो कैसेट और सीडी सुनें। मार्केटिंग तथा सेल्स संबंधी कोर्स करें। इन दोनों क्षेत्रों में उस हद तक विशेषज्ञ बन जाएँ, जहाँ आप 100 प्रतिशत ईमानदारी के साथ सफलतापूर्वक अपने महत्व का प्रचार कर सकते हों।

दौलत की फ़ाइल # 9

अमीर लोग अपनी समस्याओं से ज़्यादा बड़े होते हैं।
ग़रीब लोग अपनी समस्याओं से ज़्यादा छोटे होते हैं।

जैसा कि मैं पहले कह चुका हूँ, अमीर बनना पार्क में टहलने जितना आसान नहीं है। यह तो एक ऐसी यात्रा है, जिसमें बहुत से मोड़ हैं, घुमाव हैं, मुश्किलें हैं और बाधाएँ हैं। दौलत की राह में बहुत से जाल और गड्ढे हैं और इसीलिए ज़्यादातर लोग इस पर नहीं चलते हैं। वे मुश्किलें, सिरदर्द और ज़िम्मेदारियाँ नहीं चाहते हैं। संक्षेप में, वे समस्याएँ नहीं चाहते हैं।

यही अमीर और ग़रीब लोगों के बीच एक बड़ा अंतर है। अमीर और सफल लोग अपनी समस्याओं से ज़्यादा बड़े होते हैं, जबकि ग़रीब और असफल लोग अपनी समस्याओं से ज़्यादा छोटे होते हैं।

ग़रीब लोग समस्याओं से बचने के लिए लगभग कुछ भी करने को तैयार हो जाते हैं। वे चुनौती देखकर भाग खड़े होते हैं। विडंबना यह है कि समस्याओं से बचने की अपनी कोशिश में वे सबसे बड़ी समस्या को आमंत्रित कर लेते हैं ... वे कंगाल और दुखी हैं। मेरे दोस्तो, सफलता का रहस्य समस्याओं से बचने या उनसे पीछा छुड़ाने या उनसे कतराने की कोशिश करना नहीं है; रहस्य तो ख़ुद को इतना बड़ा बनाना है कि आप किसी भी समस्या से ज़्यादा बड़े बन जाएँ।

दौलत का सिद्धांत :

सफलता का रहस्य समस्याओं से बचने या उनसे पीछा छुड़ाने या उनसे कतराने की कोशिश करना नहीं है; रहस्य तो ख़ुद को इतना बड़ा बनाना है कि आप किसी भी समस्या से ज़्यादा बड़े बन जाएँ।

1 से 10 के पैमाने पर, जिसमें 1 न्यूनतम है, कल्पना करें कि आप चरित्र और नज़रिए की शक्ति के मामले में स्तर 2 पर हैं और आपके सामने स्तर 5 की समस्या आ जाती है। यह समस्या आपको छोटी नज़र आएगी या बड़ी ? स्तर 2 के लिहाज़ से स्तर 5 की समस्या बड़ी लगेगी।

अब मान लें करें कि आपने अपना विकास कर लिया है और स्तर 8 के व्यक्ति बन गए हैं। अब स्तर 5 की वही समस्या आपको बड़ी समस्या लगेगी या छोटी ? जादुई रूप से, वही समस्या अब छोटी लगने लगेगी।

अंततः कल्पना करें कि आपने ख़ुद पर सचमुच कड़ी मेहनत कर ली है और स्तर 10 के व्यक्ति बन गए हैं। अब क्या स्तर 5 की वही समस्या आपको बड़ी समस्या लगेगी या छोटी ? जवाब है कि वह समस्या ही *नहीं* लगेगी। वह आपके मस्तिष्क में समस्या के रूप में दर्ज ही नहीं होती है। उसके चारों ओर कोई नकारात्मक ऊर्जा ही नहीं है। वह तो ब्रश करने या कपड़े पहनने जैसी एक आम घटना है, जिससे आपको निबटना है।

ध्यान दें कि चाहे आप अमीर हों या ग़रीब, बड़ा खेल रहे हों या छोटा, जीवन में समस्याएँ रहती हैं। अगर आप साँस ले रहे हैं, तो आपके जीवन में हमेशा तथाकथित समस्याएँ और बाधाएँ मौजूद रहेंगी। मैं इस बात को संक्षेप में अच्छी तरह कहना चाहता हूँ। समस्या का आकार कभी असली मुद्दा नहीं होता है – असली मुद्दा तो आपका आकार होता है!

यह पीड़ादायक हो सकता है, लेकिन अगर आप सफलता के अगले स्तर पर बढ़ने के लिए तैयार हैं, तो आपको इस बारे में जागरूक बनना होगा कि आपके जीवन में सचमुच क्या हो रहा है। तैयार हैं ? तो यह लीजिए।

अगर आपके जीवन में कोई बड़ी समस्या है, तो इसका मतलब सिर्फ़ यही है कि आप अब तक छोटे हैं! दिखावे से मूर्ख न बनें। आपका बाहरी संसार तो आपके भीतरी संसार का प्रतिबिंब मात्र है। अगर आप स्थायी परिवर्तन करना

चाहते हैं, तो अपनी समस्याओं के आकार पर ध्यान केंद्रित करना छोड़ दें और अपने आकार पर ध्यान केंद्रित करना शुरू करें।

दौलत का सिद्धांत :

अगर आपके जीवन में कोई बड़ी समस्या है, तो इसका मतलब सिर्फ़ यही है कि आप अब तक छोटे हैं!

मैं अपने सेमिनार में प्रतिभागियों को एक साधारण सी बात याद दिलाता हूँ : जब भी आपको महसूस हो कि आपके सामने कोई बड़ी समस्या है, तो ख़ुद की तरफ़ इशारा करके चिल्लाएँ, "छोटा मैं, छोटा मैं, छोटा मैं!" इससे आप अचानक जाग जाएँगे और अपने ध्यान को वहाँ केंद्रित कर लेंगे, जहाँ इसकी ज़रूरत है - ख़ुद पर। फिर अपने "उच्चतर स्वरूप" (बजाय आपके अहं पर आधारित, पीड़ित स्वरूप के) में आने के बाद एक गहरी साँस लें और उसी समय फ़ैसला कर लें कि आप ज़्यादा बड़े व्यक्ति बनेंगे और किसी भी समस्या या बाधा को अपनी ख़ुशी या सफलता छीनने की इजाज़त नहीं देंगे।

आप जितनी बड़ी समस्याओं से निबट सकते हैं, उतने ही बड़े बिज़नेस को सँभाल सकते हैं। आप जितनी बड़ी ज़िम्मेदारी सँभाल सकते हैं, उतने ही ज़्यादा कर्मचारियों को सँभाल सकते हैं। आप जितने ज़्यादा ग्राहकों को सँभाल सकते हैं, उतने ही ज़्यादा पैसे और अंततः उतनी ही ज़्यादा दौलत भी सँभाल सकते हैं।

एक बार फिर, आपकी दौलत सिर्फ़ उसी हद तक बढ़ सकती है, जिस हद तक आप बढ़ते हैं! उद्देश्य ख़ुद का विकास करके उस जगह तक पहुँचना है, जहाँ आप दौलत बनाने और उसे बनाए रखने की राह में आने वाली किसी भी समस्या या बाधा से पार पा सकते हों।

वैसे अपनी दौलत *बनाए रखना* एक बिलकुल अलग संसार है। कौन जानता था ? निश्चित रूप से मैं तो नहीं जानता था। मैं सोचता था कि एक बार दौलत कमा लेने के बाद यह स्थायी हो जाती है! ओह, मुझे कितना ज़ोरदार झटका लगा, जब मैंने अपने पहले मिलियन को उतनी ही तेज़ी से गँवा दिया, जितनी तेज़ी से कमाया था। अब पीछे पलटकर देखने पर मैं समझ गया हूँ कि मामला

क्या था। उस वक़्त मेरा "टूलबॉक्स" इतना बड़ा और मज़बूत नहीं था कि मेरे द्वारा हासिल दौलत को सँभाल सके। एक बार फिर, ईश्वर का शुक्र है कि मैं मिलियनेअर माइंड के सिद्धांतों का अभ्यास अपनी रिकंडीशनिंग करने में कामयाब हो गया! मैंने न सिर्फ़ दोबारा मिलियन डॉलर कमा लिए, बल्कि अपने नए "धन के ब्लूप्रिंट" की बदौलत मैं मल्टी-मिलियनेअर बन गया। सबसे अच्छी बात यह है कि मैंने न केवल अपनी दौलत क़ायम रखी है, बल्कि यह अच्छी दर से *बढ़* भी रही है!

ख़ुद को दौलत के बर्तन के रूप में देखें। अगर आपका बर्तन छोटा है और पैसा ज़्यादा है, तो क्या होगा? आप पैसे को गँवा देंगे। अतिरिक्त पैसा आपके बर्तन में से छलकने लगेगा और यहाँ-वहाँ बह जाएगा। आप बर्तन से ज़्यादा पैसे पा ही नहीं सकते। इसलिए आपको बड़ा बर्तन बनना होगा, ताकि आप न सिर्फ़ दौलत को बनाए *रख* सकें, बल्कि ज़्यादा दौलत को *आकर्षित* भी कर सकें। ब्रह्मांड निर्वात या ख़ाली जगह को पसंद नहीं करता है। अगर आपके पास पैसे रखने के लिए बहुत बड़ा बर्तन होगा, तो यह उस ख़ाली जगह को भर देगा।

अमीर लोग अपनी समस्याओं से ज़्यादा बड़े होते हैं, इसकी एक वजह के बारे में हम पहले ही बात कर चुके हैं। वे समस्या पर नहीं, अपने लक्ष्य पर ध्यान केंद्रित करते हैं। एक बार फिर कहूँगा, मस्तिष्क आम तौर पर एक समय में सिर्फ़ एक ही प्रबल चीज़ पर ध्यान केंद्रित करता है। इसका मतलब यह है कि या तो आप अपनी समस्या का दुखड़ा रो रहे हैं या फिर आप समाधान पर मेहनत कर रहे हैं। अमीर और सफल लोग समाधान-केंद्रित होते हैं। जब चुनौतियाँ आती हैं, तो वे जवाबी रणनीति और योजना बनाने में अपना समय व ऊर्जा लगाते हैं। वे ऐसे सिस्टम बनाते हैं, ताकि वह समस्या दोबारा पैदा ही न हो।

ग़रीब और असफल लोग समस्या-केंद्रित होते हैं। वे अपना समय और ऊर्जा शिकायत करने व रोने-धोने में लगा देते हैं। समस्या ख़त्म करने के लिए वे शायद ही कभी कोई रचनात्मक समाधान खोज पाते हैं; उसे दोबारा पैदा होने से रोकने की बात तो रहने ही दें।

अमीर लोग अपनी समस्याओं से पीछे नहीं हटते हैं। वे समस्याओं से बचते

नहीं हैं। वे समस्याओं के बारे में शिकायत भी नहीं करते हैं। अमीर लोग वित्तीय योद्धा होते हैं। अपने एनलाइटन्ड वॉरियर ट्रेनिंग कैंप में हम योद्धा की परिभाषा इस तरह देते हैं, "जो ख़ुद को जीतता है।"

निष्कर्ष यह है कि अगर आप समस्याओं से निबटने और बाधाओं से उबरने में निपुण बन जाते हैं, तो आपको सफलता पाने से कौन रोक सकता है? जवाब है *कोई नहीं!* और अगर आपको कोई नहीं रोक सकता है, तो आप *अजेय बन जाते हैं!* और अगर आप अजेय बन जाते हैं, तो आपके पास अपने जीवन में कितने विकल्प होते हैं? जवाब है, आपके पास *सारे* विकल्प होते हैं। अगर आप अजेय बन चुके हैं, तो आपके लिए कोई भी चीज़ और हर चीज़ उपलब्ध है। आप बस उसे चुन लें और वह आपकी हो जाएगी! स्वतंत्रता इसी को तो कहते हैं!

घोषणाएँ : दिल पर हाथ रखकर कहें ...

"मैं किसी भी समस्या से ज़्यादा बड़ा हूँ।"

"मैं किसी भी समस्या से निबट सकता हूँ।"

अपना सिर छूकर कहें ...

"मेरे पास मिलियनेअर मस्तिष्क है!"

मिलियनेअर मस्तिष्क की गतिविधियाँ

1. जब आप किसी "बड़ी" समस्या के कारण विचलित महसूस कर रहे हों, तो ख़ुद की ओर इशारा करके कहें, "छोटा मैं, छोटा मैं।" फिर एक गहरी साँस लेकर ख़ुद से कहें, "मैं इससे निबट सकता हूँ। मैं किसी भी समस्या से ज़्यादा बड़ा हूँ।"

2. अपने जीवन की एक समस्या लिख लें। दस विशिष्ट कार्यों की सूची बनाएँ, जो आप इसे सुलझाने या कम से कम स्थिति को सुधारने के लिए कर सकते हैं। इससे आप समस्या चिंतन के बजाय समाधान चिंतन की ओर पहुँच जाएँगे। पहली बात, इसकी अच्छी संभावना है कि आप समस्या को सुलझा लेंगे। दूसरी बात, इससे आप काफ़ी बेहतर महसूस करने लगेंगे।

दौलत की फ़ाइल # 10

अमीर लोग उत्कृष्ट प्राप्तकर्ता होते हैं।
ग़रीब लोग ख़राब प्राप्तकर्ता होते हैं।

ज़्यादातर लोगों का अपनी पूर्ण वित्तीय क्षमता तक नहीं पहुँच पाने का अगर मुझे सबसे प्रमुख कारण बताना हो, तो वह यह होगा : अधिकांश लोग .ख़राब "प्राप्तकर्ता" (receivers) होते हैं। देने के मामले में वे अच्छे हों या न हों, लेकिन पाने के मामले में वे निश्चित रूप से .ख़राब होते हैं। और चूँकि वे पाने के मामले में .ख़राब होते हैं, इसलिए उन्हें कुछ नहीं मिलता है!

लोगों को कई कारणों से पाने में दिक्क़तें आती हैं। पहली बात, कई लोग ख़ुद को नाक़ाबिल या अयोग्य मानते हैं। यह बीमारी हमारे पूरे समाज में फैली हुई है। मेरा अनुमान है कि ९० प्रतिशत से भी ज़्यादा लोगों की नसों में यह भावना बह रही है कि वे पर्याप्त अच्छे नहीं हैं।

आत्मसम्मान की इस कमी का कारण क्या है? जवाब वही है - हमारी कंडीशनिंग। ज़्यादातर समय हम एक हाँ और बीस नहीं सुनते हैं, "तुम ग़लत काम कर रहे हो" के दस वाक्य और "तुम सही काम कर रहे हो" का एक वाक्य सुनते हैं, और "तुम मूर्ख हो" के पाँच वाक्य और "तुम ज़बर्दस्त हो" का एक वाक्य सुनते हैं।

भले ही हमारे माता-पिता हमारी तारीफ़ करते हों, लेकिन हममें से कई लोग महसूस करते हैं कि हम उनकी प्रशंसा और उम्मीदों पर लगातार खरे उतरने लायक़ नहीं हैं। तो एक बार फिर, हमें महसूस होता है कि हम पर्याप्त अच्छे नहीं हैं।

इसके अलावा, हममें से ज़्यादातर लोग जीवन में सज़ा की बुनियाद के साथ बड़े हुए हैं। यह अलिखित नियम बताता है कि अगर आप कोई ग़लत काम करते हैं, तो आपको सज़ा मिलेगी या मिलनी चाहिए। हममें से कुछ को माता-पिता ने सज़ा दी, कुछ को टीचर्स ने सज़ा दी ... और कुछ धार्मिक दायरों में तो हममें से कुछ को सबसे बड़ी सज़ा की धमकी दी गई, स्वर्ग नहीं मिलेगा की धमकी।

ज़ाहिर है, अब जब हम सब वयस्क हो चुके हैं, तो यह ख़त्म हो जाना चाहिए।

ठीक है ? ग़लत! अधिकांश लोगों के लिए सज़ा की कंडीशनिंग इतनी गहरी होती है कि अगर वे कोई ग़लती कर देते हैं या आदर्श काम नहीं करते हैं और उन्हें सज़ा देने के लिए आस-पास कोई नहीं होता, तो वे अवचेतन रूप से ख़ुद को ही सज़ा देने लगते हैं। जब वे छोटे थे, तो यह सज़ा इस रूप में होती थी, "तुमने ग़लत काम किया है, इसलिए तुम्हें कैंडी नहीं मिलेगी।" बहरहाल, आज यह सज़ा इस रूप में हो सकती है, "तुमने ग़लत काम किया है, इसलिए तुम्हें कोई पैसा नहीं मिलेगा।" इससे यह स्पष्ट होता है कि कुछ लोग अपनी आमदनी सीमित क्यों कर लेते हैं और अवचेतन रूप से अपनी ही सफलता में ख़ुद बाधा क्यों डालते हैं।

कोई हैरानी नहीं कि लोगों को पाने में मुश्किल होती है। एक छोटी सी ग़लती के कारण आप आजीवन दुख और ग़रीबी का बोझ उठाने के लिए अभिशप्त हो जाते हैं। आप कह सकते हैं, "यह तो बहुत कठोर है!" लेकिन कौन कहता है कि मस्तिष्क तार्किक या दयालु होता है ? एक बार फिर, प्रोग्रामिंग वाला मस्तिष्क एक फ़ाइल फोल्डर है, जिसमें अतीत की प्रोग्रामिंग, गढ़े गए अर्थ और नाटक तथा विनाश की कहानियाँ भरी पड़ी हैं। "समझदारी के काम" ऐसे दिमाग़ को रास नहीं आते हैं।

मैं अपने सेमिनारों में एक बात सिखाता हूँ, जिससे आप बेहतर महसूस कर सकते हैं। देखिए, अंततः इससे कोई फ़र्क़ नहीं पड़ता कि आप ख़ुद को क़ाबिल महसूस करते हैं या नहीं। आप दोनों ही तरीक़ों से अमीर बन सकते हैं। बहुत से दौलतमंद लोग ज़्यादा क़ाबिल महसूस नहीं करते हैं। दरअसल, यह अमीर बनने के लिए एक बड़ी प्रेरणा हो सकती है ... ख़ुद को और अपनी क़ाबिलियत को अपने या दूसरों के सामने *साबित* करना। ख़ुद को क़ाबिल समझना नेट वर्थ के लिए ज़रूरी है, यह विचार महज़ एक विचार है, जो असली दुनिया में सही साबित नहीं होता है। जैसा हम पहले कह चुके हैं, ख़ुद के सामने अपनी क़ाबिलियत साबित करके आप अमीर तो बन सकते हैं, लेकिन सुखी नहीं बन सकते हैं, इसलिए बेहतर यही होगा कि आप दूसरे कारणों से दौलत कमाएँ। लेकिन यहाँ आपके लिए यह जानना महत्वपूर्ण है कि नाक़ाबिलियत का एहसास आपको अमीर बनने से नहीं रोकेगा। सच तो यह है कि विशुद्ध आर्थिक दृष्टिकोण से यह एक प्रेरक शक्ति साबित हो सकता है।

यह कहने के बाद मैं आपको एक बात बहुत साफ़-साफ़ बताना चाहता हूँ।

इसे ध्यान से सुनें। यह आपके जीवन के सबसे महत्वपूर्ण पलों में से एक हो सकता है। क्या आप तैयार हैं ? तो सुनिए।

यह जान लें कि आप क़ाबिल हैं या नहीं, यह एक गढ़ी गई "कहानी" है। एक बार फिर कहता हूँ, किसी चीज़ का कोई अर्थ नहीं होता है, सिवाय उस अर्थ के जो हम उसे देते हैं। मैं आपके बारे में तो नहीं जानता, लेकिन मैंने ऐसे किसी व्यक्ति के बारे में नहीं सुना, जो पैदा होते ही "ठप्पे" की लाइन में खड़ा हो गया हो। क्या आप कल्पना कर सकते हैं कि हर व्यक्ति के पैदा होने के बाद ईश्वर उसके माथे पर ठप्पा लगा रहा हो ? "क़ाबिल ... नाक़ाबिल ... क़ाबिल ... क़ाबिल ... नाक़ाबिल। ओह... निश्चित रूप से नाक़ाबिल।" माफ़ कीजिए, मुझे नहीं लगता कि ऐसा होता है। कोई भी आप पर "क़ाबिल" या "नाक़ाबिल" का ठप्पा नहीं लगाता है। यह काम आप ख़ुद करते हैं। यह तस्वीर आप ख़ुद बनाते हैं। इसका फ़ैसला आप ख़ुद करते हैं। आप, और सिर्फ़ आप, ही यह तय करते हैं कि क्या आप क़ाबिल बनने वाले हैं। यह सीधे-सीधे आपका दृष्टिकोण होता है। अगर आप कहते हैं कि आप क़ाबिल हैं, तो आप हैं। अगर आप कहते हैं कि आप क़ाबिल नहीं हैं, तो आप नहीं हैं। दोनों ही तरह से आप अपनी लिखी कहानी के अनुसार जीवन जिएँगे। यह इतना महत्वपूर्ण है कि मैं इसे दोबारा कहना चाहता हूँ : आप अपनी लिखी कहानी के अनुसार जीवन जिएँगे। यह इतना ही आसान है।

दौलत का सिद्धांत :

अगर आप कहते हैं कि आप क़ाबिल हैं, तो आप हैं। अगर आप कहते हैं कि आप क़ाबिल नहीं हैं, तो आप नहीं हैं। दोनों ही तरह से आप अपनी लिखी कहानी के अनुसार जीवन जिएँगे।

तो फिर लोग अपना इतना बुरा क्यों करते हैं ? वे अपनी कहानी में यह क्यों लिखते हैं कि वे क़ाबिल नहीं हैं ? यह तो इंसान के मस्तिष्क की प्रकृति है, हमारा सुरक्षात्मक हिस्सा, जो हमेशा ग़लत चीज़ों की तलाश करता रहता है। क्या आपने कभी ग़ौर किया है कि गिलहरी इन चीज़ों की चिंता नहीं करती है ? क्या आप किसी गिलहरी के मुँह से यह सुनने की कल्पना कर सकते हैं,

"मैं इस साल जाड़ों के लिए ज़्यादा गिरी इकट्ठी नहीं करूँगी, क्योंकि मैं क़ाबिल नहीं हूँ?" संभव ही नहीं है, क्योंकि कम बुद्धि वाले ये प्राणी ख़ुद के साथ ऐसा कभी नहीं करेंगे। सिर्फ़ इस दुनिया के सबसे विकसित प्राणी यानी इंसान में ही ख़ुद को इस तरह सीमित करने की क्षमता होती है।

मैं अक्सर एक बात कहता हूँ, "अगर सौ फ़ुट ऊँचे ओक के पेड़ में इंसान का दिमाग़ होता, तो वह सिर्फ़ दस फ़ुट ही ऊँचा होता!" तो मेरा सुझाव है : चूँकि अपनी क़ाबिलियत के बजाय अपनी लिखी कहानी बदलना ज़्यादा आसान है, इसलिए अपनी क़ाबिलियत बदलने के बारे में चिंता करने के बजाय अपनी लिखी कहानी बदल लें। यह कहीं ज़्यादा तेज़ और सस्ता रास्ता है। बस, एक नई और ज़्यादा मददग़ार कहानी लिख लें और फिर उसके अनुरूप जीवन जिएँ।

आप कहते हैं, "ओह, लेकिन मैं यह नहीं कर सकता। मैं यह फ़ैसला कैसे कर सकता हूँ कि मैं क़ाबिल हूँ। यह फ़ैसला तो किसी और को करना चाहिए।" माफ़ कीजिए, मैं कहता हूँ, यह ठीक नहीं है। यानी मेरा मतलब है यह बकवास है! इससे कोई फ़र्क़ नहीं पड़ता कि कोई दूसरा व्यक्ति आपके बारे में इस वक़्त क्या कहता है या उसने अतीत में क्या कहा था, क्योंकि आपके यक़िन किए बिना उसकी बातों का कोई प्रभाव नहीं पड़ सकता। इसलिए यह काम किसी और को नहीं, आपको ही करना होगा। बहरहाल, आपको बेहतर महसूस कराने के लिए हम यह खेल आगे बढ़ाते हैं और अब मैं आपके लिए वह करूँगा, जो मैं मिलियनेअर माइंड इनटेंसिव सेमिनार में हज़ारों प्रतिभागियों के लिए करता हूँ : मैं व्यक्तिगत रूप से आपका अभिषेक करूँगा।

दौलत का सिद्धांत :

''अगर सौ फ़ुट ऊँचे ओक के पेड़ में इंसान का दिमाग़ होता,
तो वह सिर्फ़ दस फ़ुट ही ऊँचा होता!'' - टी. हार्व एकर

यह एक ख़ास समारोह होता है, इसलिए मैं आपसे कहता हूँ कि आप ध्यान भटकाने वाली चीज़ों से दूर रहें। चबाना बंद कर दें, फ़ोन पर बात करना बंद कर दें और जो भी काम कर रहे हों, उसे रोक दें। अगर आप पुरुष हैं, तो सूट और टाई पहन सकते हैं, हालाँकि टक्सेडो सबसे अच्छा रहेगा। अगर आप

महिला हैं, तो औपचारिक ईवनिंग गाउन और हील आदर्श रहेंगे। और अगर आपके पास कोई बेहतरीन या बिलकुल नई पोशाक न हो, तो यह निश्चित रूप से एक नई ड्रेस ख़रीदने का अवसर है। अगर उस पर डिज़ाइनर लेबल हो, तो ज़्यादा अच्छा रहेगा।

अगर आप तैयार हों, तो हम शुरू करते हैं। कृपया एक घुटने के बल बैठ जाएँ और अपना सिर सम्मान में झुका लें। तैयार, यह लीजिए। "मुझमें निहित शक्ति के द्वारा मैं आज से अनंत काल तक 'क़ाबिल' के रूप में आपका अभिषेक करता हूँ!"

ठीक है, हमने यह कर दिया। अब आप खड़े हो सकते हैं और अपना सिर तान सकते हैं, क्योंकि आख़िरकार आप क़ाबिल बन चुके हैं। बुद्धिमानी की इस सलाह पर चलें : "क़ाबिलियत" या "नाक़ाबिलियत" की बकवास पर भरोसा करना बंद कर दें और वे काम शुरू करें, जो अमीर बनने के लिए आपको करने चाहिए!

दूसरा प्रमुख कारण, जिसकी वजह से ज़्यादातर लोगों को पाने में समस्या आती है, यह है कि वे इस कहावत पर आँखें मूँदकर विश्वास करते हैं, "देना पाने से बेहतर है।" मैं इसे सभ्य भाषा में कहना चाहता हूँ : *कितनी बेतुकी बात है!* यह कहावत सरासर बकवास है और अगर आपने ग़ौर न किया हो, तो इसका प्रचार आम तौर पर वे लोग और समूह करते हैं, जो चाहते हैं कि आप दें और वे पाएँ।

पूरा विचार ही मूर्खतापूर्ण है। क्या बेहतर है – ठंडा या गर्म, बड़ा या छोटा, बायाँ या दायाँ, अंदर या बाहर ? देना और पाना एक ही सिक्के के दो पहलू हैं। जिसने भी यह फ़ैसला किया है कि देना पाने से बेहतर है, वह गणित में कमज़ोर रहा होगा। हर देने वाले के साथ एक पाने वाला भी होना चाहिए और हर पाने वाले के साथ एक देने वाला भी होना चाहिए।

दौलत का सिद्धांत :
हर देने वाले के साथ एक पाने वाला भी होना चाहिए और हर पाने वाले के साथ एक देने वाला भी होना चाहिए।

इस बारे में सोचें! अगर पाने के लिए कोई न हो, तो आप दे कैसे सकते हैं? दोनों को ही आदर्श संतुलन में रहना होगा, एक पर एक, आधा-आधा। चूँकि देना और पाना हमेशा एक-दूसरे के बराबर होना चाहिए, इसलिए उनका महत्व भी बराबर ही होना चाहिए।

इसके अलावा, देते समय कैसा महसूस होता है? हममें से ज़्यादातर लोग इस बात पर सहमत होंगे कि दान देने में अद्भुत संतुष्टि मिलती है। इसके विपरीत, कैसा महसूस होता है जब आप तो देना चाहते हैं, लेकिन सामने वाला पाने का इच्छुक न हो? हममें से ज़्यादातर लोग सहमत होंगे कि तब बहुत बुरा लगता है। तो यह बात जान लें : *अगर आप पाने के इच्छुक नहीं हैं, तो आप उन लोगों को "दूर भगा" रहे हैं, जो आपको देना चाहते हैं।*

आप दरअसल उन्हें उस ख़ुशी और सुख से वंचित रख रहे हैं, जो देने से मिलता है। इसके बजाय उन्हें बुरा महसूस होता है। क्यों? एक बार फिर, हर चीज़ ऊर्जा है और जब आप देना चाहते हैं, लेकिन दे नहीं पाते हैं, तो वह ऊर्जा अभिव्यक्त नहीं हो पाती और आप में ही फँसी रहती है। फिर वह "फँसी" ऊर्जा नकारात्मक भावों में बदल जाती है।

स्थिति इस बात से भी बुरी बन जाती है, क्योंकि पूरी तरह पाने के लिए इच्छुक नहीं होने के कारण आप ब्रह्मांड से कह रहे हैं कि वह आपको न दे! बात सीधी सी है : अगर आप अपना हिस्सा पाने के इच्छुक नहीं हैं, तो यह किसी दूसरे इच्छुक व्यक्ति के पास चला जाएगा। यह भी एक कारण है, जिससे अमीर लोग ज़्यादा अमीर और ग़रीब लोग ज़्यादा ग़रीब होते जाते हैं। इसलिए नहीं, क्योंकि अमीर लोग ज़्यादा क़ाबिल हैं, बल्कि इसलिए क्योंकि वे पाने के इच्छुक हैं, जबकि ज़्यादातर ग़रीब लोग नहीं हैं।

मैंने यह सबक़ बड़े स्तर पर सीखा, जब मैं जंगल में अकेला कैंपिंग कर रहा था। अपने दो दिन के डेरे के लिए मैंने सोने की जगह चुनी। मैंने तिरपाल को एक पेड़ पर बाँध दिया और फिर निचले हिस्से को ज़मीन पर बाँध दिया। इस तरह अपने सिर पर पैंतालीस डिग्री की छत बनाकर मैं सो गया। ईश्वर का शुक्र है कि मैंने यह छोटा सा आशियाना तैयार कर लिया था, क्योंकि सारी रात बारिश हुई। जब मैं सुबह अपने आशियाने से बाहर निकला, तो मैंने देखा कि मैं और तिरपाल के नीचे की हर चीज़ सूखी थी। बहरहाल, उसी समय मैंने

इस बात पर भी ग़ौर किया कि तिरपाल के एक छोर के नीचे ढेर सारा पानी जमा हो गया था। अचानक मैंने अपने भीतर की आवाज़ को कहते सुना, "प्रकृति प्रचुरता का भंडार है और भेदभाव नहीं करती है। जब बारिश होती है, तो पानी कहीं न कहीं तो जाएगा। अगर एक हिस्सा सूखा है, तो दूसरा हिस्सा दोगुना गीला होगा।" वहाँ भरे पानी के पास खड़े होते समय मुझे एहसास हुआ कि पैसे के साथ भी बिलकुल यही होता है। यह प्रचुर मात्रा में उपलब्ध है। ट्रिलियनों डॉलर आस-पास तैर रहे हैं। पैसा निश्चित रूप से बहुतायत से है और इसे कहीं न कहीं तो जाना है। सौदा यह है : अगर कोई अपना हिस्सा पाने का इच्छुक नहीं है, तो यह किसी दूसरे इच्छुक व्यक्ति के पास चला जाएगा। बारिश को परवाह नहीं होती है कि वह कहाँ जाती है; पैसे को भी नहीं होती है।

मिलियनेअर माइंड सेमिनार में इस बिंदु पर मैं लोगों को यह विशेष प्रार्थना सिखाता हूँ, जो मैंने तिरपाल के नीचे वाले अनुभव के बाद बनाई है। ज़ाहिर है, यह थोड़ी बड़बोली है, लेकिन सीख स्पष्ट है। यह इस तरह है : "ब्रह्मांड, अगर किसी के पास कोई बेहतरीन चीज़ आ रही हो, लेकिन वह उसे लेने का इच्छुक न हो, तो वह चीज़ मेरे पास भेज दो। मैं तुम्हारे सारे वरदान पाने का इच्छुक हूँ। धन्यवाद।" मैं सभी श्रोताओं से इसे अपने साथ दोहराने को कहता हूँ और वे जोश में आ जाते हैं! वे रोमांचित हो उठते हैं, क्योंकि पाने के लिए पूरी तरह इच्छुक होना बहुत रोमांचक एहसास होता है। इसमें बहुत अच्छा महसूस होता है, क्योंकि ऐसा करना बिलकुल स्वाभाविक है। आपने इसके विपरीत चाहे जो सोचा हो, वह सिर्फ़ मनगढ़ंत "कहानी" है, जो आपका या किसी का भी भला नहीं कर रही है। अपनी कहानी को दूर जाने दें और पैसे को पास आने दें।

अमीर लोग कड़ी मेहनत करते हैं और यक़ीन करते हैं कि उनकी मेहनत और दूसरों को दिए गए मूल्य के बदले में उन्हें अच्छा पुरस्कार मिलना बिलकुल वाज़िब है। ग़रीब लोग कड़ी मेहनत करते हैं, लेकिन अपनी नाक़ाबिलियत की भावनाओं के कारण यक़ीन करते हैं कि उनकी मेहनत और उपलब्ध कराए गए मूल्य के बदले में उन्हें अच्छा पुरस्कार मिलना उचित नहीं है। उनका यह विश्वास उन्हें आदर्श पीड़ित बना देता है और ज़ाहिर है, अगर आपको अच्छा पुरस्कार मिलता है, तो आप "अच्छे" पीड़ित कैसे बन सकते हैं ?

कई ग़रीब लोगों को यह ख़ुशफ़हमी होती है कि ग़रीब होने के कारण वे ज़्यादा अच्छे हैं। न जाने क्यों उन्हें यह यक़ीन होता है कि वे ज़्यादा धार्मिक, पवित्र या अच्छे हैं। बकवास! ग़रीब लोग सिर्फ़ एक चीज़ हैं – ग़रीब। मेरे कोर्स में एक आदमी भाग ले रहा था और वह मेरे पास आँसू बहाते हुए आया। वह कहने लगा, "मैं यह नहीं समझ पा रहा हूँ कि अपने पास ढेर सारा पैसा होने पर मैं अच्छा महसूस कैसे कर सकता हूँ, जबकि बाक़ी लोगों के पास इतना कम पैसा है।" मैंने उससे कुछ आसान सवाल पूछे : "अगर आप ग़रीब हैं, तो इससे आप ग़रीब लोगों को किस तरह फ़ायदा पहुँचा रहे हैं? कंगाल रहकर आप उनकी मदद कैसे कर सकते हैं? क्या आप सिर्फ़ एक और ग़रीब नहीं हैं, जिसे खिलाया जाना है? क्या यह ज़्यादा अच्छा नहीं रहेगा कि आप दौलत बना लें और फिर कमज़ोरी के बजाय ताक़त के साथ ग़रीबों की मदद करने की कोशिश करें?"

उसने रोना छोड़ दिया और बोला, "पहली बार मुझे बात समझ में आई है। मैं यक़ीन नहीं कर सकता कि मैं कितनी बकवास बातें सोच रहा था। हार्व, मुझे यक़ीन है कि अब मेरे अमीर बनने का समय आ गया है, ताकि मैं दूसरों की मदद कर सकूँ। धन्यवाद।" वह नया इंसान बनकर अपनी सीट पर बैठ गया। कुछ समय पहले मुझे उसका ई-मेल मिला, जिसमें उसने मुझे बताया कि वह अब पहले से दस गुना कमाई कर रहा है और इसे लेकर बहुत अच्छा भी महसूस कर रहा है। उसने कहा, सबसे अच्छी बात यह है कि उसे अपने कुछ कड़के दोस्तों और परिवार वालों की मदद करने में बहुत अच्छा महसूस होता है।

यह मुझे एक महत्वपूर्ण बिंदु की ओर ले जाता है : अगर आपके पास बहुत से पैसे कमाने की क्षमता है, तो कमा लें। क्यों? क्योंकि सच्चाई तो यह है कि हम बहुत सौभाग्यशाली हैं, जो वर्तमान समाज में रह रहे हैं, क्योंकि इस समाज में रहने वाला हर व्यक्ति दुनिया के कई अन्य हिस्सों में रहने वाले व्यक्तियों की तुलना में बहुत अमीर है। कुछ लोगों को बहुत से पैसे हासिल करने का कभी मौक़ा ही नहीं मिलता है। अगर आप उन ख़ुशक़िस्मत लोगों में से एक हों, जिनमें ऐसा करने की योग्यता हो (और आपमें से हर एक इतना ही ख़ुशक़िस्मत है, वरना आप इस तरह की पुस्तक नहीं पढ़ रहे होते), तो आप अपनी पूरी योग्यता का इस्तेमाल कर लें। सचमुच अमीर बनें और फिर उन लोगों की मदद करें, जिनके पास आपके जैसे अवसर नहीं हैं। कंगाल बनने और किसी

की मदद न करने के बजाय इसमें मुझे ज़्यादा समझदारी दिखती है।

ज़ाहिर है, कुछ लोग इसके बाद भी कहेंगे, "पैसा मुझे बदल देगा। अमीर बनने के बाद मैं लोभी बन सकता हूँ।" पहली बात तो यह है कि सिर्फ़ ग़रीब लोग ही ऐसा कहते हैं। यह उनकी असफलता को छिपाने का एक और बहाना होता है। यह बहाना उनके वित्तीय बगीचे की एक अंदरूनी "खरपतवार" से आता है। इसे गंभीरता से न लें!

दूसरे, मैं यह बात साफ़ कर देना चाहता हूँ। *पैसा आपको सिर्फ़ वही ज़्यादा बनाएगा, जो आप पहले से हैं।* अगर आप ओछे हैं, तो पैसा आपको ज़्यादा ओछा होने का मौक़ा देगा। अगर आप दयालु हैं, तो पैसा आपको ज़्यादा दयालु होने का मौक़ा देगा। अगर आप दिल से लोभी हैं, तो पैसा आने के बाद आप ज़्यादा लोभी बन सकते हैं। अगर आप उदार हैं, तो ज़्यादा पैसे से आप ज़्यादा दयालु बन सकते हैं। और जो आपको इससे अलग बात बताता है, वह *कंगाल* है!

दौलत का सिद्धांत :
पैसा आपको सिर्फ़ वही ज़्यादा बनाएगा, जो आप पहले से हैं।

तो क्या करें ? अच्छा प्राप्तकर्ता कैसे बनें ?

पहली बात, ख़ुद को पोषण देना शुरू करें। याद रखें, लोग आदतों के ग़ुलाम होते हैं, इसलिए आपको चेतन रूप से वे सर्वश्रेष्ठ चीज़ें पाने का अभ्यास करना होगा, जो ज़िंदगी आपको दे सकती है।

हम मिलियनेअर माइंड इनटेंसिव सेमिनार में धन प्रबंधन तंत्र की एक प्रमुख तकनीक सिखाते हैं। हम आपसे एक "खेल" (play) अकाउंट बनाने को कहते हैं, जहाँ आप निश्चित धनराशि ऐसी चीज़ों पर ख़र्च करते हैं, जिनसे आपको बेहतरीन एहसास होता है और जो आपको "मिलियनेअर की तरह" महसूस कराती हैं। यह अकाउंट आपकी क़ाबिलियत साबित करने और "पाने की मांसपेशी" को मज़बूत करने में मदद करता है।

दूसरी बात, मैं चाहता हूँ कि आपको जब भी पैसा मिले, तो आप रोमांच और कृतज्ञता प्रकट करने की आदत डाल लें। बड़ी अजीब बात है कि जब मैं कंगाल था और मुझे ज़मीन पर कोई सिक्का पड़ा दिखता था, तो मैं उसे उठाने के लिए कभी नीचे नहीं झुका। बहरहाल, अब जब मैं अमीर बन चुका हूँ, तो मैं पैसे जैसी दिखने वाली हर चीज़ उठा लेता हूँ। फिर मैं उसे ख़ुशक़िस्मती के लिए चूमता हूँ और ज़ोर से घोषणा करता हूँ, "मैं धन खींचने वाला चुंबक हूँ। धन्यवाद, धन्यवाद।"

मैं उस समय यह मूल्यांकन नहीं करता हूँ कि पैसा कितना है। पैसा पैसा होता है और पैसा मिलना ब्रह्मांड का वरदान है। अब जब मैं अपनी हर मनचाही चीज़ पाने के लिए पूरी तरह इच्छुक हूँ, तो वह मुझे मिल जाती है!

अगर आप दौलत बनाना चाहते हैं, तो उसे पाने के लिए तैयार और इच्छुक होना बहुत महत्वपूर्ण है। अगर आप उसे क़ायम रखना चाहते हैं, तब भी यह बहुत महत्वपूर्ण है। अगर आप ख़राब प्राप्तकर्ता हैं और किसी तरह आपको ढेर सारा पैसा मिल भी जाता है, तो इस बात की काफ़ी संभावना है कि यह तत्काल चला जाएगा। एक बार फिर, "पहले अंदर, फिर बाहर।" पहले अपने पाने वाले "बर्तन" को बड़ा बनाएँ। फिर देखें, इसे भरने के लिए पैसा किस तरह आता है।

एक बार फिर कहूँगा, ब्रह्मांड निर्वात को पसंद नहीं करता है। दूसरे शब्दों में, ख़ाली जगह हमेशा भर जाएगी। क्या आपने कभी देखा है कि ख़ाली गैरेज या अलमारी के साथ क्या होता है? आम तौर पर यह ज़्यादा समय तक ख़ाली नहीं रहती है ना? क्या आपने कभी इस अजीब बात पर ग़ौर किया है कि किसी काम को करने में हमेशा उतना ही समय लगता है, जितना दिया जाता है? जब आप पाने की क्षमता बढ़ा लेंगे, तो आप ज़्यादा पाने लगेंगे।

इसके अलावा, जब आप पाने के लिए सचमुच तैयार हो जाएँगे, तो आपकी बाक़ी की ज़िंदगी भी बेहतर बन जाएगी। न सिर्फ़ आप ज़्यादा पैसा पाने लगेंगे, बल्कि ज़्यादा प्रेम, शांति, ख़ुशी और संतुष्टि भी पाने लगेंगे। क्यों? एक और सिद्धांत के कारण, जिसका मैं निरंतर प्रयोग करता हूँ, "आप एक चीज़ जिस तरह से करते हैं, हर चीज़ उसी तरह से करते हैं।"

दौलत का सिद्धांत ः
आप एक चीज़ जिस तरह से करते हैं, हर चीज़ उसी तरह से करते हैं।

आप एक क्षेत्र में जिस तरह के हैं, आम तौर पर सभी क्षेत्रों में उसी तरह के होते हैं। अगर आप पैसा पाने से ख़ुद को रोक रहे हैं, तो इस बात की पूरी संभावना है कि आप जीवन की हर अच्छी चीज़ पाने से ख़ुद को रोक रहे होंगे। मस्तिष्क आम तौर पर अलग से यह नहीं बताता है कि पाने के मामले में आप किन-किन क्षेत्रों में ख़राब हैं। दरअसल, यह विपरीत मामला है ः मस्तिष्क को हर मामले में साधारणीकरण करने की आदत होती है और वह कहता है, "जैसा यह है, वैसा ही है, हर जगह और हमेशा।"

अगर आप ख़राब प्राप्तकर्ता हैं, तो आप सभी क्षेत्रों में ख़राब हैं। अच्छी ख़बर यह है कि जब आप उत्कृष्ट प्राप्तकर्ता बन जाते हैं, तो आप हर जगह उत्कृष्ट प्राप्तकर्ता बन जाएँगे ... और उन *सभी* चीज़ों को पाने के लिए तैयार होंगे, जो ब्रह्मांड आपके जीवन के *सभी* क्षेत्रों में दे सकता है।

जब आपको अपनी सारी नियामतें मिलें, तो आपको जो इकलौती चीज़ याद रखनी है, वह है "धन्यवाद" कहते रहना।

घोषणा ः दिल पर हाथ रखकर कहें ...

"मैं एक उत्कृष्ट प्राप्तकर्ता हूँ। मैं अपने जीवन में ढेर सारा पैसा पाने के लिए तैयार और इच्छुक हूँ।"

अपना सिर छूकर कहें ...

"मेरे पास मिलियनेअर मस्तिष्क है!"

मिलियनेअर मस्तिष्क की गतिविधियाँ

1. उत्कृष्ट प्राप्तकर्ता बनने का अभ्यास करें। जब कोई किसी तरह भी आपकी प्रशंसा करे, तो हर बार यही कहें "धन्यवाद।" उस व्यक्ति को उसी समय वह प्रशंसा न लौटाएँ। प्रशंसा को पूरी तरह ग्रहण कर

लें, उसे "लौटाएँ" नहीं, जैसा ज़्यादातर लोग करते हैं। इससे प्रशंसा करने वाले व्यक्ति को उपहार देने की ख़ुशी मिलती है, क्योंकि आप उसे उसी की ओर वापस नहीं उछाल देते हैं।

2. आपको जो भी, और मेरा मतलब है, *जो भी* पैसा मिले, उसका जोश के साथ जश्न मनाना चाहिए। चिल्लाकर कहें, "मैं पैसे का चुंबक हूँ। धन्यवाद, धन्यवाद, धन्यवाद।" यह उस पैसे के लिए है, जो आपको ज़मीन पर पड़ा मिलता है, जो आपको उपहार में मिलता है, जो आपको सरकार से मिलता है, जो आपको तनख़्वाह के रूप में मिलता है और जो आपको अपने बिज़नेस से मिलता है। याद रखें, ब्रह्मांड आपकी मदद करने के लिए कृतसंकल्प है। अगर आप यह घोषणा करते रहेंगे कि आप पैसे के चुंबक हैं और ख़ासकर अगर आपके पास इसका प्रमाण होगा, तो ब्रह्मांड सिर्फ़ यही कहेगा, "ठीक है," और आपकी ओर ज़्यादा पैसा भेज देगा।

3. ख़ुद को लाड़ करें। महीने में कम से कम एक बार ख़ुद को और अपनी आत्मा को तृप्त करने के लिए कोई ख़ास काम करें। मसाज, मेनिक्योर या पेडिक्योर करवाएँ, ख़ुद को आलीशान लंच या डिनर पर ले जाएँ, नाव या वीकएंड कॉटेज किराए पर लें, किसी से अपना नाश्ता बिस्तर पर बुलवाएँ (इसके लिए आपको किसी मित्र या पारिवारिक सदस्य के साथ अदला-बदली करनी पड़ सकती है)। ऐसे काम करें, जिनसे आपको अमीर और हक़दार महसूस करने की इजाज़त मिले। एक बार फिर, इस तरह के अनुभव से आप कंपन की जो ऊर्जा संप्रेषित करते हैं, वह ब्रह्मांड को यह संदेश भेजेगी कि आप समृद्ध जीवन जीते हैं। यह संदेश पाकर ब्रह्मांड अपना काम करते हुए कहेगा, "ठीक है" और आपकी ओर ज़्यादा अवसर भेज देगा।

दौलत की फ़ाइल #11

अमीर लोग अपने परिणामों के आधार पर भुगतान का विकल्प चुनते हैं। ग़रीब लोग अपने लगाए गए समय के आधार पर भुगतान चाहते हैं।

क्या आपने कभी यह सलाह सुनी है : "स्कूल जाओ, अच्छे नंबर लाओ, अच्छी नौकरी करो, स्थायी वेतन पाओ, समय पर काम पर जाओ, कड़ी मेहनत करो ... और फिर तुम हमेशा सुखी रहोगे?" मैं आपके बारे में तो नहीं जानता, लेकिन मैं तो इसकी लिखित गारंटी चाहूँगा। दुर्भाग्य से, यह समझदारी भरी सलाह *परी कथाओं की पुस्तक, खंड एक* से आती है।

मैं इस पूरे कथन को धराशायी करने की जहमत नहीं उठाऊँगा। आप अपने अनुभव और अपने आस-पास के हर व्यक्ति के जीवन को देखकर ऐसा ख़ुद कर सकते हैं। मैं तो इस "स्थायी" वेतन के पीछे के विचार पर चर्चा करना चाहूँगा। स्थायी वेतन पाने में कुछ ग़लत नहीं है, बशर्ते यह अपनी पूरी क़ाबिलियत के मुताबिक अधिकतम कमाने की आपकी क्षमता में हस्तक्षेप न करे। यही तो दिक्क़त है। आम तौर पर यह दिक्क़त आती ही है।

दौलत का सिद्धांत :

स्थायी वेतन पाने में कुछ ग़लत नहीं है, बशर्ते यह अपनी पूरी क़ाबिलियत के मुताबिक अधिकतम कमाने की आपकी क्षमता में हस्तक्षेप न करे। यही तो दिक्क़त है।

ग़रीब लोग भुगतान के लिए स्थायी तनख़्वाह या घंटे के आधार पर पारिश्रमिक पाने का चुनाव करते हैं। उन्हें "सुरक्षा" के इस एहसास की ज़रूरत होती है कि हर महीने उनके पास निश्चित राशि आ रही है। वे यह जानते ही नहीं हैं कि इस सुरक्षा की एक क़ीमत होती है और वह क़ीमत है दौलत।

सुरक्षा पर आधारित जीवन डर पर आधारित होता है। आप दरअसल यह कह रहे हैं, "मुझे डर है कि मैं अपने प्रदर्शन के आधार पर पर्याप्त नहीं

कमा पाऊँगा, इसलिए मैं सिर्फ़ आजीविका चलाने या आरामदेह बनने लायक़ आमदनी के साथ समझौता करता हूँ।"

अमीर लोग अपने परिणामों के आधार पर भुगतान पाना पसंद करते हैं, अगर पूरी तरह नहीं, तो कम से कम आंशिक रूप से ही सही। अमीर लोग आम तौर पर किसी न किसी तरह अपने ख़ुद के बिज़नेस के मालिक होते हैं। वे अपने लाभ से अपनी आमदनी हासिल करते हैं। अमीर लोग कमीशन या लाभ के प्रतिशत पर काम करते हैं। वे ऊँची तनख़्वाह के बजाय स्टॉक ऑप्शन्स या लाभ में हिस्सेदारी लेने का विकल्प चुनते हैं। ग़ौर करें कि इन चीज़ों में कोई गारंटी नहीं होती है। जैसा पहले बताया जा चुका है, पैसों की दुनिया में पुरस्कार आम तौर पर जोखिम के अनुपात में होते हैं।

अमीर लोगों को ख़ुद पर यक़ीन होता है। उन्हें अपने मूल्य और इसे जनता तक पहुँचाने की अपनी योग्यता पर यक़ीन होता है। ग़रीब लोगों को ख़ुद पर यक़ीन नहीं होता है। इसीलिए उन्हें "गारंटी" की ज़रूरत होती है।

हाल में मेरा पाला एक पब्लिक रिलेशन्स परामर्शदाता से पड़ा, जो चाहती थी कि मैं उसे हर महीने 4,000 डॉलर की फ़ीस दूँ। मैंने उससे पूछा कि 4,000 डॉलर की फ़ीस के बदले में मुझे क्या मिलेगा। उसने जवाब दिया कि इसके बदले में मुझे मीडिया में हर महीने कम से कम 20,000 डॉलर का प्रचार-प्रसार मिलेगा। मैंने कहा, "अगर आप इसके आस-पास परिणाम नहीं दे पाईं, तो क्या होगा?" उसने जवाब दिया कि चूँकि वह अपना समय लगा रही है, इसलिए वह इतनी फ़ीस की हक़दार है।

मैंने जवाब दिया, "आपके समय की फ़ीस देने में मेरी कोई दिलचस्पी नहीं है। मेरी दिलचस्पी तो एक विशिष्ट परिणाम के लिए फ़ीस देने में है और अगर आप वह परिणाम नहीं दे पाती हैं, तो मैं आपको पैसे क्यों दूँ? दूसरी तरफ़, अगर आप इससे ज़्यादा अच्छे परिणाम देती हैं, तो आपको ज़्यादा फ़ीस मिलनी चाहिए। मेरा प्रस्ताव यह है : आप मुझे मीडिया में जितने मूल्य का प्रचार-प्रसार दिलवाएँगी, मैं आपको उसकी पचास प्रतिशत फ़ीस दूँगा। आपके बताए आँकड़ों के अनुसार इसका मतलब यह है कि मैं आपको हर महीने दस हज़ार डॉलर दूँगा, जो आपकी फ़ीस से ढाई गुनी रकम है।"

क्या वह इसके लिए तैयार हो गई? बिलकुल नहीं! क्या वह कंगाल थी?

हाँ! और वह ज़िंदगी भर ऐसी ही रहेगी या कम से कम जब तक उसे यह पता नहीं चल जाता कि अमीर बनने के लिए अपने परिणामों के आधार पर भुगतान लेना चाहिए।

ग़रीब लोग पैसे के बदले में अपना समय देते हैं। इस रणनीति के साथ समस्या यह है कि आपका समय सीमित है। इसका मतलब है कि आप हमेशा दौलत के नियम #1 को तोड़ते हैं, जो कहता है, "अपनी आमदनी को कभी सीमाओं में न बाँधें।" अगर आप अपने समय के हिसाब से भुगतान पाने का चुनाव करते हैं, तो आप काफ़ी हद तक दौलत की अपनी संभावना का गला घोंट रहे हैं।

दौलत का सिद्धांत :

अपनी आमदनी को कभी सीमाओं में न बाँधें।

यह नियम निजी सेवा व्यवसाय पर भी लागू होता है, जहाँ आम तौर पर आपको अपने समय के बदले में भुगतान मिलता है। इसीलिए वकील, अकाउंटेंट और परामर्शदाता, जो कंपनी में पार्टनर न हों – और बिज़नेस के लाभ में हिस्सेदार न हों – औसत वित्तीय ज़िंदगी बिताते हैं।

मान लें, आप पेन का बिज़नेस करते हों और आपको पचास हज़ार पेन का ऑर्डर मिल जाए। ऐसा होने पर आप क्या करते हैं? आप अपने सप्लायर को फ़ोन करके पचास हज़ार पेन का ऑर्डर देते हैं और उन्हें भिजवाकर ख़ुशी-ख़ुशी अपना लाभ गिनने लगते हैं। दूसरी तरफ़, मान लें आप मसाज थैरेपिस्ट हों और इतने सौभाग्यशाली हों कि पचास हज़ार लोग आपकी दुकान के बाहर लाइन लगाकर खड़े हो जाएँ और सभी आपसे ही मालिश करवाना चाहें। आप क्या करेंगे? आप ख़ुद को गोली मार लेंगे कि मैं क्यों पेन के बिज़नेस में नहीं हूँ। आप और कर भी क्या सकते हैं? लाइन के सबसे आख़िर में खड़े व्यक्ति को यह समझाने की कोशिश करें कि शायद उन्हें "थोड़ी देर" हो जाएगी, क्योंकि उनका अपॉइंटमेंट आज से चालीस साल बाद मंगलवार को सवा तीन बजे है!

मैं यह नहीं कह रहा हूँ कि निजी सेवा व्यवसाय करने में कोई बुराई है। बस

उसमें फटाफट अमीर बनने की उम्मीद न करें, जब तक कि आप ख़ुद को डुप्लीकेट करने या लीवरेज करने का कोई तरीक़ा न खोज लें।

अपने सेमिनारों में मैं अक्सर ऐसे कर्मचारियों से मिलता हूँ, जो तनख़्वाह या घंटे के आधार पर भुगतान पाते हैं। वे मुझसे शिकायत करते हैं कि उन्हें उतना पैसा नहीं मिल रहा है, जितने के वे हक़दार हैं। मेरी प्रतिक्रिया होती है, "किसकी राय में? मुझे यक़ीन है कि आपके बॉस की राय में आपको वाज़िब भुगतान मिल रहा है। आप तनख़्वाह की चक्की से उतर क्यों नहीं जाते हैं? आप अपने प्रदर्शन के आधार पर पूर्ण या आंशिक भुगतान की माँग क्यों नहीं करते हैं? या अगर यह संभव न हो, तो आप ख़ुद का बिज़नेस शुरू क्यों नहीं करते? फिर आपको पता चल जाएगा कि आप अपनी योग्यता जितना ही कमा रहे हैं।" न जाने क्यों, मेरी इस सलाह से वे लोग संतुष्ट नहीं होते हैं। ज़ाहिर है, वे लोग तो बाज़ार में अपने "सच्चे" मूल्य की जाँच करने की बात सोचकर ही दहशत में आ जाते हैं।

अक्सर ज़्यादातर लोगों को अपने परिणामों के आधार पर भुगतान पाने में सबसे बड़ा डर यह होता है कि वे अपनी पुरानी कंडीशनिंग से बाहर निकलने में डरते हैं। मेरे अनुभव में स्थायी तनख़्वाह की चकरघिन्नी में फँसे ज़्यादातर लोगों के अतीत की प्रोग्रामिंग उन्हें बताती है कि यह काम के बदले भुगतान पाने का "सामान्य" तरीक़ा है।

आप अपने माता-पिता को दोष नहीं दे सकते। (मेरा अनुमान है कि अगर आप अच्छे पीड़ित हैं, तो आप ऐसा कर भी सकते हैं।) ज़्यादातर माता-पिता कुछ ज़्यादा ही सुरक्षा चाहते हैं, इसलिए स्वाभाविक रूप से वे अपने बच्चों के लिए सुरक्षित रोज़गार चाहते हैं। जैसा आपको शायद पहले ही पता चल चुका होगा, नियमित तनख़्वाह पर काम नहीं करने वाले व्यक्ति के माता-पिता आम तौर पर यह लोकप्रिय वाक्य बोलते हैं, "तुम ढंग की नौकरी कब करोगे?"

मुझे याद है, मेरे माता-पिता ने भी मुझसे यही सवाल पूछा था। शुक्र है, मेरा जवाब था, "उम्मीद है कभी नहीं!" इस पर मेरी माँ बौखला गईं। बहरहाल, मेरे पिता ने कहा, "अच्छा है। निश्चित तनख़्वाह पर किसी दूसरे के लिए काम करके तुम कभी अमीर नहीं बन पाओगे। अगर तुम नौकरी करना ही चाहो, तो यह सुनिश्चित करना कि तुम्हें प्रतिशत में भुगतान मिले। वरना, ख़ुद के लिए काम करना!"

मैं भी आपको प्रोत्साहित करता हूँ कि आप "ख़ुद के लिए काम करें।" अपना ख़ुद का बिज़नेस शुरू करें, कमीशन पर काम करें, आमदनी या कंपनी के लाभ का प्रतिशत लें या स्टॉक ऑप्शन्स लें। साधन चाहे जो हो, बस यह सुनिश्चित करें कि आपको अपने परिणामों के आधार पर भुगतान मिले।

व्यक्तिगत रूप से मैं मानता हूँ कि हर व्यक्ति को बिज़नेस का मालिक होना चाहिए, चाहे वह बिज़नेस फ़ुल-टाइम हो या पार्ट-टाइम। पहला कारण यह है *कि ज़्यादातर मिलियनेअर अपने ख़ुद के बिज़नेस से अमीर बने हैं।*

दूसरा कारण यह है कि दौलत बनाना बहुत मुश्किल हो जाता है, जब टैक्स अधिकारी आपकी आमदनी का लगभग आधा हिस्सा हड़पने के लिए तैयार बैठा हो। जब आप अपने बिज़नेस के मालिक होते हैं, तो आप टैक्सों में बहुत सा पैसा बचा लेते हैं, क्योंकि आप अपने कुछ ख़र्च जैसे कार, यात्रा, शिक्षा और यहाँ तक कि मकान पर भी टैक्स की बचत कर लेते हैं। सिर्फ़ इसी कारण से अपना ख़ुद का बिज़नेस बनाना लाभदायक साबित हो सकता है।

अगर आपके पास किसी बिज़नेस की कोई ज़ोरदार योजना न हो, तो चिंता न करें : आप किसी दूसरे की योजना का इस्तेमाल कर सकते हैं। पहली बात, आप सेल्समैन बनकर कमीशन पर काम कर सकते हैं। बेचना दुनिया के सबसे ज़्यादा भुगतान वाले व्यवसायों में से एक है। इसमें निपुण लोग ढेर सारी कमाई कर सकते हैं। दूसरी बात, आप नेटवर्क मार्केटिंग कंपनी से जुड़ सकते हैं। दर्जनों अच्छी कंपनियाँ हैं और उनके पास वे सभी प्रॉडक्ट्स तथा सिस्टम्स हैं, जो आपको शुरुआत में चाहिए। सिर्फ़ कुछ रुपयों में आप डिस्ट्रिब्यूटर बन सकते हैं और बहुत कम प्रशासनिक दिक्क़तों के साथ बिज़नेस मालिक बनने के सभी लाभ उठा सकते हैं।

अगर आपको नेटवर्क मार्केटिंग बिज़नेस जँचता हो, तो यह दौलत के लिए आपका हवाई जहाज़ बन सकता है। लेकिन, और यह एक बड़ा लेकिन है, एक पल के लिए भी यह न सोचें कि आप मुफ़्त में सवारी करने वाले हैं। नेटवर्क मार्केटिंग बिज़नेस तभी काम करेगा, जब आप काम करेंगे। इसमें सफलता पाने के लिए प्रशिक्षण, समय और ऊर्जा की ज़रूरत होगी। लेकिन अगर आप इसमें सफल हो जाते हैं, तो 20,000 से 50,000 डॉलर तक की मासिक आमदनी - हाँ, मासिक - कोई असाधारण बात नहीं है। चाहे जो हो, सिर्फ़ साइन करने और पार्ट-टाइम डिस्ट्रिब्यूटर बनने भर से आपको टैक्स में बेहतरीन

छूट मिल जाएगी और कौन जाने, शायद आपको प्रॉडक्ट इतना पसंद आ जाए कि आप इसे दूसरों को बेच लें और आपको अच्छी आय भी हो जाए।

एक और विकल्प अपनी "नौकरी" के बदले में "अनुबंध" (contract) करना है। अगर आपका बॉस इसके लिए तैयार हो जाए, तो वह आपके बजाय आपकी कंपनी को भुगतान देगा, उसी काम के लिए, जो आप इस वक़्त कर रहे हैं। इसके लिए कुछ क़ानूनी ज़रूरतों को पूरा करना पड़ता है, लेकिन ज़्यादातर मामलों में अगर आपके पास एक-दो और क्लाएंट हों, भले ही वे पार्ट-टाइम हों, तो आपको कर्मचारी के बजाय बिज़नेस मालिक के रूप में भुगतान किया जा सकता है और आप बिज़नेस मालिक के टैक्स लाभों का आनंद ले सकते हैं। कौन जाने, ये पार्ट-टाइम क्लाएंट आगे चलकर फ़ुल-टाइम क्लाएंट बन जाएँ और आपको लीवरेज करने का मौक़ा मिल जाए। हो सकता है, आप सारा काम करने के लिए दूसरे लोगों को नौकरी पर रख लें और अंततः फ़ुल-टाइम बिज़नेस के मालिक बन जाएँ।

आप सोच सकते हैं, "मेरा बॉस इसके लिए कभी तैयार नहीं होगा।" मैं इस बारे में इतनी गारंटी से कुछ नहीं कहूँगा। आपको यह बात समझनी होगी कि किसी कर्मचारी पर कंपनी को बहुत ख़र्च करना पड़ता है। कंपनी को न सिर्फ़ तनख़्वाह देनी पड़ती है, बल्कि इसके अलावा सरकार को उस तनख़्वाह का 25 प्रतिशत या इससे ज़्यादा टैक्स के रूप में देना होता है। इसमें ज़्यादातर कर्मचारियों को मिलने वाले लाभों की क़ीमत भी जोड़ दें, तो शायद सब मिलाकर तनख़्वाह का 50 प्रतिशत हो जाता है। अब अगर कंपनी आपको स्वतंत्र परामर्शदाता के रूप में अनुबंध पर रखती है, तो इसमें कंपनी की लगभग 50 प्रतिशत बचत हो जाती है। ज़ाहिर है, इसके बाद आपको कर्मचारी के रूप में मिलने वाले लाभ नहीं मिलेंगे, लेकिन आप टैक्स में ही इतना बचा लेंगे कि उससे अपनी मनचाही चीज़ ख़रीद सकते हैं।

अंत में, अपने वास्तविक मूल्य के अनुरूप कमाने का एकमात्र तरीक़ा अपने परिणामों के आधार पर भुगतान पाना है। एक बार फिर, मेरे डैडी ने इसे बेहतरीन तरीक़े से कहा था : "निश्चित तनख़्वाह पर किसी दूसरे के लिए काम करके तुम कभी अमीर नहीं बन पाओगे। अगर तुम नौकरी करना ही चाहो, तो यह सुनिश्चित करना कि तुम्हें प्रतिशत में भुगतान मिले। वरना, ख़ुद के लिए काम करना!"

यही समझदारी भरी सलाह है!

घोषणाएँ : दिल हाथ पर रखकर कहें ...

"मैं अपने परिणामों के आधार पर भुगतान पाने का चुनाव करता हूँ।"

अपना सिर छूकर कहें ...

"मेरे पास मिलियनेअर मस्तिष्क है!"

मिलियनेअर मस्तिष्क की गतिविधियाँ

1. अगर आप वर्तमान में ऐसी नौकरी कर रहे हैं, जहाँ आपको निश्चित तनख़्वाह या घंटे के आधार पर पैसा मिल रहा है, तो अपने नियोक्ता के सामने ऐसी भुगतान योजना रखें, जिसमें आपको कम से कम आंशिक रूप से अपने व्यक्तिगत परिणामों और कंपनी के परिणामों के आधार पर भुगतान मिल सके।

   अगर आप अपनी कंपनी के मालिक हैं, तो ऐसी भुगतान योजना बनाएँ, जिससे आपके कर्मचारियों या यहाँ तक कि मुख्य सप्लायर्स को भी उनके और आपकी कंपनी के परिणामों के आधार पर ज़्यादा भुगतान मिल सके।

   इन योजनाओं पर तत्काल अमल शुरू करें।

2. अगर आप इस समय नौकरी में हों और आपको अपने परिणामों के आधार पर भुगतान नहीं मिल पा रहा हो, तो ख़ुद का बिज़नेस शुरू करने के बारे में सोचें। आप पार्ट-टाइम बिज़नेस शुरू कर सकते हैं। आप आसानी से नेटवर्क मार्केटिंग कंपनी से जुड़ सकते हैं या प्रशिक्षक बन सकते हैं, या दूसरों को अपना ज्ञान दे सकते हैं या अपनी स्वतंत्र परामर्शदाता सेवाएँ उसी कंपनी को दे सकते हैं, जहाँ आप काम कर रहे हैं। फ़र्क़ सिर्फ़ इतना रहेगा कि इस बार आपको भुगतान लगाए गए समय के आधार पर नहीं, बल्कि प्रदर्शन और परिणाम के आधार पर मिलेगा।

सीन नीटा की सफलता की कहानी

प्रिय हार्व,

मैं बता नहीं सकता, हम कितने कृतज्ञ हैं कि मेरी पत्नी की एक सहेली ने आपसे हमारा परिचय करा दिया। उस वक़्त मेरी तनख़्वाह में 10,000 डॉलर की कटौती हुई थी। हम लोग हताशा में विकल्पों की तलाश कर रहे थे, क्योंकि तब हमारा ख़र्च मुश्किल से चल पा रहा था।

मिलियनेअर माइंड इनटेंसिव में सीखी विधियों से हम अपनी वित्तीय स्वतंत्रता प्राप्त कर पाए। जब हमने उन विधियों को सही तरीक़े से आज़माया, तो चमत्कार होने लगे। हमने अगले साल पाँच मकान ख़रीदे, जिनमें से हर मकान पर हमें 18,000 डॉलर का न्यूनतम लाभ हुआ। पाँचवें मकान में तो हमें तीन लाख डॉलर का फ़ायदा हुआ, जो मेरी पिछले साल की आमदनी से छह गुना ज़्यादा था! मैंने चौदह साल की अपनी नौकरी छोड़ दी और अब मैं पूर्णकालिक रियल–एस्टेट निवेशक बन चुका हूँ। अब मेरे पास ख़ाली समय है, जो मैं अपने परिवार तथा दोस्तों के साथ बिता सकता हूँ।

रोम–रोम तक असर करने वाली आपकी प्रशिक्षण विधि हमारी सफलता की बहुत बड़ी कुंजी रही है। मुझे आगे आने वाले समय का बेसब्री से इंतज़ार है। काश मैंने यह सब बीस साल की उम्र में ही सीख लिख होता!

आपको धन्यवाद।

आपका
सीन नीटा
सिएटल, डब्ल्यूए

दौलत की फ़ाइल # 12

अमीर लोग "यह भी और वह भी" सोचते हैं।
ग़रीब लोग "यह या वह" सोचते हैं।

अमीर लोग प्रचुरता की दुनिया में जीते हैं। ग़रीब लोग सीमाओं की दुनिया में जीते हैं। ज़ाहिर है, दोनों एक ही भौतिक संसार में रहते हैं, लेकिन उनके नज़रिए में ज़मीन-आसमान का फ़र्क़ होता है। ग़रीब और अधिकांश मध्य वर्गीय लोग अभाव में जीते हैं। वे इन सूत्रों के आधार पर जीते हैं, जैसे "इतना ही है जो मिल सकता है, कभी पर्याप्त नहीं होता है और आपको हर चीज़ नहीं मिल सकती।" और हालाँकि आपको शायद "हर चीज़" नहीं मिल सकती, जैसे दुनिया की सारी चीज़ें, लेकिन मुझे लगता है कि आपको निश्चित रूप से "हर वह चीज़ मिल सकती है, जिसे आप सचमुच चाहते हैं।"

आप सफल कैरियर चाहते हैं या अपने परिवार के साथ मधुर संबंध चाहते हैं ? दोनों! आप बिज़नेस पर ध्यान केंद्रित करना चाहते हैं या मौज-मस्ती करना चाहते हैं ? दोनों! आप जीवन में पैसा चाहते हैं या सार्थकता ? दोनों! आप दौलत कमाना चाहते हैं या अपना मनचाहा काम करना चाहते हैं ? दोनों! ग़रीब लोग हमेशा किसी एक को चुनते हैं; अमीर लोग दोनों को चुनते हैं।

अमीर लोग समझते हैं कि थोड़ी रचनात्मकता से आप हमेशा ऐसा रास्ता निकाल सकते हैं, जिसमें आपको दोनों संसारों का सर्वश्रेष्ठ मिल जाए। भविष्य में जब भी आपके सामने यह/वह का विकल्प आए, तो आपको ख़ुद से बस यह सवाल पूछना चाहिए, "मैं दोनों कैसे पा सकता हूँ ?" यह सवाल आपकी ज़िंदगी बदल देगा। यह आपको अभाव और सीमा की दुनिया से संभावनाओं और प्रचुरताओं के ब्रह्मांड में ले जाएगा।

यह सिर्फ़ आपकी मनचाही चीज़ों में ही नहीं, बल्कि जीवन के सभी क्षेत्रों में सही है। उदाहरण के लिए, इस समय मैं एक नाख़ुश सप्लायर से निबटने की तैयारी कर रहा हूँ, जो मानता है कि मेरी कंपनी पीक पोटेंशियल्स को उसके द्वारा किए ऐसे ख़र्चों का भुगतान करना चाहिए, जिनके बारे में अनुबंध में सहमति नहीं हुई थी। मेरी भावना यह है कि अपनी लागत का अनुमान लगाना उसका काम है, मेरा नहीं है। और अगर उसका ज़्यादा ख़र्च हुआ है, तो इस

समस्या से उसे निबटना चाहिए। मैं अगली बार के लिए एक नए अनुबंध पर बातचीत करने का इच्छुक हूँ, लेकिन मैं पुराने अनुबंधों का पालन करने का प्रबल हिमायती भी हूँ। मेरे "कड़के" दिनों में अगर मेरे सामने इस तरह की स्थिति आती, तो मैं अपनी बात साफ़-साफ़ रख देता और यह सुनिश्चित करता कि मैं अनुबंध में लिखी राशि से एक धेला भी ज़्यादा न दूँ। हालाँकि मैं उसे सप्लायर बनाए रखना चाहता, लेकिन हो सकता है कि अंततः यह चर्चा बड़ी बहस में बदल जाती। पुराने दिनों में मैं उससे मुलाक़ात करने जाते समय यही सोचता कि इसमें या तो वह जीतेगा या मैं।

बहरहाल, आजकल मैंने ख़ुद को "दोनों" के संदर्भ में सोचने के लिए प्रशिक्षित कर लिया है, इसलिए मैं इस बातचीत में पूरे खुलेपन के साथ ऐसी स्थिति बनाने जा रहा हूँ, जहाँ मैं उसे ज़्यादा भुगतान नहीं करूँगा *और* वह मेरे प्रस्ताव से बहुत ख़ुश भी होगा। दूसरे शब्दों में, मेरा लक्ष्य *दोनों* को पाना है!

एक और उदाहरण देखें। कुछ महीने पहले मैंने एरिज़ोना में एक वैकेशन होम ख़रीदने का फ़ैसला किया। जिस इलाक़े में मेरी दिलचस्पी थी, मैंने उसका चप्पा-चप्पा छान मारा। हर रियल एस्टेट एजेंट ने मुझे यही बताया कि अगर मैं उस इलाक़े में तीन बेडरूम और एक स्टडी रूम वाला मकान चाहता हूँ, तो इसके लिए मुझे दस लाख डॉलर देने होंगे। मेरा इरादा इस मकान में दस लाख से कम का निवेश करने का था। ऐसी परिस्थिति में ज़्यादातर लोग या तो अपनी उम्मीदें कम कर लेते या फिर अपना बजट बढ़ा देते। मैंने दोनों क़ायम रखे। हाल ही में मुझे फ़ोन पर बताया गया कि मैं जिस जगह पर जैसा मकान चाहता था, वैसा मकान मिल रहा है। वहाँ के एक मकान मालिक ने अपने मकान की क़ीमत दो लाख डॉलर घटा दी है, जिससे यह दस लाख डॉलर से कम हो गई है। दोनों को पाने के इरादे की शक्ति का यह एक और कमाल है!

मैंने हमेशा अपने माता-पिता को बताया था कि मैं ऐसे काम में ग़ुलामों की तरह जुता नहीं रहना चाहता, जिसमें मुझे मज़ा न आता हो और मैं "उस काम को करके अमीर बनूँगा, जिसे मैं पसंद करता हूँ।" उनकी प्रतिक्रिया सामान्य थी : "तुम सपनों की दुनिया में रह रहे हो। जीवन फूलों की सेज नहीं है।" उन्होंने कहा : "बिज़नेस बिज़नेस है, मज़ा मज़ा है। पहले तुम आजीविका चलाने की परवाह करो, फिर अगर तुम्हारे पास समय बचे, तो तुम अपनी ज़िंदगी के मज़े ले सकते हो।"

मुझे याद है, इस पर मैंने सोचा था, "हूँ, अगर मैं उनकी बात सुनूँगा, तो अंत में मेरा हाल भी उन्हीं जैसा हो जाएगा। नहीं। मुझे तो *दोनों* चाहिए!" क्या यह मुश्किल था ? यक़ीनन। मैं जिस काम से नफ़रत करता था, कई बार तो उसे मुझे एक-दो सप्ताह करना पड़ा, ताकि मैं खा सकूँ और किराया चुका सकूँ। लेकिन मैंने "दोनों" को पाने का इरादा कभी नहीं छोड़ा। मैं कभी किसी नापसंद नौकरी या बिज़नेस में ज़्यादा देर नहीं रुका। अंततः मैं अपने मनपसंद काम को करके अमीर बन गया। अब मैं जानता हूँ कि ऐसा किया जा सकता है। आज मैं सिर्फ़ वही काम और प्रोजेक्ट लेता हूँ, जो मुझे पसंद होते हैं। सबसे अच्छी बात यह है कि अब मुझे दूसरों को भी यही सिखाने का मौक़ा मिलता है।

"दोनों" का नज़रिया पैसे के मामले में जितना महत्वपूर्ण है, उतना किसी दूसरी चीज़ में नहीं है। ग़रीब और कई मध्य वर्गीय लोग मानते हैं कि उन्हें पैसे और जीवन के किसी दूसरे पहलू के बीच में चुनाव करना होगा। परिणामस्वरूप वे यह तर्क देते हैं कि पैसा बाक़ी चीज़ों जितना महत्वपूर्ण नहीं है।

हम एक बात साफ़ कर देना चाहते हैं। पैसा महत्वपूर्ण है! यह कहना मूर्खतापूर्ण है कि यह जीवन की बाक़ी चीज़ों जितना महत्वपूर्ण नहीं है। क्या ज़्यादा महत्वपूर्ण है, आपका हाथ या आपका पैर ? *दोनों* ही महत्वपूर्ण हैं।

पैसा तेल (oil) है। यह आपको जीवन में "घिसटने" के बजाय "फिसलने" में समर्थ बनाता है। पैसा स्वतंत्रता देता है – अपनी मनचाही चीज़ें ख़रीदने की स्वतंत्रता और अपना समय मनचाहे तरीक़े से बिताने की स्वतंत्रता। पैसा आपको जीवन की अच्छी चीज़ों का आनंद लेने में समर्थ बनाता है। इसके अलावा, आपको यह मौक़ा भी देता है कि आप दूसरों को नौकरी देकर उनके जीवन की ज़रूरतों को पूरा कर सकें। सबसे बड़ी बात, पैसा होने के बाद आपको अपनी ऊर्जा इस चिंता में नहीं गँवानी पड़ती कि आपके पास पैसा नहीं है।

ख़ुशी भी महत्वपूर्ण है। एक बार फिर, यहाँ पर ग़रीब और मध्य वर्गीय लोग भ्रमित हो जाते हैं। कई लोग मानते हैं कि पैसा और ख़ुशी अलग-अलग हैं, यानी *या तो* आप अमीर बन सकते हैं *या फिर* आप ख़ुश रह सकते हैं। एक बार फिर कहूँगा, यह "घटिया" प्रोग्रामिंग से ज़्यादा कुछ नहीं है।

जो लोग हर मायने में अमीर होते हैं, वे समझते हैं कि आपके पास *दोनों*

चीज़ें होनी चाहिए। जिस तरह आपके पास हाथ और पैर दोनों होने चाहिए, उसी तरह आपके पास पैसा *और* ख़ुशी भी दोनों होने चाहिए।

आपके पास केक भी रहे और आप उसे खा भी सकें !

तो यहाँ अमीर, मध्य वर्गीय और ग़रीब लोगों के बीच एक और बड़ा फ़र्क़ देखा जा सकता है :

अमीर लोग यक़ीन करते हैं, "आपके पास केक भी रहे और आप उसे खा भी सकें।"

मध्य वर्गीय लोग यक़ीन करते हैं, "केक से मोटापा बढ़ता है, इसलिए मैं इसका बस छोटा सा टुकड़ा ही लूँगा।"

ग़रीब लोग यक़ीन करते हैं कि वे केक के हक़दार नहीं हैं, इसलिए वे डबलरोटी का ऑर्डर देते हैं, उसके छिद्रों पर ध्यान केंद्रित करते हैं और सोचते हैं कि क्यों उनके पास "कुछ भी नहीं" है।

दौलत का सिद्धांत :

अमीर लोग यक़ीन करते हैं, ''आपके पास केक भी रहे और आप उसे खा भी सकें।'' मध्य वर्गीय लोग यक़ीन करते हैं, ''केक से मोटापा बढ़ता है, इसलिए मैं इसका बस छोटा सा टुकड़ा ही लूँगा।'' ग़रीब लोग यक़ीन करते हैं कि वे केक के हक़दार नहीं हैं, इसलिए वे डबलरोटी का ऑर्डर देते हैं, उसके छिद्रों पर ध्यान केंद्रित करते हैं और सोचते हैं कि क्यों उनके पास ''कुछ भी नहीं'' है।

मैं आपसे पूछता हूँ, आपके पास "केक" होने का क्या फ़ायदा, अगर आप उसे खा न सकें ? आप इसका और क्या कर सकते हैं ? अलमारी में सजाकर इसकी ओर ताकते रहें ? केक खाने और मज़े लेने के लिए ही बना है।

यह/वह चिंतन उन लोगों को भी धूल चटा देता है, जो मानते हैं कि "अगर मेरे पास ज़्यादा होगा, तो किसी और के पास कम होगा।" एक बार फिर कहना पड़ेगा, यह डर पर आधारित, ख़ुद को पराजित करने वाली प्रोग्रामिंग

से ज़्यादा कुछ नहीं है। यह धारणा मूर्खतापूर्ण है कि दुनिया की सारी दौलत अमीर लोगों के पास है और वे उसे इकट्ठा करके रख रहे हैं, जिससे बाक़ी लोगों के लिए कुछ बचता ही नहीं है। पहली बात तो यह कि इस धारणा के अनुसार धन की आपूर्ति सीमित है। मैं अर्थशास्त्री नहीं हूँ, लेकिन मैं देखता हूँ कि हर दिन नए नोट छप रहे हैं। नोट छापने का संबंध दशकों से किसी असली संपत्ति से जुड़ा नहीं है। तो अगर दौलतमंद लोगों ने आज उपलब्ध सारे पैसे पर क़ब्ज़ा कर भी लिया है, तो कल अरबों नहीं तो, करोड़ों नए डॉलर आ जाएँगे।

इस सीमित विश्वास वाले लोगों को यह एहसास भी नहीं होता है कि उसी पैसे का बार-बार प्रयोग किया जा सकता है, जिससे हर एक के लिए मूल्य बढ़ता है। मैं आपको एक उदाहरण देना चाहूँगा, जो मैं अपने सेमिनारों में अक्सर देता हूँ। मैं पाँच लोगों से मंच पर आने को कहता हूँ और अपने साथ एक चीज़ लाने को कहता हूँ। मैं उन्हें एक गोले में खड़ा कर देता हूँ। फिर मैं पहले व्यक्ति को पाँच डॉलर का नोट देकर उससे कहता हूँ कि वह दूसरे नंबर के व्यक्ति से उस पैसे से कोई चीज़ ख़रीदे। मान लें, वह पेन ख़रीदता है। तो अब नंबर एक व्यक्ति के पास पेन है और नंबर दो व्यक्ति के पास 5 डॉलर हैं। फिर नंबर 2 का व्यक्ति उसी 5 डॉलर के नोट से नंबर 3 व्यक्ति से क्लिपबोर्ड ख़रीदता है। फिर नंबर 3 का व्यक्ति उसी 5 डॉलर के नोट से नंबर 4 व्यक्ति से नोटबुक ख़रीदता है। मुझे आशा है कि आप तस्वीर और मुद्दे की बात समझ गए होंगे। उसी 5 डॉलर के नोट ने हर व्यक्ति के मूल्य में वृद्धि की। वही 5 डॉलर पाँच अलग-अलग लोगों के पास से होकर गुज़रे और हर एक के लिए 5 डॉलर का मूल्य निर्मित किया। कुल मिलाकर समूह में 25 डॉलर का मूल्य उत्पन्न हुआ। इसके बाद भी वह 5 डॉलर का नोट ख़त्म नहीं हुआ, बल्कि लगातार घूमता रहा और हर एक के लिए मूल्य उत्पन्न करता रहा।

सबक़ स्पष्ट है। पहली बात, पैसा कभी ख़त्म नहीं होता। आप उसी पैसे का इस्तेमाल बरसों तक, हज़ारों लोगों के साथ कर सकते हैं। दूसरी बात, आपके पास जितना ज़्यादा पैसा होगा, आप उतने ही ज़्यादा पैसे को प्रवाह में रख सकते हैं, जिसका मतलब है कि बाक़ी लोगों के पास ज़्यादा मूल्य के सृजन के ज़्यादा अवसर होंगे।

यही यह/वह पर आधारित चिंतन का विपरीत है। इस चिंतन के विपरीत, जब आपके पास पैसा होता है और आप उसका उपयोग करते हैं, तो जिसे आप पैसा देते हैं, *उसे भी* इसका मूल्य मिलता है *और आपको भी*। मैं यह बात सीधे-सीधे कहना चाहूँगा, अगर आप दूसरे लोगों के बारे में इतने ही चिंतित हैं और यह सुनिश्चित करना चाहते हैं कि उन्हें इसका हिस्सा मिले (जैसे इसके हिस्से होते हों), तो अमीर बनने की पूरी कोशिश करें, ताकि आप समाज में पैसे के प्रवाह को बढ़ा सकें।

अगर मैं किसी चीज़ का उदाहरण हो सकता हूँ, तो यह कि आप एक दयालु, प्रेमपूर्ण, परवाह करने वाले, उदार और आध्यात्मिक व्यक्ति हो सकते हैं *और* बेहद अमीर भी। मेरा प्रबल आग्रह है कि आप इस मिथक को भुला दें कि धन किसी तरह से बुरा होता है या दौलतमंद बनने के बाद आप कम "अच्छे" या कम "पवित्र" हो जाएँगे। यह विश्वास बिलकुल "गोश्त" है (अगर आप फ़ास्ट फ़ूड से थक गए हों), और अगर आप इसे खाते रहेंगे, तो आप सिर्फ़ मोटे ही नहीं होंगे, आप मोटे *और* कड़के हो जाएँगे। देखा, *दोनों* का एक और उदाहरण मिल गया!

मित्रो, दयालु, उदार और प्रेमपूर्ण बनने का इस बात से कोई लेना-देना नहीं है कि आपके पर्स में क्या है या क्या नहीं है। इन गुणों का संबंध तो इस बात से है कि आपके दिल में क्या है। पवित्रता और आध्यात्मिकता का इस बात से कोई लेना-देना नहीं है कि आपके बैंक अकाउंट में क्या है या क्या नहीं है। इन गुणों का संबंध तो इस बात से है कि आपकी आत्मा में क्या है। यह सोचना कि पैसा आपको अच्छा या बुरा बनाता है, यह/वह चिंतन है और सरासर "घटिया प्रोग्रामिंग" है, जो आपकी ख़ुशी और सफलता को बढ़ाने में ज़रा भी मदद नहीं करती है।

यह आपके आस-पास के लोगों की मदद भी नहीं करती है, ख़ास तौर पर बच्चों की। अगर आप अच्छे इंसान बनने पर तुले ही हुए हैं, तो फिर इतने "अच्छे" ज़रूर बनें कि अपनी कमज़ोर करने वाली धारणाओं से अगली पीढ़ी को संक्रमित न करें।

अगर आप सचमुच बिना सीमाओं वाला जीवन जीना चाहते हैं, चाहे स्थिति जो भी हो, तो यह/वह चिंतन छोड़ दें और "दोनों" के इरादे को क़ायम रखें।

घोषणा : दिल पर हाथ रखकर कहें ...

"मैं हमेशा 'दोनों' के संदर्भ में सोचता हूँ।"

अपना सिर छूकर कहें ...

"मेरे पास मिलियनेअर मस्तिष्क है!"

मिलियनेअर मस्तिष्क की गतिविधियाँ

1. "दोनों" चीज़ें पाने के लिए सोचने और ऐसा करने के तरीक़े खोजने का अभ्यास करें। जब भी आपके सामने विकल्प प्रस्तुत किए जाएँ, तो ख़ुद से पूछें, "मैं दोनों कैसे पा सकता हूँ ?"
2. जागरूक बनें कि धन का प्रवाह हर व्यक्ति के जीवन में मूल्य बढ़ाता है। जब भी आप पैसा ख़र्च करें, तो ख़ुद से कहें, "यह पैसा सैकड़ों लोगों के पास से गुज़रेगा और सबके मूल्य में वृद्धि करेगा।"
3. ख़ुद को दूसरों का रोल मॉडल मानें - दिखाएँ कि आप दयालु, उदार, प्रेमपूर्ण *और* अमीर बन सकते हैं!

दौलत की फ़ाइल # 13

अमीर लोग अपनी नेट वर्थ पर ध्यान केंद्रित करते हैं।
ग़रीब लोग अपनी आमदनी पर ध्यान केंद्रित करते हैं।

जब पैसे की बात आती है, तो हमारे समाज में लोग आम तौर पर यह सवाल पूछते हैं, "आपकी आमदनी कितनी है ?" आप यह सवाल बहुत कम सुनते हैं, "आपकी नेट वर्थ कितनी है ?" बहुत कम लोग इस तरह से बात करते हैं। ज़ाहिर है, इस तरह की बात अमीरों के कंट्री क्लब में ही सुनाई देती है।

कंट्री क्लब्स में वित्तीय चर्चा लगभग हमेशा नेट वर्थ पर केंद्रित होती है : "जिम ने हाल ही में अपने स्टॉक ऑप्शन बेचे हैं। उसकी नेट वर्थ तीन मिलियन से ज़्यादा हो गई है। पॉल की कंपनी अभी-अभी सार्वजनिक हुई है। अब उसकी नेट वर्थ आठ मिलियन हो गई है। स्यू ने अपना बिज़नेस बेच दिया है। उसकी नेट वर्थ अब बारह मिलियन हो गई है।" कंट्री क्लब में आप यह नहीं सुनेंगे,

"हे, क्या तुमने सुना कि जो की तनख़्वाह बढ़ गई है ? हाँ, और दो प्रतिशत जीवन-निर्वाह भत्ता अलग से ?" अगर आप यह सुनते हैं, तो आप समझ जाते हैं कि उस दिन वहाँ कोई मेहमान आया है, जो ऐसी बातें बोल रहा है।

दौलत का सिद्धांत :
दौलत का सच्चा पैमाना आमदनी नहीं, नेट वर्थ है।

दौलत का सच्चा पैमाना आमदनी नहीं, नेट वर्थ है। हमेशा रही है, हमेशा रहेगी। नेट वर्थ आपके पास मौजूद हर संपत्ति का वित्तीय मूल्य है। अपनी नेट वर्थ आँकने के लिए अपने पास मौजूद हर चीज़ का मूल्य जोड़ लें, जैसे नक़द; स्टॉक, बॉन्ड, रियल एस्टेट जैसे निवेश; अगर आपका बिज़नेस हो, तो उसका वर्तमान मूल्य; अगर आपका मकान हो, तो उसका वर्तमान मूल्य आदि। अब आपकी संपत्ति का जो योग आए, उसमें से कर्ज़ की सारी रक़म घटा लें। नेट वर्थ दौलत का चरम पैमाना है, क्योंकि आवश्यकता पड़ने पर आप अपनी संपत्ति को नक़द में बदल सकते हैं।

अमीर लोग आमदनी और नेट वर्थ के भारी अंतर को समझते हैं। आमदनी महत्वपूर्ण है, लेकिन यह आपकी नेट वर्थ तय करने वाले चार तत्वों में से सिर्फ़ एक तत्व है। नेट वर्थ के ये चार तत्व हैं :

1. आमदनी

2. बचत

3. निवेश

4. सरलीकरण

अमीर लोग जानते हैं कि ऊँची नेट वर्थ के समीकरण में सभी चारों तत्व शामिल होते हैं। चूँकि चारों ही तत्व अनिवार्य हैं, इसलिए आइए हम हर एक की जाँच करते हैं।

आमदनी दो प्रकार की होती है : काम के बदले आमदनी और निष्क्रिय

आमदनी। काम के बदले आमदनी वह पैसा है, जो आप सक्रिय रूप से काम करके कमाते हैं। इसमें आपकी नौकरी की तनख़्वाह या उद्यमी के लिए बिज़नेस से होने वाला लाभ या कमाई शामिल होती है। काम की आमदनी के लिए यह ज़रूरी है कि पैसे कमाने के लिए आप अपने समय और मेहनत का निवेश करें। सक्रिय आमदनी महत्वपूर्ण है, क्योंकि इसके बिना नेट वर्थ के बाक़ी तीन तत्वों तक पहुँचना लगभग असंभव है।

सक्रिय आमदनी यह है कि हम किस तरह अपनी वित्तीय "कुप्पी" को भरते हैं। अगर बाक़ी चीज़ें समान हों, तो सक्रिय आमदनी जितनी ज़्यादा होती है, आप उतनी ही ज़्यादा बचत और निवेश कर सकते हैं। हालाँकि सक्रिय आमदनी महत्वपूर्ण है, लेकिन यह नेट वर्थ के समूचे समीकरण का सिर्फ़ एक हिस्सा है।

दुर्भाग्य से, ग़रीब और कई मध्य वर्गीय लोग चारों तत्वों में से सिर्फ़ सक्रिय आमदनी पर ही पूरा ध्यान केंद्रित करते हैं। परिणामस्वरूप उनकी नेट वर्थ नाम मात्र की या शून्य रहती है।

निष्क्रिय आमदनी वह पैसा है, जो आप बिना कोई काम किए कमाते हैं। हम कुछ समय बाद निष्क्रिय आमदनी पर ज़्यादा विस्तार से बातें करेंगे, लेकिन हाल-फ़िलहाल इसे कुप्पी को भरने वाली आमदनी की एक ऐसी धारा मानें, जिसका उपयोग ख़र्च, बचत और निवेश करने में किया जा सकता है।

बचत भी अनिवार्य है। हो सकता है, आप बहुत सा पैसा कमाते हों। लेकिन अगर आप उसमें से ज़रा भी बचत नहीं करते हैं, तो आप कभी दौलत नहीं बना पाएँगे। कई लोगों के पास ऐसा वित्तीय ब्लूप्रिंट होता है, जिसमें सिर्फ़ ख़र्च करने की प्रोग्रामिंग होती है। उनके पास जितना भी पैसा होता है, उसे वे पूरा ख़र्च कर डालते हैं। वे तात्कालिक संतुष्टि को दीर्घकालीन संतुलन के ऊपर रखते हैं। ख़र्च करने वालों के तीन सूत्र होते हैं। उनका पहला सूत्र है, "यह सिर्फ़ पैसा है।" यही वजह है कि पैसा उनके पास ज़्यादा नहीं रहता। उनका दूसरा सूत्र है, "जो जाता है, वह आता भी है।" कम से कम वे इसकी उम्मीद कर सकते हैं, क्योंकि उनका तीसरा सूत्र है, "माफ़ कीजिए, मैं यह काम इस समय नहीं कर सकता। मैं कंगाल हूँ।" कुप्पी को भरने की आमदनी कमाए और बचाए बिना नेट वर्थ के अगले तत्व को पाना असंभव है।

जब आप अपनी आमदनी के अच्छे-ख़ासे हिस्से को बचाना शुरू कर देते

हैं, तो आप अगली अवस्था पर पहुँच सकते हैं और निवेश करके इस पैसे को बढ़ा सकते हैं। आम तौर पर आप निवेश में जितने बेहतर होंगे, आपका पैसा उतनी ही तेज़ी से बढ़ेगा और ज़्यादा नेट वर्थ उत्पन्न करेगा। अमीर लोग निवेश के बारे में सीखने में समय और ऊर्जा लगाते हैं। वे उत्कृष्ट निवेशक बनने पर गर्व महसूस करते हैं या निवेश के लिए उत्कृष्ट निवेशकों की सेवाएँ लेते हैं। ग़रीब लोग सोचते हैं कि निवेश सिर्फ़ अमीर लोग ही कर सकते हैं, इसलिए वे इसके बारे में कभी नहीं सीखते हैं और कंगाल बने रहते हैं। एक बार फिर कहता हूँ, समीकरण का हर हिस्सा महत्वपूर्ण है।

नेट वर्थ का हमारा चौथा तत्व इन सभी में "छुपा रुस्तम" साबित हो सकता है, क्योंकि बहुत कम लोग दौलत बनाने में इसके महत्व को पहचानते हैं। यह "सरलीकरण" (simplification) का तत्व है। यह बचत से मिलता-जुलता है, क्योंकि इसमें आप जान-बूझकर ऐसी जीवनशैली अपनाते हैं, जिसमें आपको कम पैसों की ज़रूरत होती है। अपनी जीवनशैली की लागत कम करके आप अपनी बचत बढ़ा लेते हैं और निवेश के लिए उपलब्ध पैसे की मात्रा भी।

सरलीकरण की शक्ति का उदाहरण देने के लिए मैं अपने मिलियनेअर माइंड सेमिनार की एक प्रतिभागी की कहानी सुनाना चाहता हूँ। जब स्यू सिर्फ़ तेईस साल की थी, तो उसने एक समझदारी का काम किया : उसने तीन लाख डॉलर से कम क़ीमत पर एक मकान ख़रीद लिया। सात साल बाद जब बाज़ार गर्म हो गया, तो स्यू ने अपना मकान छह लाख डॉलर से अधिक में बेच दिया, यानी उसे तीन लाख डॉलर से ज़्यादा का फ़ायदा हुआ। उसने एक नया मकान ख़रीदने के बारे में सोचा, लेकिन मिलियनेअर माइंड इनटेंसिव सेमिनार में भाग लेने के बाद उसे एहसास हुआ कि अगर वह अपना पैसा 10 प्रतिशत ब्याज पर सुरक्षित सेकंड मॉर्टगेज में निवेश कर दे और अपनी जीवनशैली का सरलीकरण कर ले, तो वह दरअसल निवेश से होने वाली आमदनी पर ही आराम से जी सकती है और उसे दोबारा कभी काम करने की ज़रूरत भी नहीं पड़ेगी। इसलिए, नया मकान ख़रीदने के बजाय वह अपनी बहन के साथ रहने लगी। आज तीस साल की उम्र में स्यू वित्तीय रूप से स्वतंत्र हो चुकी है। उसने अपनी स्वतंत्रता बोरे भर पैसे कमाकर हासिल नहीं की है, बल्कि सचेतन रूप से अपने ख़र्च कम करके हासिल की है। हाँ, वह अब भी काम करती है - क्योंकि उसे इसमें मज़ा आता है - लेकिन उसे काम करने की ज़रूरत नहीं है। दरअसल, वह

साल में सिर्फ़ छह महीने काम करती है। बाक़ी समय वह फ़िज़ी में बिताती है। इसका कारण यह है कि वह उस जगह से प्यार करती है और इसके अलावा, जैसा वह कहती है, उसका पैसा वहाँ ज़्यादा समय चलता है। चूँकि वह पर्यटकों के बजाय स्थानीय नागरिकों के साथ रहती है, इसलिए उसका ख़र्च भी कम होता है। आप ऐसे कितने लोगों को जानते हैं, जो हर साल छह महीने किसी सुंदर टापू पर बिताना चाहेंगे, कभी दोबारा नौकरी नहीं करना चाहेंगे और वह भी सिर्फ़ तीस साल की उम्र में ? चालीस साल के बारे में क्या कहना है ? पचास ? साठ ? कभी भी ? ऐसा इसलिए हुआ, क्योंकि स्यू ने एक सरल जीवनशैली बनाई। परिणामस्वरूप उसे जीने के लिए ज़्यादा दौलत की ज़रूरत ही नहीं रही।

तो आर्थिक रूप से ख़ुश रहने के लिए आपको क्या चाहिए ? अगर आपको महल में रहने की ज़रूरत हो, तीन वैकेशन होम्स की ज़रूरत हो, दस कारों की ज़रूरत हो, साल में एक बार दुनिया भर की सैर करने की ज़रूरत हो, ढेर सारे स्वादिष्ट व्यंजन खाने की ज़रूरत हो और अपने जीवन का मज़ा लेने के लिए बेहतरीन शैंपेन पीने की ज़रूरत हो, तो इसमें कोई बुराई नहीं है। बहरहाल, यह जान लें कि आपने कुछ ज़्यादा ही ऊँचे लक्ष्य बना लिए हैं और आपको ख़ुशी के उस बिंदु तक पहुँचने में लंबा, बहुत लंबा वक़्त लग सकता है।

दूसरी तरफ़, अगर आपको ख़ुश होने के लिए इन सारे "खिलौनों" की ज़रूरत नहीं है, तो शायद आप अपने वित्तीय लक्ष्य तक बहुत जल्दी पहुँच जाएँगे।

एक बार फिर, अपनी नेट वर्थ बनाना चार हिस्सों वाला समीकरण है। इसे समझने के लिए कल्पना करें कि आप किसी बस को चार पहियों पर चला रहे हैं। अगर आप बस को सिर्फ़ एक पहिए पर चलाएँगे, तो यात्रा कैसी होगी ? शायद धीमी, हिचकोले वाली, संघर्ष से भरी, चिंगारियों और गोल-गोल घूमने वाली। क्या यह वर्णन जाना-पहचाना लगता है ? अमीर लोग पैसे के खेल को चारों पहियों पर खेलते हैं। इसीलिए उनकी यात्रा तेज़, आरामदेह, सीधी और तुलनात्मक रूप से आसान होती है।

वैसे, मैं बस के उदाहरण का प्रयोग इसलिए भी करता हूँ, क्योंकि जब आप दौलत की बस बना लेते हैं, तो आप इसमें दूसरों को भी बैठा सकते हैं।

ग़रीब और ज़्यादातर मध्य वर्गीय लोग पैसे के खेल को सिर्फ़ एक पहिए पर खेलते हैं। उन्हें यक़ीन होता है कि अमीर बनने का इकलौता तरीक़ा ढेर सारे पैसे कमाना है। वे इस बात पर सिर्फ़ इसलिए यक़ीन करते हैं, क्योंकि वे कभी अमीर रहे ही नहीं हैं। वे पार्किन्सन के नियम को नहीं समझते हैं, जिसके अनुसार "ख़र्च हमेशा आमदनी के सीधे अनुपात में बढ़ते हैं।"

हमारे समाज में यह बात आम है। आपके पास पहले से ही एक कार है। अगर आपकी आमदनी बढ़ती है, तो आप ज़्यादा अच्छी कार ख़रीद लेते हैं। आपके पास पहले से ही एक मकान है। अगर आपकी आमदनी बढ़ती है, तो आप ज़्यादा बड़ा मकान ख़रीद लेते हैं। आपके पास पहले से ही कपड़े हैं। अगर आपकी आमदनी बढ़ती है, तो आप ज़्यादा अच्छे कपड़े ख़रीद लेते हैं। आप पहले से ही छुट्टियाँ मनाने पर ख़र्च करते हैं। अगर आपकी आमदनी बढ़ती है, तो आप छुट्टियों पर और ज़्यादा ख़र्च करते हैं। ज़ाहिर है, इस नियम के कुछ अपवाद होते हैं ... बहुत कम! आम तौर पर जैसे-जैसे आमदनी बढ़ती है, ख़र्च भी हमेशा बढ़ते जाते हैं। इसीलिए सिर्फ़ आमदनी से दौलत कभी नहीं बन पाएगी।

इस पुस्तक का शीर्षक *सीक्रेट्स ऑफ़ द मिलियनेअर माइंड* है। किसी को *मिलियनेअर* आमदनी के आधार पर कहा जाता है या नेट वर्थ के आधार पर? नेट वर्थ के आधार पर। इसलिए, अगर आपका इरादा मिलियनेअर या मल्टी-मिलियनेअर बनने का है, तो आपको अपनी नेट वर्थ बनाने पर ध्यान केंद्रित करना चाहिए, जिसके बारे में हम पहले ही चर्चा कर चुके हैं कि यह सिर्फ़ आपकी आमदनी पर आधारित नहीं होती है।

अपनी सही-सही नेट वर्थ जानने की नीति बनाएँ। यहाँ पर एक अभ्यास दिया जा रहा है, जो आपके वित्तीय जीवन को हमेशा के लिए बदल देगा।

एक कोरा काग़ज़ लें और उस पर शीर्षक लिखें, "नेट वर्थ।" फिर एक आसान चार्ट बनाएँ, जो शून्य से शुरू होता हो और उस धनराशि पर ख़त्म होता हो, जो नेट वर्थ का आपका लक्ष्य हो। अपनी वर्तमान नेट वर्थ लिख लें। फिर हर नब्बे दिन बाद अपनी नई नेट वर्थ लिखें। बस! अगर आप ऐसा करते हैं, तो आप पाएँगे कि आप ज़्यादा अमीर बनते जा रहे हैं। क्यों? क्योंकि आप अपनी नेट वर्थ पर "निगाह" रख रहे हैं।

याद रखें : आप जिस चीज़ पर ध्यान केंद्रित करते हैं, वह बढ़ती है। जैसा मैं अक्सर अपने प्रशिक्षण में कहता हूँ, "जहाँ ध्यान जाता है, वहाँ ऊर्जा प्रवाहित होती है और परिणाम प्रकट होते हैं।"

दौलत का सिद्धांत :

''जहाँ ध्यान जाता है, वहीं ऊर्जा प्रवाहित होती है और परिणाम प्रकट होते हैं।''

अपनी नेट वर्थ पर निगाह रखकर आप उस पर ध्यान केंद्रित कर रहे हैं। आप जिस चीज़ पर ध्यान केंद्रित करते हैं, वह बढ़ती है, इसलिए आपकी नेट वर्थ भी बढ़ेगी। वैसे यह नियम आपके जीवन के हर हिस्से पर लागू होता है : आप जिस चीज़ पर ध्यान केंद्रित करते हैं, वह बढ़ती है।

इस लक्ष्य के लिए मैं आपको प्रोत्साहित करता हूँ कि आप किसी अच्छे वित्तीय योजनाकार को खोजें और उसके साथ योजना बनाएँ। ये विशेषज्ञ आपकी नेट वर्थ पर निगाह रखने और उसे बढ़ाने में आपकी मदद कर सकते हैं। वे आपके वित्तीय मामले सुव्यवस्थित कर देंगे और आपको बचत करने और पैसे बढ़ाने के बहुत से निवेश साधन सुझाएँगे।

अच्छे योजनाकार को खोजने का सबसे अच्छा तरीक़ा किसी ऐसे दोस्त या सहयोगी की सलाह है, जो अपने वित्तीय योजनाकार से ख़ुश हो। मैं यह नहीं कह रहा हूँ कि आपको अपने योजनाकार की हर बात को पत्थर की लकीर मान लेना चाहिए। लेकिन मेरा सुझाव है कि आप एक अच्छा प्रोफ़ेशनल खोज लें, जिसमें आपकी वित्तीय स्थिति की योजना बनाने और उस पर निगाह रखने की योग्यता हो। अच्छा योजनाकार आपको ऐसे औज़ार, सॉफ़्टवेयर, ज्ञान और सुझाव दे सकता है, जिनसे आप दौलत बनाने वाली निवेश की आदतें डाल सकते हैं। आम तौर पर मैं ऐसा योजनाकार खोजने की सलाह देता हूँ, जिसके पास बीमा या मीच्युअल फ़ंड्स के अलावा भी बहुत से प्रॉडक्ट्स हों। इस तरह आप बहुत से विकल्पों के बारे में जान सकते हैं और फिर फ़ैसला कर सकते हैं कि आपके लिए क्या सही है।

घोषणा : दिल पर हाथ रखकर कहें ...

"मैं अपनी नेट वर्थ बढ़ाने पर ध्यान केंद्रित करता हूँ!"

अपना सिर छूकर कहें ...

"मेरे पास मिलियनेअर मस्तिष्क है!"

मिलियनेअर मस्तिष्क की गतिविधियाँ

1. नेट वर्थ के चारों तत्वों पर ध्यान केंद्रित करें : अपनी आमदनी बढ़ाना, अपनी बचत बढ़ाना, अपने निवेश बढ़ाना, और अपनी जीवनशैली का सरलीकरण करके ख़र्च कम करना।
2. नेट वर्थ स्टेटमेंट बनाएँ। ऐसा करने के लिए अपने पास की हर चीज़ (अपनी संपत्तियों) का वर्तमान मूल्य लिख लें और इसमें से अपने सारे कर्ज़ (अपने दायित्व) घटा लें। इस स्टेटमेंट को हर तिमाही में देखें और दोबारा बनाएँ। एक बार फिर, केंद्रित ध्यान के नियम द्वारा आप जिस चीज़ पर निगाह रखते हैं, वह बढ़ेगी।
3. किसी सफल वित्तीय योजनाकार की सलाह लें, जो किसी जानी-मानी प्रतिष्ठित कंपनी में काम करता हो। एक बार फिर, अच्छे वित्तीय योजनाकार को खोजने का सबसे अच्छा तरीक़ा दोस्तों और सहयोगियों से उनके योजनाकारों के बारे में सलाह माँगना है।

ख़ास बोनस : www.millionairemindbook.com वेबसाइट पर जाएँ और मुफ़्त "net worth tracking sheet" पाने के लिए "Free Book Bonuses" पर क्लिक करें।

दौलत की फ़ाइल # 14

अमीर लोग अपने पैसे का अच्छा प्रबंधन करते हैं।
ग़रीब लोग अपने पैसे का बुरा प्रबंधन करते हैं।

थॉमस स्टेनले ने अपनी बेस्टसेलिंग पुस्तक *द मिलियनेअर नेक्स्ट डोर* में नॉर्थ

अमेरिका के मिलियनेअर्स का सर्वे करके बताया कि वे कौन हैं और उन्होंने अपनी दौलत कैसे हासिल की। इस सर्वे के परिणामों का सार एक छोटे वाक्य में बताया जा सकता है : "अमीर लोग अपने पैसे का प्रबंधन करने में माहिर होते हैं।" अमीर लोग अपने पैसे का अच्छा प्रबंधन करते हैं। ग़रीब लोग अपने पैसे का बुरा प्रबंधन करते हैं।

दौलतमंद लोग ग़रीब लोगों से ज़्यादा स्मार्ट नहीं होते हैं। बस उनकी धन संबंधी आदतें अलग और ज़्यादा मददग़ार होती हैं। जैसा हम इस पुस्तक के खंड एक में चर्चा कर चुके हैं, ये आदतें मूल रूप से हमारे अतीत की कंडीशनिंग पर आधारित होती हैं। इसलिए सबसे पहली बात यह है कि अगर आप पैसे का सही प्रबंधन नहीं कर रहे हैं, तो शायद इसके लिए आपकी प्रोग्रामिंग नहीं हुई है। दूसरी बात, शायद आप यह जानते ही नहीं हैं कि पैसे का आसान और प्रभावी तरीक़े से प्रबंधन कैसे किया जाता है। मैं आपके बारे में तो नहीं जानता, लेकिन जहाँ मैं स्कूल गया, वहाँ मनी मैनेजमेंट 101 कोर्स नहीं चलता था। इसके बजाय हमने 1812 के युद्ध के बारे में सीखा, जिसका इस्तेमाल मैं हर दिन करता हूँ।

धन का प्रबंधन सबसे लोकप्रिय विषय भले ही न हो, लेकिन असल मुद्दा यही है : वित्तीय सफलता और वित्तीय असफलता के बीच का सबसे बड़ा फ़र्क़ यह है कि आप अपने पैसे का प्रबंधन किस तरह करते हैं। सरल सी बात है : पैसे का मालिक बनने के लिए आपको उसका प्रबंधन करना होगा।

ग़रीब लोग या तो अपने पैसे का बुरा प्रबंधन करते हैं या फिर पैसे के विषय से बिलकुल ही कतराते हैं। बहुत से लोग अपने पैसे का प्रबंधन करना पसंद नहीं करते हैं, क्योंकि एक तो उन्हें लगता है कि इससे उनकी स्वतंत्रता सीमित हो जाती है और दूसरे, वे कहते हैं कि उनके पास प्रबंधन करने के लिए पर्याप्त पैसे ही नहीं हैं।

जहाँ तक पहले बहाने का सवाल है, धन का प्रबंधन करने से आपकी स्वतंत्रता सीमित नहीं होती है – इसके विपरीत, आपकी स्वतंत्रता बढ़ जाती है। अपने पैसे का प्रबंधन करने से अंततः आपको वित्तीय स्वतंत्रता मिल जाएगी, जिससे आपको दोबारा कभी काम करने की ज़रूरत नहीं होगी। मेरे हिसाब से यही असली स्वतंत्रता है।

जहाँ तक उन लोगों का सवाल है, जो "मेरे पास प्रबंधन करने के लिए पर्याप्त पैसे ही नहीं हैं" का तर्क देते हैं, वे दरअसल टेलिस्कोप के ग़लत सिरे से देख रहे हैं। वे कहते हैं, "जब मेरे पास बहुत सारा पैसा होगा, तो मैं इसका प्रबंधन शुरू करूँगा," जबकि सच्चाई तो यह है, "जब मैं पैसे का प्रबंधन शुरू करूँगा, तो मेरे पास बहुत सारा पैसा होगा।"

"जब मेरे पास बहुत सारा पैसा होगा, मैं इसका प्रबंधन शुरू करूँगा", यह कहना तो वैसा ही है जैसे कोई मोटा व्यक्ति कहे, "मैं व्यायाम और डाइटिंग तब शुरू करूँगा, जब मेरा वज़न बीस पौंड कम हो जाएगा।" यह तो ताँगे को घोड़े के आगे रखना है, जिससे आप कहीं नहीं जा पाते हैं ... या शायद पीछे जाने लगते हैं! पहले आप अपने पास मौजूद पैसे का उचित प्रबंधन शुरू करें, फिर आपके पास प्रबंधन के लिए ज़्यादा पैसा आ जाएगा।

मिलियनेअर माइंड इनटेंसिव सेमिनार में मैं एक कहानी बताता हूँ, जो ज़्यादातर लोगों के दिल तक पहुँचती है। कल्पना करें कि आप पाँच साल के बच्चे के साथ सड़क पर जा रहे हैं। आपको एक आइसक्रीम स्टोर दिखता है और आप उसके भीतर चले जाते हैं। वहाँ पर कप वाली आइसक्रीम नहीं है, इसलिए आप बच्चे को एक कोन पर आइसक्रीम का एक स्कूप दिलवा देते हैं। जब आप दोनों बाहर निकलते हैं, तो आप देखते हैं कि बच्चे के छोटे हाथों में कोन डगमगाता है और अचानक गिर जाता है। आइसक्रीम कोन से बाहर निकलकर फ़ुटपाथ पर गिर जाती है।

बच्चा रोने लगता है। आप दोबारा स्टोर में जाते हैं और जब आप दूसरी बार ऑर्डर देने वाले होते हैं, तभी बच्चा एक रंगीन साइनबोर्ड देखता है, जिस पर "तीन स्कूप वाले कोन" की तस्वीर लगी है। बच्चा तस्वीर की ओर इशारा करके रोमांच से चीख़ता है, "मुझे तो यही कोन चाहिए!"

अब यहाँ पर एक सवाल है। आप दयालु, प्रेमपूर्ण और उदार हैं, इसलिए बच्चे को तीन स्कूप वाला कोन दिला देते हैं, ठीक है ना? आपकी शुरुआती प्रतिक्रिया हो सकती है, "बिलकुल।" बहरहाल, जब इस सवाल पर ज़्यादा गहराई से विचार किया जाता है, तो हमारे सेमिनार के ज़्यादातर प्रतिभागी जवाब देते हैं, "नहीं।" क्योंकि वे बच्चे को असफल नहीं करवाना चाहेंगे। जो बच्चा एक स्कूप को ही नहीं सँभाल सकता, वह तीन स्कूप को भला कैसे सँभाल पाएगा?

यही ब्रह्मांड और आपके मामले में भी सच है। हम एक दयालु और प्रेमपूर्ण ब्रह्मांड में रहते हैं और नियम यह है, "जब तक आप यह नहीं दिखा देते कि आप अपने पास की चीज़ों को सँभाल सकते हैं, तब तक आपको और ज़्यादा नहीं मिलेगा!"

दौलत का सिद्धांत :
जब तक आप यह नहीं दिखा देते कि आप अपने पास की चीज़ों को सँभाल सकते हैं, तब तक आपको और ज़्यादा नहीं मिलेगा!

पहले आपको छोटी धनराशि का प्रबंधन करने की आदतें और योग्यताएँ हासिल करनी होंगी, तभी आपको बड़ी धनराशि मिलेगी। याद रखें, हम आदतों के ग़ुलाम हैं और इसलिए पैसे का प्रबंधन करने की आपकी आदत धन की मात्रा से ज़्यादा महत्वपूर्ण होती है।

दौलत का सिद्धांत :
पैसे का प्रबंधन करने की आपकी आदत धन की मात्रा से ज़्यादा महत्वपूर्ण होती है।

तो आप अपने पैसे का प्रबंधन कैसे करते हैं ? मिलियनेअर माइंड इनटेंसिव सेमिनार में हम इसकी विधि सिखाते हैं, जिसे कई लोग आश्चर्यजनक रूप से सरल और प्रभावी धन प्रबंधन विधि मानते हैं। इस पुस्तक में उस विधि का पूरा विवरण देना संभव नहीं है। बहरहाल, मैं आपको कुछ मूलभूत बातें बताना चाहता हूँ, ताकि आप शुरू कर सकें।

एक अलग बैंक ख़ाता खोलें और इसे वित्तीय स्वतंत्रता ख़ाता कहें। अपनी आमदनी (टैक्स के बाद) के 10 प्रतिशत हिस्से को इस ख़ाते में डाल दें। यह पैसा सिर्फ़ निवेश करने और निष्क्रिय आमदनी की धाराओं को ख़रीदने या बनाने के लिए ही इस्तेमाल किया जा सकता है। यह ख़ाता आपके लिए सोने की मुर्गी बनाता है, जो निष्क्रिय आमदनी का सोने का अंडा देती है। और

आप इस पैसे को ख़र्च कब करेंगे? *कभी नहीं!* इसे कभी ख़र्च नहीं करना है – इसका सिर्फ़ निवेश करना है। आप जब रिटायर होंगे, तब इस ख़ाते से होने वाली आमदनी (अंडे) को ख़र्च करेंगे, लेकिन मूल धनराशि को कभी ख़र्च नहीं करेंगे। इस तरह से पैसा हमेशा बढ़ता रहेगा और आप कभी दिवालिया नहीं हो सकते।

हाल ही में हमारी एक विद्यार्थी एम्मा ने मुझे अपनी कहानी सुनाई। दो साल पहले एम्मा ख़ुद को दिवालिया घोषित करने वाली थी। वह ऐसा करना तो नहीं चाहती थी, लेकिन उसे लगा कि उसके पास और कोई विकल्प ही नहीं था। वह इतने कर्ज़ में थी कि स्थिति को सँभाल नहीं सकती थी। फिर उसने मिलियनेअर माइंड इनटेंसिव सेमिनार में भाग लिया और धन प्रबंधन तंत्र के बारे में सीखा। एम्मा ने कहा, "तो यह बात है। मैं इस झमेले में से इस तरह बाहर निकलूँगी!"

सभी प्रतिभागियों की तरह हमने एम्मा को भी अपने पैसे को कई अलग-अलग ख़ातों में बाँटने को कहा था। उसने सोचा, "यह दिख तो बहुत बढ़िया रहा है, लेकिन मेरे पास तो बाँटने के लिए पैसा ही नहीं है!" चूँकि एम्मा कोशिश करना चाहती थी, इसलिए उसने एक डॉलर प्रति माह की धनराशि को ख़ातों में बाँटा। हाँ, आपने सही पढ़ा, सिर्फ़ एक डॉलर प्रति माह।

हम जो विभाजन विधि सिखाते हैं, उसका प्रयोग करते हुए उसने एक डॉलर में से दस सेंट वित्तीय स्वतंत्रता ख़ाते में डाल दिए। उसने सबसे पहली बात यह सोची, "मैं दस सेंट प्रति माह में वित्तीय रूप से स्वतंत्र कैसे बन सकती हूँ?" इस पर उसने हर महीने उस डॉलर को दोगुना करने का संकल्प किया। अगले महीने उसने दो डॉलर विभाजित किए, फिर तीसरे महीने चार डॉलर, फिर आठ डॉलर, फिर सोलह डॉलर, फिर बत्तीस डॉलर, फिर चौंसठ डॉलर और बारहवें महीने तक वह हर महीने 2048 डॉलर विभाजित करने लगी थी।

फिर दो साल बाद उसे अपनी कोशिशों के कुछ अद्‌भुत फल मिलने लगे। वह अपने वित्तीय स्वतंत्रता ख़ाते में सीधे 10,000 डॉलर डालने में कामयाब हो गई! उसने अपने पैसे का प्रबंधन करने की इतनी अच्छी आदत डाल ली थी कि जब उसे 10,000 डॉलर का बोनस चेक मिला, तो उसे किसी और चीज़ के लिए पैसे की ज़रूरत ही नहीं थी!

एम्मा अब कर्ज़ के जाल से बाहर निकल चुकी है और वित्तीय रूप से स्वतंत्र होने की राह पर है। यह सब इसलिए हुआ, क्योंकि उसने सीखे हुए सिद्धांत पर अमल किया, भले ही उसने यह काम 1 डॉलर प्रति माह से शुरू किया हो।

इससे कोई फ़र्क़ नहीं पड़ता कि इस वक़्त आपके पास ढेर सारा पैसा है या बहुत कम पैसा है। फ़र्क़ तो इससे पड़ता है कि आप तत्काल अपने पास मौजूद पैसे का प्रबंधन करने लगते हैं। आपको हैरानी होगी कि आपको कितनी जल्दी और कितना ज़्यादा पैसा मिल जाएगी।

मेरे मिलियनेअर माइंड इनटेंसिव सेमिनार में एक और विद्यार्थी ने सवाल किया, "मैं अपने पैसे का प्रबंधन कैसे कर सकता हूँ, जबकि मैं पहले से ही उधार के पैसे पर जी रहा हूँ?" जवाब है, एक और डॉलर उधार लेकर उस डॉलर का प्रबंधन करें। भले ही आप उधार पर चल रहे हों या हर महीने आपको बहुत कम पैसा मिलता हो, लेकिन आपको उस पैसे का प्रबंधन करना चाहिए, क्योंकि यहाँ पर "भौतिक" जगत से भी ज़्यादा बड़ा सिद्धांत काम कर रहा है: यह एक आध्यात्मिक सिद्धांत भी है। जब आप ब्रह्मांड के सामने यह साबित कर देंगे कि आप अपने पैसे का उचित प्रबंधन कर सकते हैं, तो आपके जीवन में पैसे के चमत्कार होने लगेंगे।

वित्तीय स्वतंत्रता बैंक ख़ाता खोलने के अलावा अपने घर में एक वित्तीय स्वतंत्रता पात्र भी रखें और हर दिन इसमें पैसे डालें। यह राशि 10 डॉलर हो सकती है, 5 डॉलर हो सकती है, 1 डॉलर हो सकती है, एक सिक्का भी हो सकता है या आपकी सारी चिल्लर हो सकती है। धनराशि महत्वपूर्ण नहीं है; महत्वपूर्ण तो आदत है। रहस्य एक बार फिर वित्तीय रूप से स्वतंत्र बनने के अपने लक्ष्य पर हर दिन "ध्यान" देना है। चीज़ें अपने समान चीज़ों को आकर्षित करती हैं; पैसा ज़्यादा पैसे को आकर्षित करता है। इस पात्र को अपना "धन का चुंबक" बना लें और अपने जीवन में वित्तीय स्वतंत्रता पाने के लिए ज़्यादा पैसों और मौक़ों को आकर्षित करें।

मुझे यक़ीन है कि आपने दीर्घकालीन निवेश के लिए 10 प्रतिशत आमदनी बचाने की सलाह पहले भी सुनी होगी, लेकिन शायद आप पहली बार यह सुन रहे होंगे कि आपको अपनी 10 प्रतिशत आमदनी एक ऐसे ख़ाते में भी रखनी चाहिए, जो सिर्फ़ "उड़ाने" के लिए हो।

पैसे का प्रबंधन करने का एक बहुत बड़ा रहस्य संतुलन बनाना है। एक तरफ़ तो आप ज़्यादा से ज़्यादा पैसा बचाना चाहते हैं, ताकि आप उसका निवेश कर सकें और ज़्यादा पैसे कमा सकें। दूसरी तरफ़, आपको अपनी आमदनी के दूसरे 10 प्रतिशत हिस्से को "प्ले" अकाउंट में डालने की ज़रूरत है। क्यों? क्योंकि हम प्रकृति से संपूर्णतावादी होते हैं। आप अपने जीवन के दूसरे हिस्से को प्रभावित किए बिना पहले हिस्से को प्रभावित नहीं कर सकते। कुछ लोग बचत करते हैं, बचत करते हैं, बचत करते हैं और हालाँकि इससे उनका तार्किक व ज़िम्मेदार पहलू संतुष्ट हो जाता है, लेकिन उनकी "अंतरात्मा" संतुष्ट नहीं होती है। अंततः यह "आनंद चाहने वाला" पहलू कहेगा, "बहुत हो गया। मुझ पर भी कुछ ध्यान दो।" और फिर वह बचत के परिणामों को ध्वस्त कर देगा।

दूसरी तरफ़, अगर आप ख़र्च करते हैं, ख़र्च करते हैं, ख़र्च करते हैं, तो आप न सिर्फ़ कभी अमीर नहीं बन पाएँगे, बल्कि आपका ज़िम्मेदार हिस्सा अंततः ऐसी स्थिति पैदा कर देगा, जहाँ आप अपने पैसे से ख़रीदी चीज़ों का कभी आनंद नहीं ले पाएँगे और अपराधबोध महसूस करेंगे। वह अपराधबोध फिर आपकी भावनाओं को अभिव्यक्त करने के लिए अचेतन रूप से ज़्यादा ख़र्च करवाएगा। हालाँकि हो सकता है आप कुछ समय के लिए बेहतर महसूस करने लगें, लेकिन जल्दी ही अपराधबोध और शर्म लौट आएगी। यह एक दुष्चक्र है और इसे रोकने का इकलौता तरीक़ा अपने पैसे का उचित प्रबंधन सीखना है।

आपका प्ले अकाउंट मूलतः आपको ज़िंदगी के मज़े देने के लिए है - ऐसे काम करने के लिए, जिन्हें आम तौर पर आप नहीं करते। यह बहुत ख़ास चीज़ों के लिए है, जैसे रेस्तराँ में जाकर सबसे अच्छे डिनर या शैंपेन की बोतल का ऑर्डर देना। या दिन भर के लिए नाव किराए पर लेना। या शनिवार रात की पार्टी के लिए किसी शानदार होटल में रहना।

प्ले अकाउंट का नियम यह है कि इसे हर महीने ख़र्च करना ज़रूरी है। यह सही है! हर महीने आपको उस ख़ाते का सारा पैसा इस तरह उड़ाना चाहिए, ताकि आपको महसूस हो कि आप अमीर हैं। उदाहरण के लिए, कल्पना करें कि आप मसाज सेंटर में जा रही हैं, अपने ख़ाते का सारा पैसा काउंटर पर रख रही हैं और मसाज करने वाली दो प्रोफ़ेशनल्स से कह रही हैं, "मैं आप *दोनों* से मसाज करवाना चाहती हूँ। हॉट रॉक्स और ककड़ियों के साथ। उसके

बाद मेरे लिए लंच मँगवा दें!”

जैसा मैंने कहा, फ़िज़ूलख़र्ची। हममें से ज़्यादातर लोग अपनी बचत योजना पर तभी चल पाएँगे, जब हम मौज-मस्ती की योजना से इसका संतुलन बना लेंगे, जो हमें अपनी कोशिश के लिए पुरस्कार देगी। आपका प्ले अकाउंट आपकी “पाने वाली” मांसपेशी को मज़बूत करने के लिए भी तैयार किया गया है। यह पैसे के प्रबंधन को बहुत मज़ेदार बना देता है। प्ले अकाउंट और वित्तीय स्वतंत्रता ख़ाते के अलावा मैं आपको चार अन्य ख़ाते खुलवाने की सलाह भी देता हूँ। ये अन्य ख़ाते हैं :

ख़र्च करने के लिए अपने दीर्घकालीन बचत ख़ाते में 10 प्रतिशत

शिक्षा ख़ाते में 10 प्रतिशत

आवश्यकता ख़ाते में 50 प्रतिशत

दान ख़ाते में 10 प्रतिशत

ग़रीब लोग सोचते हैं कि आमदनी ही सब कुछ है। वे मानते हैं कि अमीर बनने के लिए इंसान को बहुत सारा पैसा कमाना पड़ता है। एक बार फिर कहता हूँ, यह विचार घटिया घोड़े की घटिया लीद है! सच्चाई तो यह है कि अगर आप अलग-अलग ख़ातों की योजना के हिसाब से अपने पैसे का प्रबंधन करते हैं, तो आप तुलनात्मक रूप से कम आमदनी के बावजूद आर्थिक दृष्टि से स्वतंत्र बन सकते हैं। अगर आप पैसे का बुरा प्रबंधन करते हैं, तो आप आर्थिक दृष्टि से स्वतंत्र नहीं बन सकते, चाहे आपकी आमदनी कितनी ही ज़्यादा क्यों न हो। इसीलिए ऊँची आय वाले बहुत सारे प्रोफ़ेशनल्स - डॉक्टर, वकील, खिलाड़ी और यहाँ तक कि अकाउंटेंट्स भी - मूलतः कड़के होते हैं, क्योंकि महत्वपूर्ण सिर्फ़ यही नहीं है कि अंदर कितना आता है, महत्वपूर्ण तो यह है कि आप अंदर आने वाली आमदनी के साथ करते क्या हैं।

हमारे एक प्रतिभागी जॉन ने मुझे बताया कि जब उसने पहली बार धन प्रबंधन सिस्टम के बारे में सुना, तो उसने सोचा, “कितना बोरिंग काम है! कोई इस नीरस काम में अपना क़ीमती समय क्यों लगाना चाहेगा ?” फिर बाद में सेमिनार के दौरान उसे आख़िरकार यह एहसास हो गया कि वह किसी दिन

आर्थिक दृष्टि से स्वतंत्र होना चाहता है, ख़ास तौर पर जल्दी, इसलिए उसे भी अमीर लोगों की तरह अपने पैसे का प्रबंधन करना ही होगा।

जॉन को यह नई आदत डालनी थी, क्योंकि यह निश्चित रूप से उसके लिए स्वाभाविक नहीं थी। उसने कहा कि इससे उसे एक पुरानी घटना याद आई, जब वह ट्राएथलॉन का प्रशिक्षण ले रहा था। वह तैराकी और साइकलिंग में सचमुच अच्छा था, लेकिन दौड़ने से नफ़रत करता था। दौड़ने से उसकी पीठ, पैर और घुटने दुखने लगते थे। हर प्रशिक्षण सत्र के बाद उसका शरीर अकड़ने लगता था। वह हमेशा हाँफता रहता था और उसके फेफड़े हर बार जलते थे, हालाँकि वह तेज़ नहीं भागता था! दौड़ने का नाम सुनकर ही उसे दहशत होने लगती थी। बहरहाल, वह जानता था कि अगर उसे बेहतरीन ट्राएथलीट बनना है, तो उसे दौड़ना सीखना होगा। यह उसकी सफलता के लिए अनिवार्य था। जहाँ अतीत में जॉन दौड़ने से बचता था, अब उसने हर दिन दौड़ लगाने का फ़ैसला किया। कुछ महीनों बाद उसे दौड़ने में मज़ा आने लगा और वह हर दिन इसके लिए उत्सुक रहने लगा।

जॉन के साथ यही धन प्रबंधन के क्षेत्र में भी हुआ। शुरुआत में तो वह इसके हर मिनट से नफ़रत करता था, लेकिन बाद में वह दरअसल इसे पसंद करने लगा। अब वह इस बात का इंतज़ार करता है कि कब तनख़्वाह मिले और वह उसे अलग-अलग ख़ातों में विभाजित कर दे! उसे यह देखने में भी मज़ा आता है कि उसकी नेट वर्थ शून्य से तीन लाख डॉलर हो गई है और हर दिन बढ़ रही है।

मूल बात यह है : या तो आप पैसे को नियंत्रित करते हैं, या फिर यह आपको नियंत्रित कर लेगा। पैसे को नियंत्रित करने के लिए आपको इसका प्रबंधन करना होगा।

दौलत का सिद्धांत :
या तो आप पैसे को नियंत्रित करते हैं, या फिर यह आपको
नियंत्रित कर लेगा।

मुझे अच्छा लगता है, जब सेमिनार से निकलने के बाद लोग बताते हैं कि

अपने पैसे का सही प्रबंधन शुरू करने के बाद वे धन, सफलता और स्वयं के बारे में कितना ज़्यादा आत्मविश्वास महसूस करने लगे हैं। सबसे अच्छी बात यह है कि यह आत्मविश्वास उनके जीवन के दूसरे हिस्सों में भी पहुँच जाता है और उनकी ख़ुशी, उनके संबंधों और यहाँ तक कि उनकी सेहत को भी बढ़ाता है।

पैसा आपके जीवन का एक बड़ा हिस्सा है और जब आप सीख जाते हैं कि आप अपनी वित्तीय स्थिति को नियंत्रण में कैसे रख सकते हैं, तो आपके जीवन के सभी क्षेत्र हवा से बातें करने लगेंगे।

घोषणा ः दिल पर हाथ रखकर कहें ...

　　"मैं बेहतरीन धन प्रबंधक हूँ।"

अपना सिर छूकर कहें ...

　　"मेरे पास मिलियनेअर मस्तिष्क है!"

मिलियनेअर मस्तिष्क की गतिविधियाँ

1. अपना वित्तीय स्वतंत्रता ख़ाता खोलें और अपनी दस प्रतिशत आमदनी (टैक्स के बाद) इस ख़ाते में डालें। इस पैसे को कभी ख़र्च नहीं करना है, इसका तो सिर्फ़ निवेश करना है, ताकि आपको रिटायरमेंट के बाद निष्क्रिय आमदनी मिलती रहे।

2. अपने घर में एक वित्तीय स्वतंत्रता पात्र रख लें और हर दिन उसमें पैसे डालें। यह राशि 10 डॉलर, 5 डॉलर, 1 डॉलर, एक सिक्का या आपकी सारी चिल्लर हो सकती है। एक बार फिर, इससे आपका ध्यान अपनी वित्तीय स्वतंत्रता पर केंद्रित रहेगा और जिस चीज़ पर आपका ध्यान होगा, वहीं परिणाम नज़र आएँगे।

3. प्ले अकाउंट खोलें या अपने घर में एक प्ले बॉक्स रखें, जिसमें आप अपनी आमदनी का 10 प्रतिशत जमा करें। प्ले अकाउंट और वित्तीय स्वतंत्रता ख़ाते के अलावा चार अन्य ख़ाते खोलें और उनमें निम्नलिखित प्रतिशत जमा करें ः

ख़र्च करने के लिए अपने दीर्घकालीन बचत ख़ाते में 10 प्रतिशत

क्रिस्टीन क्लोज़र की सफलता की कहानी

प्रेषक: क्रिस्टीन क्लोज़र

प्रति : टी. हार्व एकर

टी. हार्व एकर के मिलियनेअर माइंड इनटेंसिव सेमिनार में भाग लेने के बाद पैसे के साथ मेरे संबंध पूरी तरह बदल गए और मेरा बिज़नेस एक साल में 400 प्रतिशत बढ़ गया।

इससे भी महत्वपूर्ण बात यह है कि मेरे पति और मैं आख़िरकार "समझ" गए कि हर महीने अपनी आमदनी के पहले 10 प्रतिशत हिस्से की बचत कितनी महत्वपूर्ण है, चाहे जो हो जाए। मुझे यह कहते हुए ख़ुशी हो रही है कि हार्व के कोर्स में भाग लेने के बाद कुछ ही सालों में हमने इतना ज़्यादा पैसा बचा लिया है, जितना उससे पहले के पंद्रह सालों में नहीं बचा पाए थे!

इसके अलावा, अपने आपसी संबंधों में पैसे के मुद्दे सुलझाने की जो तकनीकें हमने सीखी हैं, उनके कारण हमारे बीच "पैसे की बहस" भी ख़त्म हो गई है।

हार्व के धन प्रबंधन तंत्र पर अमल करना आसान है और यह *कारगर* है!

आपकी सफलता के नाम।

शिक्षा ख़ाते में 10 प्रतिशत

आवश्यकता ख़ाते में 50 प्रतिशत

दान ख़ाते में 10 प्रतिशत

4. **आपके पास जितना भी पैसा हो, इसी समय उसका प्रबंधन शुरू कर दें। एक दिन भी इंतज़ार न करें। भले ही आपके पास सिर्फ़ एक डॉलर हो, उस डॉलर का प्रबंधन करें। इसमें से दस सेंट निकालकर अपने वित्तीय स्वतंत्रता पात्र में डाल दें और दूसरे 10 सेंट लेकर अपने प्ले अकाउंट बॉक्स में डाल दें। सिर्फ़ यह छोटा सा काम ही ब्रह्मांड को संदेश भेज देगा कि आप ज़्यादा पैसे के लिए तैयार हैं। ज़ाहिर है, अगर आप इससे ज़्यादा पैसे का प्रबंधन कर सकते हों, तो अवश्य करें।**

दौलत की फ़ाइल # 15

अमीर लोग पैसे से अपने लिए कड़ी मेहनत करवाते हैं। ग़रीब लोग अपने पैसे के लिए कड़ी मेहनत करते हैं।

अगर आप अधिकांश लोगों जैसे हैं, तो बचपन से आपकी प्रोग्रामिंग इस तरह हुई होगी कि "आपको पैसे के लिए कड़ी मेहनत करनी होगी।" बहरहाल, ज़्यादा संभावना इस बात की है कि आप इस तरह की महत्वपूर्ण कंडीशनिंग के साथ बड़े नहीं हुए होंगे कि आप "पैसे से अपने लिए कड़ी मेहनत करवाएँ।"

बेशक कड़ी मेहनत महत्वपूर्ण है, लेकिन सिर्फ़ कड़ी मेहनत करके आप कभी अमीर नहीं बन सकते। हम यह बात कैसे जानते हैं? अपने आस-पास की दुनिया पर एक नज़र डालकर ख़ुद देख लें। करोड़ों - नहीं, इसे अरबों कर लें - लोग दिन-रात बुरी तरह काम करते हैं और अपना ख़ून-पसीना एक कर देते हैं। क्या वे सभी अमीर हैं? नहीं! क्या उनमें से ज़्यादातर अमीर हैं? नहीं! क्या उनमें से बहुत से अमीर हैं? नहीं! उनमें से ज़्यादातर या तो कंगाल हैं या उसके बहुत क़रीब हैं। दूसरी तरफ़, दुनिया के कंट्री क्लबों में मनोरंजन कौन करता है? दोपहर में गोल्फ़, टेनिस या तैराकी के शौक कौन पूरे करता है? कौन हर दिन शॉपिंग करता है और हर सप्ताह छुट्टियाँ मनाता है? मैं आपको तीन अंदाज़े दूँगा और पहले दो अंदाज़े गिनती में ही नहीं आते। अमीर लोग, और कौन! हम एक बात साफ़ समझ लें : अमीर बनने के लिए आपको कड़ी मेहनत करनी होगी, यह विचार बकवास के सिवाय कुछ नहीं है!

कार्य संबंधी पुराना प्रोटेस्टेंट सिद्धांत कहता है, "एक डॉलर की तनख़्वाह के बदले में एक डॉलर का काम।" इस कहावत में कुछ भी ग़लत नहीं है, वे सिर्फ़ हमें यह बताना भूल गए कि उस "एक डॉलर की तनख़्वाह" का हमें करना क्या है। उस डॉलर से क्या करना है, यह जानकर आप कड़ी मेहनत के बजाय *स्मार्ट* मेहनत की ओर बढ़ जाते हैं।

अमीर लोग दिन भर खेल सकते हैं और आराम कर सकते हैं, क्योंकि वे स्मार्ट तरीक़े से काम करते हैं। वे लीवरेज के सिद्धांत को समझते हैं और उसका इस्तेमाल करते हैं। वे दूसरे लोगों को नौकरी पर रख लेते हैं, जो उनके लिए काम करते हैं। इसके अलावा, वे अपने पैसे से भी अपने लिए काम करवाते हैं।

हाँ, मेरा अनुभव बताता है कि आपको पैसे के लिए कड़ी मेहनत करनी पड़ती है। बहरहाल, अमीर लोगों के लिए यह स्थिति अस्थायी होती है। ग़रीब लोगों के लिए यह स्थायी होती है। अमीर लोग जानते हैं कि "आपको" तब तक कड़ी मेहनत करनी होती है, जब तक कि आपका "पैसा" आपकी जगह कड़ी मेहनत न करने लगे। वे यह बात समझते हैं कि *आपका पैसा जितना ज़्यादा काम करेगा, आपको उतना ही कम काम करना पड़ेगा।*

याद रखें, धन ऊर्जा है। ज़्यादातर लोग काम की ऊर्जा डालकर धन की ऊर्जा पाते हैं। जो लोग वित्तीय स्वतंत्रता हासिल करते हैं, वे यह सीख चुके हैं कि काम की ऊर्जा की जगह पर ऊर्जा के दूसरे प्रकारों का किस तरह इस्तेमाल करना है। इन प्रकारों में शामिल हैं दूसरे लोगों का काम, बिज़नेस सिस्टम्स का काम या निवेश पूँजी का काम। एक बार फिर, पहले पैसे के लिए कड़ी मेहनत करें, फिर पैसे को अपने लिए कड़ी मेहनत करने दें।

जब पैसे के खेल की बात आती है, तो ज़्यादातर लोगों को ज़रा भी अंदाज़ा नहीं होता है कि जीत का पैमाना क्या है? आपका लक्ष्य क्या है? आप यह मैच कब जीत जाएँगे? क्या आप दिन में तीन बार भोजन करने के लिए निशाना साध रहे हैं? एक लाख डॉलर सालाना आमदनी के लिए? मिलियनेअर बनने के लिए या मल्टीमिलियनेअर बनने के लिए? मिलियनेअर माइंड इनटेंसिव सेमिनार में हम पैसे के खेल का यह लक्ष्य सिखाते हैं कि आपको "दोबारा कभी काम न करना पड़े ... जब तक कि आप करना न चाहें," और अगर आप काम करें, तो "ज़रूरत के कारण नहीं, शौक़ से" करें।

दूसरे शब्दों में, लक्ष्य जल्दी से जल्दी "वित्तीय स्वतंत्रता" पाना है। वित्तीय स्वतंत्रता की मेरी परिभाषा सरल है : *यह मनचाही जीवनशैली जीने की क्षमता है, जबकि आपको पैसे के लिए नौकरी करने या किसी दूसरे पर निर्भर रहने की ज़रूरत न हो।*

ग़ौर करें, इस बात की पूरी संभावना है कि आपकी मनचाही जीवनशैली को पाने में पैसा ख़र्च होगा। इसलिए "स्वतंत्र" बनने के लिए आपको बिना काम किए पैसा कमाने की ज़रूरत होगी। हम बग़ैर काम के हासिल होने वाली आमदनी को निष्क्रिय आमदनी कहते हैं। पैसे के खेल को खेलने के लिए आपका लक्ष्य इतनी *निष्क्रिय* आमदनी पाना है, ताकि आप अपनी मनचाही जीवनशैली

का ख़र्च उठा सकें। संक्षेप में, जब आपकी निष्क्रिय आमदनी आपके ख़र्च से ज़्यादा हो जाती है, तब आप आर्थिक दृष्टि से स्वतंत्र हो जाते हैं।

मैंने निष्क्रिय आमदनी के दो मूलभूत स्रोत पहचाने हैं। पहला है, "पैसा आपके लिए काम कर रहा हो।" इसमें शेयरों, बॉण्ड, टी-बिल्स, धन के बाज़ार, मीच्युअल फ़ंड जैसे निवेशों से होने वाली आमदनी शामिल है। इसमें मॉर्टगेज का स्वामित्व या अन्य संपत्तियाँ भी शामिल हैं, जिनका मूल्य बढ़ता है और जिन्हें बेचा जा सकता है।

निष्क्रिय आमदनी का दूसरा प्रमुख स्रोत है, "बिज़नेस आपके लिए काम कर रहा हो।" इसमें आपको अपने बिज़नेस से लगातार आमदनी हासिल करनी होगी, हालाँकि बिज़नेस चलाने और आमदनी पाने के लिए आपको व्यक्तिगत रूप से बिज़नेस में काम करने की ज़रूरत नहीं होगी। इसके कुछ उदाहरण हैं : रेंटल रियल एस्टेट; पुस्तक, संगीत या सॉफ़्टवेयर से मिलने वाली रॉयल्टी; अपने विचारों की लाइसेंसिंग; फ्रैंचाइज़र बनना; स्टोरेज यूनिट का स्वामी बनना; वेंडिंग या सिक्कों से चलने वाली अन्य मशीनों का मालिक बनना; और नेटवर्क मार्केटिंग। इसमें दुनिया में कोई भी ऐसा बिज़नेस करना भी शामिल है, जो एक सुचारू व्यवस्था के तहत आपके बिना चल सकता हो। एक बार फिर, यह ऊर्जा का मामला है। विचार यह है कि अब आपके बजाय बिज़नेस काम कर रहा है और लोगों को मूल्य प्रदान कर रहा है।

उदाहरण के लिए, नेटवर्क मार्केटिंग एक अद्भुत विचार है। पहली बात, इसमें आम तौर पर शुरू में आपको ढेर सारी पूँजी लगाने की ज़रूरत नहीं होती है। दूसरी बात, जब आप शुरुआती काम कर लेते हैं, तो आपको रेसिड्युअल आमदनी (एक अन्य प्रकार की आमदनी, जिसमें आपको बाद में काम करने की ज़रूरत नहीं होती है) साल दर साल मिलती रहती है। नियमित नौ से पाँच की नौकरी में ऐसा करके देखाएँ!

मैं निष्क्रिय आमदनी के स्रोत बनाने के महत्व पर बहुत ज़ोर देता हूँ। इसका काम सरल है। निष्क्रिय आमदनी के बिना आप कभी स्वतंत्र नहीं हो सकते। लेकिन, और यह एक बड़ा लेकिन है, क्या आप जानते हैं कि ज़्यादातर लोगों को निष्क्रिय आमदनी बनाने में मुश्किल होती है? इसके तीन कारण होते हैं। पहला, कंडीशनिंग। हममें से ज़्यादातर की वास्तविक प्रोग्रामिंग निष्क्रिय आमदनी

नहीं कमाने की होती है। जब आप तेरह से सोलह साल के बीच के रहे होंगे और आपको पैसे की ज़रूरत पड़ी होगी, तो आपके माता-पिता ने आपसे क्या कहा था? क्या उन्होंने कहा था, "अच्छी बात है, जाओ और थोड़ी निष्क्रिय आमदनी हासिल करो?" मुझे तो नहीं लगता! इसके बजाय हममें से ज़्यादातर ने सुना था, "काम पर जाओ," "नौकरी खोजो," या ऐसी ही कोई और बात। हमें पैसे के लिए "काम करना" सिखाया गया था। निष्क्रिय आमदनी हासिल करना हममें से ज़्यादातर के लिए स्वाभाविक नहीं है।

दूसरी बात, हममें से ज़्यादातर लोगों को कभी सिखाया ही नहीं गया कि निष्क्रिय आमदनी हासिल कैसे जाती है।

मेरे स्कूल में *निष्क्रिय आमदनी 101* नामक विषय भी नहीं पढ़ाया जाता था। वहाँ मैंने लकड़ी और धातु के काम सीखे (ध्यान दें कि दोनों "काम" थे) और अपनी माँ के नक़्शेक़दम पर चला। चूँकि हमने स्कूल में निष्क्रिय आमदनी के स्रोत बनाना नहीं सीखा, इसलिए हमने इसे कहीं और सीखा, ठीक है क्या? मुझे ऐसा नहीं लगता! अंतिम परिणाम यह है कि हममें से ज़्यादातर लोग इसके बारे में बहुत ज़्यादा नहीं *जानते* हैं और इसलिए इसके बारे में ज़्यादा कुछ *करते* भी नहीं हैं।

चूँकि हमें निष्क्रिय आमदनी और निवेश के बारे में कभी ज़्यादा नहीं सिखाया गया, इसलिए हमने इसकी तरफ़ कभी ज़्यादा ध्यान भी नहीं दिया। हमारे कैरियर और बिज़नेस का लक्ष्य काम करके आमदनी बनाना था। अगर आप बचपन से ही समझ जाते कि मूल आर्थिक लक्ष्य निष्क्रिय आमदनी बनाना है, तो क्या आप कैरियर के विकल्पों पर दोबारा विचार नहीं करते?

मैं हमेशा लोगों को सलाह देता हूँ कि वे अपने बिज़नेस या कैरियर को बदलकर ऐसी दिशा खोजें, जहाँ निष्क्रिय आमदनी की धाराएँ उत्पन्न करना सहज और तुलनात्मक रूप से ज़्यादा आसान हो। यह ख़ास तौर पर आज महत्वपूर्ण है, क्योंकि बहुत सारे लोग सेवा व्यवसाय में काम करते हैं, जहाँ पैसा कमाने के लिए उन्हें व्यक्तिगत रूप से मौजूद रहना पड़ता है। व्यक्तिगत सेवा व्यवसाय में कुछ ग़लत नहीं है, सिवाय इसके कि जब तक आप अपने निवेश के घोड़े काफ़ी जल्दी तैयार नहीं कर लेते हैं और बहुत अच्छा प्रदर्शन नहीं करते हैं, तब तक आप हमेशा काम के जाल में फँसे रहते हैं।

अगर आप तत्काल या आगे चलकर निष्क्रिय आमदनी उत्पन्न करने वाला बिज़नेस चुन लेते हैं, तो आपको दोनों संसारों का सर्वश्रेष्ठ मिल जाएगा – अभी काम करके आमदनी और बाद में निष्क्रिय आमदनी। कुछ पैरेग्राफ़ पहले मैंने निष्क्रिय आमदनी देने वाले कुछ व्यावसायिक विकल्प बताए हैं, उनकी समीक्षा करें।

दुर्भाग्य से, लगभग हर व्यक्ति के पास धन का ब्लूप्रिंट होता है, जिसमें काम *करके* आमदनी कमाने का सॉफ़्टवेयर होता है, *जबकि* निष्क्रिय आमदनी का सॉफ़्टवेयर नहीं होता है। यह नज़रिया क्रांतिकारी ढंग से बदल जाएगा, जब आप मिलियनेअर माइंड इनटेंसिव सेमिनार में भाग लेंगे, जहाँ अनुभवजन्य तकनीकों के प्रयोग से हम आपके धन के ब्लूप्रिंट को बदल देते हैं। फिर आपके लिए ढेर सारी निष्क्रिय आमदनी पाना सामान्य और सहज हो जाएगा।

अमीर लोग दूर की सोचते हैं। वे आज के आनंद पर होने वाले ख़र्च में कटौती करके उसका निवेश कल की स्वतंत्रता में करते हैं। ग़रीब लोग पास की सोचते हैं। वे अपनी ज़िंदगी तात्कालिक संतुष्टि के लिए जीते हैं। ग़रीब लोग यह बहाना बनाते हैं, "जब आज ही ज़िंदा रहना मुश्किल है, तो मैं कल के बारे में कैसे सोच सकता हूँ ?" समस्या यह है कि अंततः कल आज में बदल जाता है। अगर आपने आज की समस्याओं की परवाह नहीं की है, तो आप यही बात कल भी दोहराएँगे।

अपनी दौलत बढ़ाने के लिए आपको या तो ज़्यादा कमाना होगा या फिर कम ख़र्च में गुज़ारा करना होगा। मुझे नहीं लगता है कि कोई आपके सिर पर बंदूक तानकर कहता हो कि आपको किस मकान में रहना है, कौन सी कार चलानी है, कौन से कपड़े पहनने हैं या किस तरह का भोजन करना है। आपके पास ये विकल्प चुनने की शक्ति है। यह प्राथमिकताओं का मामला है। ग़रीब लोग *वर्तमान* का चुनाव करते हैं, अमीर लोग *वर्तमान और भविष्य के बीच संतुलन* का चुनाव करते हैं। इससे मुझे अपने सास–ससुर की याद आती है।

मेरी पत्नी के माता-पिता पच्चीस साल तक एक वैरायटी स्टोर के मालिक थे, जो सेवन-इलेवन का छोटा संस्करण था और बहुत छोटा था। उनकी ज़्यादातर आमदनी सिगरेट, कैंडी बार, आइसक्रीम, च्युइंग गम और सोडा बेचकर होती थी। उन दिनों वहाँ पर लॉटरी टिकट भी नहीं बिकते थे। औसत बिक्री एक डॉलर से भी कम होती थी। संक्षेप में, वे "चिल्लर" बिज़नेस में थे। फिर भी

वे ज़्यादातर चिल्लर को बचा लेते थे। वे रेस्तराँ में डिनर करने नहीं जाते थे। वे डिज़ाइनर कपड़े नहीं पहनते थे। वे लेटेस्ट कार नहीं चलाते थे। वे आरामदेह ढंग से रहते थे, लेकिन किफ़ायत से। अंततः उन्होंने अपना हाउस लोन पटा दिया और वह आधा प्लाज़ा भी ख़रीद लिया, जहाँ उनका स्टोर स्थित था। "पाई-पाई" बचाकर और निवेश करके मेरे ससुर उनसठ साल की उम्र में आराम से रिटायर होने में कामयाब हो गए।

मुझे आपको यह बताते हुए अच्छा नहीं लग रहा है, लेकिन ज़्यादातर मामलों में तात्कालिक संतुष्टि के लिए चीज़ें ख़रीदना समस्या का हल नहीं है। यह जीवन में हमारी असंतुष्टि की भरपाई करने की निरर्थक कोशिश से ज़्यादा कुछ नहीं है। अक्सर, आपके पास जो पैसा नहीं है, उसे "ख़र्च करना" आपके मन के "उड़ाऊ" भाव से आता है। इस सिंड्रोम को आम तौर पर रिटेल थैरेपी के नाम से जाना जाता है। ज़्यादा ख़र्च करने और तात्कालिक संतुष्टि की ज़रूरत का ख़रीदी जाने वाली चीज़ से बहुत कम लेना-देना होता है। इसका लेना-देना तो आपके जीवन में संतुष्टि की कमी से होता है। ज़ाहिर है, अगर ज़्यादा ख़र्च आपकी तात्कालिक भावनाओं के कारण नहीं हो रहा है, तो फिर यह आपके धन के ब्लूप्रिंट के कारण हो रहा है।

हमारी एक विद्यार्थी नैटेली के अनुसार उसके माता-पिता बेहद कंजूस थे! वे हर चीज़ के लिए डिसकाउंट कूपन का इस्तेमाल करते थे। उसकी माँ के पास कूपनों से भरा एक फ़ाइल बॉक्स था, जिसमें कूपन श्रेणी के हिसाब से जमे रहते थे। उसके पिता के पास पंद्रह साल पुरानी कार थी, जिसमें ज़ंग लग रही थी। नैटेली को उस कार में बैठने में शर्म आती थी, ख़ास तौर पर तब, जब उसकी माँ उसे स्कूल से लेने आती थीं। कार में बैठते समय नैटेली प्रार्थना करती थी कि कोई देख न रहा हो। छुट्टियों में उसका परिवार कभी मोटल या होटल में नहीं ठहरता था। वे हवाई जहाज़ से यात्रा भी नहीं करते थे, बल्कि खटारा कार से ग्यारह दिन तक देश भर में घिसटते रहते थे, पूरे रास्ते, हर साल!

हर चीज़ "बहुत महँगी"" मानी जाती थी। नैटेली सोचती थी कि वे लोग कंगालों की तरह जी रहे हैं। लेकिन उसके डैडी हर साल 75,000 डॉलर कमाते थे, जो उस वक़्त उसे बहुत ज़्यादा आमदनी लगती थी। वह दुविधा में थी।

चूँकि वह उनकी कंजूसी की आदत से चिढ़ती थी, इसलिए वह उनके विपरीत

बन गई। वह हर चीज़ हाई क्लास और महँगी चाहती थी। जब वह घर से निकलकर ख़ुद कमाने लगी, तो उसे इस बात का एहसास ही नहीं हुआ, लेकिन पलक झपकते ही वह अपने पास का सारा पैसा ख़र्च कर देती थी और कर्ज़ में डूब जाती थी!

नैटेली के पास क्रेडिट कार्ड थे, मेंबरशिप कार्ड थे, और भी न जाने कौन-कौन से कार्ड थे। उसने यह झमेला इतना फैला लिया कि आख़िरकार वह न्यूनतम धनराशि भी नहीं चुका सकती थी! तब जाकर वह मिलियनेअर माइंड इनटेंसिव सेमिनार में आई और वह कहती है कि इसने उसकी ज़िंदगी बचा ली।

मिलियनेअर माइंड इनटेंसिव में एक अभ्यास है, जहाँ हम आपके "आर्थिक व्यक्तित्व" को पहचानते हैं। उस अभ्यास की वजह से नैटेली की पूरी दुनिया बदल गई। उसने पहचान लिया कि वह अपना सारा पैसा क्यों ख़र्च कर रही है। यह कंजूस माता-पिता के ख़िलाफ़ उसका विद्रोह था। यह ख़ुद के और दुनिया के सामने यह साबित करना भी था कि वह कंजूस नहीं है। कोर्स के बाद से उसका ब्लूप्रिंट बदल गया। नैटेली कहती है कि अब उसके मन में "मूर्खतापूर्ण" तरीक़ों से पैसा ख़र्च करने की इच्छा नहीं होती है।

नैटेली ने बताया कि वह हाल ही में एक मॉल से गुज़र रही थी और उसने अपने एक प्रिय स्टोर के विंडो डिस्प्ले में एक बेहतरीन हल्का भूरा स्यूड और फ़र कोट लटका देखा। तत्काल उसके दिमाग़ ने कहा, "वह कोट तुम पर बहुत प्यारा लगेगा, ख़ास तौर पर तुम्हारे सुनहरे बालों के साथ। तुम्हें उसकी ज़रूरत है। तुम्हारे पास जाड़े में पहनने के लिए कोई अच्छा कोट नहीं है।" बस फिर क्या था, वह तत्काल स्टोर में चली गई और जब वह उसे पहनकर देखने लगी, तो उसने प्राइस टैग पर ध्यान दिया, जहाँ 400 डॉलर लिखा था। उसने पहले कभी इतना महँगा कोट नहीं ख़रीदा था। उसके दिमाग़ ने कहा, "उससे क्या, यह कोट तुम पर ख़ूब जम रहा है! इसे ख़रीद लो। तुम पैसे की व्यवस्था बाद में कर सकती हो!"

वह कहती है कि यहीं पर उसने पाया कि मिलियनेअर माइंड इनटेंसिव का सबक़ कितना गहरा था। जैसे ही उसके दिमाग़ ने उसे कोट ख़रीदने की सलाह दी, उसके मस्तिष्क की नई और ज़्यादा सहयोगी "फ़ाइल" आकर कहने लगी, "बेहतर होगा कि तुम ये चार सौ डॉलर अपने वित्तीय स्वतंत्रता अकाउंट में डाल दो! तुम्हें उस कोट की क्या ज़रूरत है? तुम्हारे पास जाड़े के लिए एक

कोट पहले से ही है, जो इस वक़्त अच्छा है।"

वह जान पाए, इससे पहले ही उसने उस कोट को पहले की तरह तत्काल ख़रीदने के बजाय अगले दिन पर टाल दिया। वह उस कोट को ख़रीदने कभी नहीं गई।

नैटेली को एहसास हुआ कि उसके मस्तिष्क में अब "भौतिक संतुष्टि" की फ़ाइलों की जगह "वित्तीय स्वतंत्रता" की फ़ाइलें आ गई हैं। अब उसकी प्रोग्रामिंग ख़र्च करने की नहीं है। अब वह जानती है कि उसने अपने माता-पिता को जैसा करते देखा है, उसका लाभ उठाकर वह बचत करे, लेकिन इसके साथ ही वह अपने प्ले अकाउंट से अच्छी चीज़ों के मज़े भी ले।

नैटेली ने अपने माता-पिता को भी कोर्स में भेज दिया, ताकि वे भी ज़्यादा संतुलित बन सकें। उसने बहुत रोमांचित होकर हमें बताया कि अब वे मोटल्स में रुकने लगे हैं (अब भी होटल्स में नहीं), उन्होंने एक नई कार ख़रीद ली है और अपने पैसे से अपने लिए काम करवाना सीखकर अब वे मिलियनेअर के रूप में रिटायर हो चुके हैं।

नैटेली अब समझती है कि मिलियनेअर बनने के लिए उसे अपने माता-पिता जितना "कंजूस" होने की ज़रूरत नहीं है। लेकिन वह यह भी जानती है कि अगर वह पहले की तरह बग़ैर सोचे-विचारे अपना पैसा उड़ाएगी, तो वह कभी वित्तीय रूप से स्वतंत्र नहीं हो पाएगी। नैटेली ने कहा, "अपने पैसे और दिमाग़ को क़ाबू में रखना बहुत शानदार अनुभव है।"

एक बार फिर, विचार यह है कि आप अपने पैसे से अपने लिए उतनी कड़ी मेहनत करवाएँ, जितनी आप इसके लिए करते हैं। इसका मतलब यह है कि आपके जीवन का लक्ष्य पूरी आमदनी ख़र्च करना नहीं होना चाहिए, बल्कि उसमें से बचत और निवेश करना होना चाहिए। एक बड़ी मज़ेदार चीज़ देखने में आती है : अमीर लोगों के पास बहुत सा पैसा होता है और वे कम ख़र्च करते हैं, जबकि ग़रीब लोगों के पास कम पैसा होता है और उनके ख़र्च ढेर सारे होते हैं।

दीर्घकालीन विरुद्ध अल्पकालीन : ग़रीब लोग आज जीने के लिए पैसा कमाते हैं; अमीर लोग काम करके पैसा इसलिए कमाते हैं, ताकि वे उसका निवेश कर सकें, जिससे उन्हें भविष्य में आमदनी हो सके।

अमीर लोग संपत्तियाँ ख़रीदते हैं, जिनका मूल्य बढ़ने की संभावना होती है। ग़रीब लोग ऐसी चीज़ों पर ख़र्च करते हैं, जिनका मूल्य निश्चित रूप से कम होता है। अमीर लोग ज़मीन-जायदाद इकट्ठी करते हैं। ग़रीब लोग बिल इकट्ठे करते हैं।

मैं आपको वही बात बताऊँगा, जो मैं अपने बच्चों से कहता हूँ : "रियल एस्टेट ख़रीदो।" सबसे अच्छी चीज़ ऐसी जायदाद ख़रीदना है, जिससे सकारात्मक कैशफ़्लो मिले, लेकिन जहाँ तक मेरा सवाल है, रियल एस्टेट न होने से कैसी भी रियल एस्टेट बेहतर है। निश्चित रूप से रियल एस्टेट के बाज़ार में उतार-चढ़ाव होते हैं, लेकिन अंत में, चाहे यह पाँच, दस, बीस, या तीस साल बाद हो, आप शर्त लगा सकते हैं कि इसका मूल्य आज से बहुत ज़्यादा होगा। हो सकता है कि अमीर बनने के लिए आपको बस उतने की ही ज़रूरत हो।

आप इस समय जितनी रियल एस्टेट ख़रीद सकते हों, ख़रीद लें। अगर आपको ज़्यादा पूँजी की ज़रूरत हो, तो आप ऐसे लोगों के साथ पार्टनर बन सकते हैं, जिन पर आपको भरोसा हो और जिन्हें आप अच्छी तरह जानते हों। रियल एस्टेट के साथ मुश्किल में फँसने का बस एक ही तरीक़ा है और वह यह है कि आप ज़्यादा बड़ा कौर निगल लें और आपको गिरते बाज़ार में बेचना पड़े। अगर आपने मेरी पहले दी गई सलाह पर ध्यान दिया हो और आप अपने पैसे का उचित प्रबंधन करते हों, तो ऐसा होने की आशंका बहुत कम या न के बराबर है। जैसी कहावत है, "रियल एस्टेट ख़रीदने का इंतज़ार मत करो। रियल एस्टेट ख़रीदो और फिर इंतज़ार करो।"

चूँकि मैंने कुछ समय पहले अपने सास-ससुर का उदाहरण दिया था, इसलिए यह उचित है कि अब मैं आपको अपने माता-पिता का उदाहरण भी दे दूँ। मेरे अभिभावक ग़रीब नहीं थे, लेकिन वे बमुश्किल मध्य वर्ग में आते थे। डैडी बहुत मेहनत करते थे। माँ शारीरिक रूप से बहुत स्वस्थ नहीं थीं, इसलिए वे घर पर ही रहकर बच्चों को सँभालती थीं। मेरे डैडी कारपेंटर थे और उनका ध्यान इस तरफ़ गया कि उन्हें काम देने वाले सभी बिल्डर बरसों पहले ख़रीदी ज़मीन डेवलप कर रहे थे। उन्होंने यह भी देखा कि वे सभी काफ़ी अमीर थे। मेरे माता-पिता ने भी पाई-पाई जोड़ी और अंततः जिस शहर में वे रहते थे, उससे बीस मील बाहर तीन एकड़ ज़मीन ख़रीद ली। इसमें उन्हें 60,000 डॉलर ख़र्च करने पड़े। दस साल बाद एक डेवलपर ने उस जगह पर स्ट्रिप मॉल बनाने

का फ़ैसला किया और मेरे माता-पिता ने वह ज़मीन 6,00,000 डॉलर में बेच दी। उनके मूल निवेश को निकाल दिया जाए, तो उन्हें अपने निवेश से हर साल 54,000 डॉलर प्रति वर्ष की औसत आमदनी हुई, जबकि मेरे डैडी अपने काम से हर साल औसतन 15,000 डॉलर कमा पाते थे, बहुत हुआ तो 20,000 डॉलर। ज़ाहिर है, अब वे रिटायर हो चुके हैं और काफ़ी आराम से रहते हैं, लेकिन मैं गारंटी देता हूँ कि उस जायदाद को ख़रीदे और बेचे बिना वे अब भी तंगी में जी रहे होते। ईश्वर का शुक्र है कि मेरे पिता ने निवेश की शक्ति को पहचान लिया, ख़ास तौर पर रियल एस्टेट में। अब आप जान गए होंगे कि मैं ज़मीन क्यों इकट्ठी करता हूँ।

ग़रीब लोग एक डॉलर को सिर्फ़ एक डॉलर मानते हैं, जिसके बदले में वे कोई चीज़ तत्काल ख़रीदना चाहते हैं। बहरहाल, अमीर लोग हर डॉलर को एक "बीज" की तरह देखते हैं, जिसे बोकर सैकड़ों डॉलर कमाए जा सकते हैं और जिन्हें दोबारा बोकर हज़ारों डॉलर कमाए जा सकते हैं। इस बारे में सोचें। आप आज जो डॉलर ख़र्च करते हैं, वह हर डॉलर दरअसल आने वाले कल में आपको सौ डॉलर का पड़ता है। व्यक्तिगत रूप से मैं अपने हर डॉलर को निवेश "सेनानी" मानता हूँ, जिनका उद्देश्य "स्वतंत्रता" है। यह कहने की ज़रूरत नहीं है कि मैं अपने इन "स्वतंत्रता सेनानियों" के बारे में सावधान रहता हूँ और जल्दी या आसानी से उन्हें हाथ से जाने नहीं देता हूँ।

दौलत का सिद्धांत :

अमीर लोग हर डॉलर को एक ''बीज'' की तरह देखते हैं, जिसे बोकर सैकड़ों डॉलर कमाए जा सकते हैं और जिन्हें दोबारा बोकर हज़ारों डॉलर कमाए जा सकते हैं।

समाधान शिक्षित होना है। निवेश की दुनिया के बारे में सीखें। अलग-अलग प्रकार के निवेश साधनों और वित्तीय साधनों की जानकारी हासिल करें, जैसे रियल एस्टेट, मॉर्टगेज, शेयर, फ़ंड, बॉण्ड, मुद्रा विनिमय, सब कुछ। फिर एक मूल क्षेत्र चुन लें, जिसमें आप विशेषज्ञ बनना चाहते हैं। उस क्षेत्र में निवेश शुरू करें और बाद में अन्य क्षेत्रों में डाइवर्सिफ़ाई करके पैर पसार लें।

मुद्दा यह है : ग़रीब लोग कड़ी मेहनत करते हैं और अपना सारा पैसा ख़र्च कर देते हैं। इसका परिणाम यह होता है कि उन्हें हमेशा कड़ी मेहनत करनी होती है। अमीर लोग कड़ी मेहनत करते हैं, बचत करते हैं और अपने पैसे का निवेश कर देते हैं, ताकि उन्हें दोबारा मेहनत न करनी पड़े।

घोषणा : अपने दिल पर हाथ रखकर कहें ...

"मेरा पैसा मेरे लिए कड़ी मेहनत करता है और मुझे ज़्यादा पैसे कमाकर देता है।"

अपना सिर छूकर कहें ...

"मेरे पास मिलियनेअर मस्तिष्क है!"

मिलियनेअर मस्तिष्क की गतिविधियाँ

1. शिक्षित बनें। निवेश सेमिनारों में भाग लें। हर महीने कम से कम एक निवेश पुस्तक पढ़ें। *मनी, फ़ोर्ब्स, बैरन्स* और *वॉल स्ट्रीट जर्नल* जैसी पत्रिकाएँ पढ़ें। मैं यह सुझाव नहीं दे रहा हूँ कि आप उनकी सलाह मानें। मैं तो यह सुझाव दे रहा हूँ कि आप वहाँ दिए गए वित्तीय विकल्पों से परिचित हो जाएँ। फिर एक ऐसा क्षेत्र चुनें, जिसमें आप विशेषज्ञ बनना चाहते हों और उस क्षेत्र में निवेश शुरू कर दें।

2. अपना ध्यान "सक्रिय" आमदनी के बजाय "निष्क्रिय" आमदनी पर केंद्रित करें। कम से कम तीन विशिष्ट रणनीतियाँ बनाएँ, जिनके द्वारा आप बिना काम किए आमदनी पा सकते हों, चाहे ये निवेश के क्षेत्र में हों या बिज़नेस के क्षेत्र में। शोध शुरू करें और फिर इन रणनीतियों पर अमल करें।

3. रियल एस्टेट ख़रीदने के लिए इंतज़ार न करें। रियल एस्टेट ख़रीदें और फिर इंतज़ार करें।

दौलत की फ़ाइल #16

अमीर लोग डर के बावजूद काम करते हैं।
ग़रीब लोग डर के कारण रुक जाते हैं।

इस पुस्तक में हम प्रकटीकरण की प्रक्रिया (Process of Manifestation) के बारे में पहले भी बातचीत कर चुके हैं। आइए, ज़रा उस फ़ॉर्मूले की समीक्षा कर लें : विचार भावनाओं की ओर ले जाते हैं, भावनाएँ कार्यों की ओर ले जाती हैं और कार्य परिणामों की ओर ले जाते हैं।

करोड़ों लोग अमीर बनने के बारे में "सोचते" हैं और हज़ारों लोग अमीर बनने के लिए संकल्प लेते हैं, मानसिक तस्वीर देखते हैं और साधना करते हैं। मैं लगभग हर दिन साधना करता हूँ। बहरहाल, साधना करते समय या मानसिक तस्वीर देखते समय मेरे सिर पर कभी नोटों की गड्डियाँ नहीं बरसीं। मुझे लगता है कि मैं उन चंद दुर्भाग्यशाली लोगों में से हूँ, जिन्हें सफल होने के लिए सचमुच कुछ *करना* पड़ेगा।

संकल्प, साधना और मानसिक तस्वीर देखना सभी बहुत बढ़िया साधन हैं, लेकिन जहाँ तक मैं जानता हूँ, उनमें से कोई भी अपने आप असल दुनिया में आपको असली पैसा लाकर नहीं देगा। असल दुनिया में सफल होने के लिए आपको असली "काम" करना होगा। यह काम इतना महत्वपूर्ण क्यों है ?

आइए, हम प्रकटीकरण की प्रक्रिया की ओर लौटते हैं। विचारों और भावनाओं की ओर देखें। वे अंदरूनी जगत का हिस्सा हैं या बाहरी जगत का ? अंदरूनी जगत का। अब परिणामों की ओर देखें। वे किस जगत का हिस्सा हैं ? बाहरी जगत का। इसका मतलब है कि काम अंदरूनी और बाहरी जगत के बीच का "पुल" है।

दौलत का सिद्धांत :
काम अंदरूनी और बाहरी जगत के बीच का "पुल" है।

अगर काम इतना महत्वपूर्ण है, तो हमें कौन सी चीज़ उस काम को करने से रोक रही है, जिसके बारे में हम जानते हैं कि हमें वह करना ही चाहिए?

डर!

डर, शंका और चिंता सबसे बड़ी बाधाओं में से हैं, न सिर्फ़ सफलता, बल्कि ख़ुशी की राह में भी। अमीरों और ग़रीबों के बीच एक बड़ा अंतर यह भी है कि अमीर लोग डर के बावजूद काम करने के इच्छुक होते हैं। ग़रीब लोग डर के कारण रुक जाते हैं।

सूज़न जेफ़र्स ने इसके बारे में एक बहुत अच्छी पुस्तक लिखी है, जिसका शीर्षक है *फ़ील द फ़ियर एंड डू इट एनीवे*। ज़्यादातर लोग सबसे बड़ी ग़लती यह करते हैं कि वे काम करने से पहले डर की इस भावना के कम होने या ख़त्म होने का इंतज़ार करते हैं। आम तौर पर ये लोग हमेशा इंतज़ार ही करते रहते हैं।

हमारा एक बहुत लोकप्रिय कोर्स एनलाइटन्ड वॉरियर ट्रेनिंग कैंप है। इस प्रशिक्षण में हम सिखाते हैं कि सच्चा योद्धा "डर के नाग को पालतू बना सकता है।" यह नाग को मारने के बारे में नहीं कहता है। यह नाग से छुटकारा पाने के बारे में भी नहीं कहता है और यह निश्चित रूप से नाग से दूर भागने को भी नहीं कहता है। यह कहता है नाग को "पालतू" बना लो।

दौलत का सिद्धांत :

सच्चा योद्धा "डर के नाग को पालतू बना सकता है।"

इस बात का एहसास बहुत महत्वपूर्ण है कि सफल होने के लिए डर से मुक्ति पाना ज़रूरी नहीं है। अमीर और सफल लोगों के मन में भी डर होता है, अमीर और सफल लोगों के मन में भी शंकाएँ होती हैं, अमीर और सफल लोगों के मन में भी चिंताएँ होती हैं। वे तो बस इन भावनाओं के कारण कभी रुकते नहीं हैं। दूसरी तरफ़, ग़रीब लोगों के मन में जब डर, शंकाएँ और चिंताएँ होती हैं, तो वे इन भावनाओं के कारण रुक जाते हैं।

दौलत का सिद्धांत :
सफल होने के लिए डर से मुक्ति पाना ज़रूरी नहीं है।

चूँकि हम आदत के ग़ुलाम हैं, इसलिए हमें डर, शंका, चिंता, अनिश्चितता, असुविधा, मुश्किलों के बावजूद काम करने की आदत डालनी होगी; तब भी, जब हम काम करने के मूड में न हों।

मुझे याद है, मैं सिएटल में एक सांध्यकालीन सेमिनार में सिखा रहा था और सेशन के अंत में लोगों को वैंकुवर में होने वाले तीन दिवसीय मिलियनेअर माइंड इनटेंसिव सेमिनार के बारे में बता रहा था। एक आदमी खड़ा होकर कहने लगा, "हार्व, मेरे परिवार के एक दर्जन सदस्य और दोस्त इस कोर्स में भाग ले चुके हैं और उन्हें बहुत ज़बर्दस्त परिणाम मिले हैं। उनमें से हर एक पहले से दस गुना ज़्यादा ख़ुश है और वे सभी वित्तीय सफलता की राह पर हैं। उन सभी का कहना है कि आपका सेमिनार ज़िंदगी बदल देता है। अगर आप सिएटल में कोर्स आयोजित करें, तो मैं उसमें ज़रूर आऊँगा।"

मैंने उसकी प्रशंसा के लिए उसे धन्यवाद दिया और फिर पूछा कि क्या वह एक अच्छी सलाह सुनना चाहता है। वह ख़ुशी-ख़ुशी सहमत हो गया। मैंने कहा, "मेरे पास आपके लिए सिर्फ़ चार शब्द हैं।" उसने बेक़रारी से पूछा, "वे क्या हैं?" मैंने संक्षेप में जवाब दिया, *"आप बिलकुल कड़के हैं!"*

फिर मैंने उससे पूछा कि उसकी आर्थिक स्थिति कैसी है। उसने खिसियाकर जवाब दिया, "ज़्यादा अच्छी नहीं है।" ज़ाहिर है, मैंने जवाब दिया, "छिपाने की कोई ज़रूरत नहीं है।" फिर मैं पूरे कमरे के सामने चिल्लाने लगा : "अगर आप तीन घंटे की कार यात्रा या तीन घंटे की हवाई यात्रा या तीन दिन दूसरे शहर में रहने के कारण कोई ऐसा काम नहीं करते हैं, जिसकी आपको ज़रूरत है और जिसे आप करना चाहते हैं, तो फिर आपको सफल होने से कौन सी चीज़ रोक सकती है? आसान जवाब है : *कोई भी चीज़!* कोई भी चीज़ आपको रोक देगी। चुनौती के आकार के कारण नहीं, बल्कि आपके आकार के कारण!

"यह सामान्य सी बात है," मैंने कहा, "या तो आप ऐसे व्यक्ति हैं, जो रुक जाएँगे या फिर ऐसे व्यक्ति हैं जो नहीं रुकेंगे। चुनाव आपका है। अगर आप दौलत या अन्य किसी भी प्रकार की सफलता पाना चाहते हैं, तो आपको

योद्धा बनना होगा। आपको वह सब करने का इच्छुक होना होगा, जो ज़रूरी है। *आपको किसी भी चीज़ से न रुकने के लिए ख़ुद को 'प्रशिक्षित' करना होगा।*

"अमीर बनना हमेशा आरामदेह नहीं होता है। अमीर बनना हमेशा आसान नहीं होता है। दरअसल, अमीर बनना बहुत मुश्किल हो सकता है। लेकिन उससे क्या? हमारा एक प्रमुख एनलाइटन्ड वॉरियर सिद्धांत है, 'अगर आप सिर्फ़ आसान काम करने के इच्छुक हैं, तो ज़िंदगी मुश्किल होगी। लेकिन अगर आप मुश्किल काम करने के इच्छुक हैं, तो ज़िंदगी आसान होगी।' अमीर लोग इस आधार पर काम नहीं करते कि क्या आसान और सुविधाजनक है; यह जीवनशैली तो ग़रीब और अधिकांश मध्य वर्गीय लोगों तक ही सीमित है।"

दौलत का सिद्धांत :

अगर आप सिर्फ़ आसान काम करने के इच्छुक हैं, तो ज़िंदगी मुश्किल होगी। लेकिन अगर आप मुश्किल काम करने के इच्छुक हैं, तो ज़िंदगी आसान होगी।

मेरा ग़ुस्से भरा लेक्चर ख़त्म हो गया। दर्शक ख़ामोश थे।

बाद में जिस आदमी ने यह पूरी चर्चा शुरू की थी, उसने आकर मुझे धन्यवाद दिया कि "मैंने उसकी आँखें खोल दी थीं।" ज़ाहिर है, उसने कोर्स में अपना नाम लिखा दिया (हालाँकि यह वैंकुवर में हो रहा था), लेकिन मुझे मज़ा तब आया, जब मैंने जाते समय उसे फ़ोन पर बातें करते सुना। फ़ोन पर पूरे जोशो-खरोश के साथ वह मेरा ही लेक्चर अपने दोस्त को पिला रहा था। मुझे लगता है कि उसके लेक्चर का असर हुआ होगा, क्योंकि अगले दिन उसने अपने तीन और दोस्तों के नाम लिखा दिए। वे सभी ईस्ट कोस्ट के थे ... और वे सभी वैंकुवर आ रहे थे!

अब जब हमने आरामदेह स्थिति को देख लिया है, तो मुश्किल के बारे में क्या कहना है? मुश्किल के बावजूद काम करना इतना महत्त्वपूर्ण क्यों है? क्योंकि "आरामदेह" स्थिति वही है, जिसमें आप इस समय हैं। अगर आप जीवन में किसी नए स्तर पर पहुँचना चाहते हैं, तो आपको अपने आरामदेह क्षेत्र से बाहर निकलना होगा और वे काम करने की आदत डालनी होगी, जो

सुविधाजनक नहीं हैं।

मान लें, आप वर्तमान में स्तर 5 का जीवन जी रहे हैं और स्तर 10 के जीवन की ओर बढ़ना चाहते हैं। स्तर 5 और इसके नीचे के स्तर आपके आरामदेह क्षेत्र में हैं, लेकिन स्तर 6 और उससे ऊपर के क्षेत्र उसके बाहर हैं यानी वे आपके "मुश्किल" क्षेत्र में हैं। इसका मतलब यह है कि स्तर 5 के जीवन से स्तर 10 के जीवन तक पहुँचने के लिए आपको पूरे रास्ते मुश्किल क्षेत्र में यात्रा करनी होगी।

ग़रीब लोग और मध्य वर्ग के ज़्यादातर लोग मुश्किल यात्रा नहीं करना चाहते हैं। याद रखें, आरामदेह रहना जीवन में उनकी सबसे बड़ी प्राथमिकता होती है। लेकिन मैं आपको एक रहस्य बता दूँ, जो सिर्फ़ अमीर और बेहद सफल लोग ही जानते हैं : आरामदेह बनने को कुछ ज़्यादा ही महत्व दिया जाता है। हो सकता है, आरामदेह बनने से आप गर्मजोश, आत्मसंतुष्ट और सुरक्षित महसूस करें, लेकिन इससे आपको विकास करने का मौक़ा नहीं मिलता। व्यक्ति के रूप में विकास करने के लिए आपको अपने आरामदेह दायरे से निकलना होगा। दरअसल आरामदेह दायरे के *बाहर रहकर ही* आप अपना विकास कर सकते हैं।

दौलत का सिद्धांत :
आप दरअसल आरामदेह दायरे के बाहर रहकर ही
अपना विकास कर सकते हैं।

मैं आपसे एक सवाल पूछना चाहता हूँ। जब आपने पहली बार कोई नया काम करने की कोशिश की थी, तो यह आरामदेह था या मुश्किल ? आम तौर पर मुश्किल। लेकिन उसके बाद क्या हुआ ? आपने उस काम को जितना ज़्यादा किया, वह उतना ही आरामदेह बन गया, ठीक है ? तो मामला यही है। हर चीज़ शुरुआत में मुश्किल लगती है, लेकिन अगर आप उसमें लगातार जुटे रहते हैं, तो अंततः आप मुश्किल दायरे में आगे बढ़ जाते हैं और सफल हो जाते हैं। फिर आपके पास एक नया, विस्तृत आरामदेह दायरा हो जाएगा, जिसका मतलब है आप "ज़्यादा बड़े" व्यक्ति बन जाएँगे।

एक बार फिर दोहराऊँगा, आप दरअसल उसी समय विकास करते हैं, जब आप अपने आरामदेह दायरे से बाहर निकलते हैं। आगे से जब भी आप मुश्किल महसूस करें, तो अपने पुराने आरामदेह दायरे में दोबारा घुसने के बजाय अपनी पीठ थपथपाकर कहें, "मैं विकास कर रहा हूँ," और आगे बढ़ जाएँ।

अगर आप अमीर और सफल बनना चाहते हैं, तो बेहतर होगा कि आप असुविधा झेलने के मामले में आरामदेह बन जाएँ। जान-बूझकर अपने असुविधाजनक दायरे में जाने का अभ्यास करें और वह काम करें, जिससे आपको डर लगता हो। यहाँ पर एक समीकरण दिया जा रहा है और मैं चाहता हूँ कि आप इसे ज़िंदगी भर याद रखें : CZ = WZ.

इसका मतलब है कि आपका "आरामदेह दायरा" (Comfort Zone) आपके "दौलत के दायरे" (Wealth Zone) के बराबर होता है।

अपने आरामदेह दायरे का विस्तार करके आप अपनी आमदनी और दौलत के दायरे को बढ़ा लेंगे। वर्तमान में आप जितना ज़्यादा आराम चाहेंगे, उतने ही कम जोखिम लेंगे, उतने ही कम अवसरों का लाभ उठा पाएँगे, उतने ही कम लोगों से मिलेंगे, नई रणनीतियों को उतना ही कम आज़माएँगे। क्या आप मेरा मतलब समझ गए? आराम आपके लिए जितना ज़्यादा महत्वपूर्ण होगा, आप डर के कारण उतने ही सिकुड़ते जाएँगे।

इसके विपरीत, जब आप ख़ुद का वि-स-ता-र करने के इच्छुक होते हैं, तो आप अपने अवसर के दायरे का भी विस्तार कर लेते हैं। यह आपको ज़्यादा आमदनी तथा दौलत को आकर्षित करने और क़ायम रखने की अनुमति देता है। एक बार फिर, जब आपके पास बड़ा "बर्तन" (आरामदेह दायरा) होता है, तो ब्रह्मांड उस ख़ाली जगह को भरने के लिए आ जाएगा। अमीर और सफल लोगों का आरामदेह दायरा बड़ा होता है और वे इसे लगातार बढ़ाते रहते हैं, ताकि यह ज़्यादा दौलत को सँभाले और क़ायम रखे।

कोई भी असुविधा के कारण नहीं मरा है, लेकिन आरामदेह बनने के नाम पर बहुत से विचार, अवसर, कार्य और विकास मर चुके हैं। आरामदेह बनने में मौत है! अगर जीवन में आपका लक्ष्य आरामदेह बनना है, तो मैं आपको दो चीज़ों की गारंटी दे सकता हूँ। पहली, आप कभी अमीर नहीं बन पाएँगे और दूसरी, आप कभी ख़ुश नहीं रह पाएँगे। ख़ुशी औसत ज़िंदगी जीने से नहीं

मिलती है, जिसमें आप हमेशा यही सोचते रहते हैं कि क्या हो सकता था। ख़ुशी अपना स्वाभाविक विकास करते रहने और अपनी संपूर्ण क्षमता के अनुरूप जीने का परिणाम होती है।

इसे आज़माकर देखें। अगली बार जब आप असुविधा, अनिश्चय या डर महसूस कर रहे हों, तो सुरक्षा में सिकुड़ने और लौटकर पीछे जाने के बजाय ख़ुद को आगे की ओर धकेलें। असुविधा की भावनाओं को महसूस करें और उन पर ग़ौर करें। यह पहचानें कि ये तो सिर्फ़ भावनाएँ हैं – और उनमें आपको रोकने की शक्ति नहीं है। अगर आप असुविधा के बावजूद लगातार आगे बढ़ते जाते हैं, तो अंततः अपने लक्ष्य तक पहुँच ही जाएँगे।

असुविधा की भावनाएँ कभी कम होती हैं या नहीं, इससे कोई फ़र्क़ नहीं पड़ता। दरअसल, जब वे कम होने लगें, तो इसे इस बात का इशारा मानें कि आपको अपना उद्देश्य बड़ा कर देना चाहिए, क्योंकि जिस पल आप आरामदेह बन जाते हैं, आपका विकास थम जाता है। एक बार फिर याद दिला दूँ, अपनी संपूर्ण क्षमता तक विकास करने के लिए आपको हमेशा अपने दायरे के किनारे पर जीना होगा।

चूँकि हम आदतों के ग़ुलाम होते हैं, इसलिए हमें *अभ्यास* करना होगा। मैं आपसे आग्रह करता हूँ कि आप डर, असुविधा, कष्ट के बावजूद काम करने का अभ्यास करें और तब भी, जब आपका मन न हो। ऐसा करने पर आप जल्दी ही जीवन के ज़्यादा ऊँचे स्तर पर पहुँच जाएँगे। हाँ, रास्ते में अपने बैंक अकाउंट की जाँच भी करते जाएँ, क्योंकि इस बात की गारंटी है कि यह भी तेज़ी से बढ़ रहा होगा।

अपने कुछ सांध्यकालीन सेमिनारों में इस मोड़ पर मैं प्रतिभागियों से पूछता हूँ, "आपमें से कितने लोग डर और असुविधा के बावजूद काम करने के इच्छुक हैं ?" आम तौर पर हर व्यक्ति अपना हाथ उठा देता है (शायद इसलिए क्योंकि वे बुरी तरह डरे होते हैं कि कहीं मैं उन्हें "लताड़ने" न लगूँ)। फिर मैं कहता हूँ, "शब्द तो चवन्नी के सौ मिलते हैं! आइए देखते हैं कि क्या आप सचमुच यह काम करना चाहते हैं।" फिर मैं लकड़ी का एक तीर बाहर निकालता हूँ, जिसके सिरे पर स्टील की नोक होती है। मैं बताता हूँ कि अभ्यास के लिए उन्हें अपने गले से इस तीर को तोड़ना होगा। इसके बाद मैं बताता हूँ कि

किस तरह स्टील की नोक आपके गले के नर्म हिस्से में चुभती है, जबकि दूसरा व्यक्ति अपनी खुली हथेली पर उस तीर का दूसरा हिस्सा टिकाए रखता है। विचार यह है कि व्यक्ति सीधे तीर की तरफ़ चलकर आए और इसके गर्दन में घुसने से पहले सिर्फ़ अपने गले का प्रयोग करके इसे तोड़े।

इस बिंदु पर ज़्यादातर लोगों को झटका लगता है। कई बार मैं यह अभ्यास करने के लिए किसी इच्छुक व्यक्ति को चुन लेता हूँ और कई बार सबको तीर थमा देता हूँ। कई मर्तबा मैंने यह काम हज़ार लोगों से ज़्यादा के समूह के साथ किया है, जो सभी तीर तोड़ रहे थे!

क्या यह काम किया जा सकता है? हाँ। क्या यह डरावना है? बिलकुल। क्या यह असुविधाजनक है? यक़ीनन! लेकिन एक बार फिर, विचार यह है कि डर और असुविधा आपको रोक न पाएँ। विचार है अभ्यास करना, आवश्यक काम करने के लिए ख़ुद को प्रशिक्षित करना और राह में आने वाली किसी भी चीज़ के बावजूद काम करना।

क्या ज़्यादातर लोग तीर तोड़ लेते हैं? हाँ, जो भी 100 प्रतिशत समर्पण के साथ कोशिश करता है, वह इसे तोड़ लेता है। बहरहाल, जो लोग धीरे-धीरे, आधे-अधूरे मन से चलकर आते हैं या बिलकुल ही नहीं चलते हैं, वे ऐसा नहीं कर पाते हैं।

इस अभ्यास के बाद मैं लोगों से पूछता हूँ, "आपमें से कितनों को सचमुच तीर तोड़ना कल्पना से ज़्यादा आसान लगा?" सभी लोग कहते हैं कि वे इसे बहुत मुश्किल मान रहे थे, जबकि इसे तोड़ना कहीं आसान था। ऐसा क्यों? यहाँ पर आप एक बहुत महत्वपूर्ण सबक़ सीख सकते हैं।

आपका मस्तिष्क इतिहास का सबसे बड़ा पटकथा लेखक है। यह अविश्वसनीय कहानियाँ गढ़ लेता है। यह बहुत से नाटकों और तबाहियों की कल्पना कर लेता है, जो न कभी हुई हैं और शायद कभी होंगी भी नहीं। मार्क ट्वेन ने इसे बहुत लाजबाव ढंग से कहा था : "मेरे जीवन में हज़ारों समस्याएँ रही हैं, जिनमें से ज़्यादातर तो कभी दरअसल आई ही नहीं।"

आप एक और महत्वपूर्ण बात जान लें कि *मस्तिष्क आपका संपूर्ण स्वरूप नहीं है।* आप अपने मस्तिष्क से ज़्यादा बड़े और विराट हैं। आपका मस्तिष्क भी आपके हाथ की तरह ही आपका एक हिस्सा है।

यहाँ पर एक विचारोत्तेजक सवाल है : अगर आपके पास आपके दिमाग़ जैसा हाथ होता, तो क्या होता ? अगर यह चारों तरफ़ भटकता रहता, हमेशा आपको पीटता रहता और कभी चुप होने का नाम ही नहीं लेता, तो आप इसके साथ क्या करते ? ज़्यादातर लोग तपाक से कहते हैं, "इसे काट देते!" लेकिन आपका हाथ एक शक्तिशाली साधन है, इसलिए आप इसे क्यों काटेंगे ? ज़ाहिर है, असली जवाब यह है कि आप इस पर नियंत्रण करना चाहते, इसका प्रबंधन करना चाहते और इसे प्रशिक्षित करना चाहते, ताकि यह आपके ख़िलाफ़ काम करने के बजाय आपके लिए काम करे।

अपने मस्तिष्क का प्रशिक्षण और प्रबंधन वह सबसे महत्वपूर्ण योग्यता है, जो आप कभी सीख सकते हैं – ख़ुशी और सफलता दोनों के संदर्भ में। हम इस पुस्तक में ठीक यही कर रहे हैं और हमारे सेमिनारों में भी करेंगे, अगर आप उसमें शामिल होने का चुनाव करें।

दौलत का सिद्धांत :
अपने मस्तिष्क का प्रशिक्षण और प्रबंधन वह सबसे
महत्वपूर्ण योग्यता है, जो आप कभी सीख सकते हैं –
ख़ुशी और सफलता दोनों के संदर्भ में।

अपने दिमाग़ को कैसे प्रशिक्षित करें ? अवलोकन से शुरू करें। ध्यान दें कि आपका दिमाग़ किस तरह लगातार ऐसे विचार उत्पन्न करता है, जो आपकी दौलत और सुख में मददगार नहीं होते हैं। आप जब उन विचारों को पहचान लें, तो सचेतन रूप से उन नकारात्मक और कमज़ोर करने वाले विचारों की जगह शक्तिदायक विचार रख सकते हैं। आप सोचने के ये शक्तिदायक तरीक़े कहाँ खोज सकते हैं ? यहीं पर, इसी पुस्तक में। इस पुस्तक की हर घोषणा सोचने का एक शक्तिदायक और सफल तरीक़ा है।

सोचने और जीने के इन तरीक़ों तथा नज़रियों को अपना लें। आपको औपचारिक आमंत्रण का इंतज़ार करने की ज़रूरत नहीं है। इसी समय फ़ैसला कर लें कि आपकी ज़िंदगी बेहतर बन जाएगी, अगर आप अतीत की आत्म-पराजयी मानसिक आदतों के बजाय इस पुस्तक में बताए तरीक़ों से

सोचने का चुनाव कर लेते हैं। इसी समय फ़ैसला कर लें कि आज के बाद आपके विचार आपको नहीं चलाएँगे, आप अपने विचारों को चलाएँगे। आगे से आपका मस्तिष्क जहाज़ का कप्तान नहीं होगा; आप अपने जहाज़ के कप्तान होंगे और आपका मस्तिष्क आपके लिए काम करेगा।

आप अपने विचार चुन सकते हैं।

आपमें किसी भी वक़्त ऐसे हर विचार को रद्द करने की नैसर्गिक क्षमता होती है, जो आपको सहयोग नहीं दे रहा हो। आप किसी भी समय शक्तिदायक विचारों को भी अपने भीतर रख सकते हैं। इसके लिए सिर्फ़ उन पर ध्यान केंद्रित करें और वे आपकी प्रोग्रामिंग में इंस्टाल हो जाएँगे। आपमें अपने मस्तिष्क को नियंत्रित करने की शक्ति है।

जैसा कि मैं पहले ज़िक्र कर चुका हूँ, मेरे एक सेमिनार में मेरे एक बहुत क़रीबी मित्र और बेस्टसेलिंग लेखक रॉबर्ट एलन ने एक गहरी बात कही थीः "कोई भी विचार आपके दिमाग़ में बिना किराए के नहीं रहता है।"

इसका मतलब है कि आप नकारात्मक विचारों की क़ीमत भी चुकाते हैं। आप धन, ऊर्जा, समय, सेहत और अपनी ख़ुशी के स्तर पर इनकी क़ीमत चुकाते हैं। अगर आप जल्द से जल्द जीवन के एक नए स्तर पर पहुँचना चाहते हैं, तो अपने विचारों को दो श्रेणियों में बाँटें- शक्ति बढ़ाने वाले या शक्ति घटाने वाले। अपने मस्तिष्क में आने वाले विचारों पर ध्यान दें और यह तय करें कि वे आपकी ख़ुशी तथा सफलता में मददगार हैं या नहीं। फिर सिर्फ़ शक्ति बढ़ाने वाले विचारों को ही मस्तिष्क में रखने का चुनाव करें, जबकि शक्ति घटाने वाले विचारों को नज़रअंदाज़ कर दें। जब कोई असहयोगी विचार अपना सिर उठाए, तो कहें "रद्द" या "अपनी बात रखने के लिए धन्यवाद" और फिर उसकी जगह ज़्यादा सहयोगी विचार रख दें। मैं इस प्रक्रिया को सशक्त चिंतन कहता हूँ और मेरा यक़ीन मानें, अगर आप इसका अभ्यास करते हैं, तो आपकी ज़िंदगी पहले जैसी नहीं रह जाएगी। यह मेरा वादा है!

"सशक्त चिंतन" और "सकारात्मक चिंतन" में क्या अंतर है ? अंतर छोटा, लेकिन गहरा है। मेरे हिसाब से लोग सकारात्मक चिंतन का प्रयोग करके यह नाटक करते हैं कि हर चीज़ गुलाबी है, जबकि उन्हें सचमुच इसका यक़ीन नहीं होता है। सशक्त चिंतन के मामले में हम समझते हैं कि हर चीज़ तटस्थ है

यानी किसी चीज़ का कोई अर्थ नहीं होता है सिवाय उस अर्थ के जो हम उसे देते हैं। इसका मतलब, अपनी कहानी हम ख़ुद लिखते हैं और हम ही इसे इसका अर्थ देते हैं।

यही सकारात्मक चिंतन और सशक्त चिंतन के बीच का फ़र्क़ है। सकारात्मक चिंतन में लोग अपने विचारों को सच मानते हैं। सशक्त चिंतन में हमें यह पता होता है कि हमारे विचार सच नहीं हैं, लेकिन चूँकि हम अपनी कहानी लिखने जा रहे हैं, इसलिए क्यों न हम ऐसी कहानी लिखें, जो हमारी मदद करे। हम ऐसा इसलिए नहीं करते हैं, क्योंकि हमारे नए विचार बिलकुल "सच" होते हैं, बल्कि इसलिए करते हैं क्योंकि वे हमारे लिए ज़्यादा उपयोगी होते हैं और असहयोगी विचारों से काफ़ी बेहतर लगते हैं।

इस खंड को ख़त्म करने से पहले मैं आपको एक चेतावनी देना चाहूँगा - घर पर तीर तोड़ने की कोशिश न करें। इस अभ्यास को एक ख़ास तरीक़े से करना पड़ता है, वरना आपको और आस-पास के लोगों को चोट पहुँच सकती है। अपने कार्यक्रमों में हम सुरक्षात्मक उपकरण का इस्तेमाल करते हैं। अगर इस प्रकार के तोड़ने के अभ्यासों में आपकी दिलचस्पी हो, तो हमारी वेबसाइट पर एनलाइटन्ड वॉरियर ट्रेनिंग कैंप के वर्णन में देखें। यह कोर्स आपको वह सब देगा, जिसे आप सँभाल सकते हैं, और उससे भी कहीं ज़्यादा!

घोषणा ः दिल पर हाथ रखकर कहें ...

"मैं डर के बावजूद काम करता हूँ।"

"मैं शंका के बावजूद काम करता हूँ।"

"मैं चिंता के बावजूद काम करता हूँ।"

"मैं असुविधा के बावजूद काम करता हूँ।"

"मैं कष्ट के बावजूद काम करता हूँ।"

"मैं मूड न होने के बावजूद काम करता हूँ।"

अपना सिर छूकर कहें ...

"मेरे पास मिलियनेअर मस्तिष्क है!"

एंड्रयू विल्टन की सफलता की कहानी

हार्व,

मेरा नाम एंड्रयू विल्टन है और मेरी उम्र अठारह साल है। मैंने अभी–अभी कॉलेज का फ़र्स्ट ईयर पूरा किया है। मैंने दो साल पहले मिलियनेअर माइंड इनटेंसिव में भाग लिया था और मैं तब से इसमें सीखी तकनीकों का इस्तेमाल कर रहा हूँ।

पिछली फरवरी में जब मेरे दोस्त काम कर रहे थे या अपने परिवारों से मिलने गए थे, तो मैं आपकी तकनीकों पर अमल करके बचाए पैसों से स्पेन के दक्षिणी किनारे पर दस दिन तक सैर–सपाटा करने गया था! कितना शानदार अनुभव था!

अगर मैंने आपके सेमिनार में सीखी तकनीकों पर अमल नहीं किया होता, तो मेरे पास वित्तीय स्वतंत्रता नहीं होती, जिसकी वजह से मैं जहाँ चाहे, वहाँ जा सकता हूँ और जो चाहे, वह कर सकता हूँ।

हार्व, आपको धन्यवाद।

मिलियनेअर मस्तिष्क की गतिविधियाँ

1. धन–दौलत के संबंध में अपनी तीन सबसे बड़ी चिंताओं, परेशानियों या डरों की सूची बनाएँ। उन्हें चुनौती दें। हर एक के सामने लिख लें कि जिस स्थिति से आप डर रहे हैं, अगर वह सचमुच आ जाए, तो आप क्या करेंगे। क्या आप उसके बावजूद ज़िंदा बच जाएँगे? क्या आप दोबारा वापसी कर सकते हैं? पूरी संभावना है कि जवाब हाँ होगा। अब चिंता छोड़ दें और अमीर बनना शुरू करें!

2. अपने आरामदेह दायरे से बाहर निकलने का अभ्यास करें। जान-बूझकर ऐसे निर्णय लें, जो आपके लिए असुविधाजनक हों। ऐसे लोगों से बात करें, जिनसे आप आम तौर पर बातचीत नहीं करते हैं, अपनी तनख़्वाह बढ़ाने की माँग करें या अपने बिज़नेस में अपनी क़ीमत बढ़ा दें, हर दिन एक घंटे जल्दी उठें, रात को प्राकृतिक वातावरण में घूमने जाएँ।

एनलाइटन्ड वॉरियर ट्रेनिंग लें। यह कोर्स आपको अजेय बना देगा।

3. "सशक्त चिंतन" को अपनाएँ। ख़ुद पर और अपने विचार तंत्र पर ग़ौर करें। अपने मस्तिष्क में सिर्फ़ वही विचार रखें, जो आपकी ख़ुशी और सफलता में सहायक हों। आपके दिमाग़ की धीमी आवाज़ जब इस तरह की बात कहे, "मैं नहीं कर सकता" या "मैं नहीं करना चाहता" या "मेरा मन नहीं है," तो उसे चुनौती दें। इस डर पर आधारित, आराम पर आधारित आवाज़ को ख़ुद पर हावी न होने दें। ख़ुद से वादा करें कि जब भी यह आवाज़ आपको कोई सफलता दिलाने वाला काम करने से रोकती है, तो आप उस काम को ज़रूर करेंगे, सिर्फ़ अपने दिमाग़ को यह दिखाने के लिए कि बॉस वह नहीं, आप हैं। इससे न सिर्फ़ आपका आत्मविश्वास नाटकीय रूप से बढ़ जाएगा, बल्कि अंततः यह आवाज़ जान जाएगी कि उसका आप पर बहुत कम प्रभाव है और धीरे-धीरे वह शांत हो जाएगी।

दौलत की फ़ाइल # 17

अमीर लोग लगातार सीखते और विकास करते हैं।
ग़रीब लोग सोचते हैं कि वे पहले से ही सब कुछ जानते हैं।

अपने सेमिनारों के शुरू में मैं लोगों से कहता हूँ कि अब मैं उन्हें "अँग्रेजी भाषा के तीन सबसे ख़तरनाक शब्द" बताने वाला हूँ। वे शब्द हैं, "I know that." ("मैं यह बात जानता हूँ।") आप कैसे जानते हैं कि आप कोई चीज़ जानते हैं? आसान है। अगर आप उसे अपने *जीवन* में उतारते हैं, तो आप जानते हैं। वरना आपने उसके बारे में सुना है, पढ़ा है या बातें की हैं, लेकिन आप उसे जानते नहीं हैं। साफ़-साफ़ कहा जाए तो अगर आप सचमुच अमीर और ख़ुश नहीं हैं, तो इस बात की काफ़ी संभावना है कि आपको धन, सफलता और जीवन के बारे में कुछ चीज़ें अब भी सीखनी हैं।

जैसा मैंने इस पुस्तक के शुरू में स्पष्ट किया था कि अपने "कड़के" दिनों में मैं ख़ुशक़िस्मत था, जो मुझे अपने पिता के मल्टीमिलियनेअर मित्र की सलाह

मिल गई, जिन्होंने मेरी हालत पर तरस खाया था। याद है, उन्होंने मुझसे क्या कहा था : "हार्व, अगर तुम उतने सफल नहीं हो, जितने बनना चाहते हो, तो कोई ऐसी चीज़ है, जो तुम नहीं जानते हो।" सौभाग्य से, मैंने उनके सुझाव को दिल पर ले लिया और "सर्वज्ञ" (know-it-all) से "जिज्ञासु" (learn-it-all) बन गया। उस पल के बाद सब कुछ बदल गया।

ग़रीब लोग हमेशा ख़ुद को सही साबित करने की कोशिश करते हैं। वे एक मुखौटा लगा लेते हैं, जैसे उन्हें सब कुछ पता है और अगर वे दिवालिया या कड़के हैं, तो यह सिर्फ़ बदक़िस्मती या ब्रह्मांड की भूल है।

मेरी एक और मशहूर पंक्ति है, "आप सही हो सकते हैं या आप अमीर हो सकते हैं, लेकिन आप एक साथ दोनों नहीं हो सकते।" "सही" होने से मेरा मतलब है सोचने और जीने के अपने पुराने तरीक़ों पर अड़े रहना। दुर्भाग्य से, यही वे तरीक़े हैं, जो आपको वहाँ तक लाए हैं, जहाँ आप इस समय हैं। यह दर्शन सुख पर भी लागू होता है, "आप सही हो सकते हैं या आप सुखी हो सकते हैं।"

दौलत का सिद्धांत :
आप सही हो सकते हैं या आप अमीर हो सकते हैं,
लेकिन आप एक साथ दोनों नहीं हो सकते।

लेखक और वक्ता जिम रॉन एक बात कहते हैं, जो यहाँ पर बिलकुल सटीक लगती है : "अगर आप वही करते रहते हैं, जो आपने हमेशा किया है, तो आपको वही मिलता रहेगा, जो आपको हमेशा मिला है।" आप "अपना" तरीक़ा पहले से ही जानते हैं। आपको तो अब कुछ नए तरीक़े जानने की ज़रूरत है। इसीलिए तो मैंने यह पुस्तक लिखी है। मेरा लक्ष्य आपको कुछ नई मानसिक फ़ाइलें देना है, जो आपकी पुरानी फ़ाइलों की जगह ले सकें। नई फ़ाइलों का मतलब है सोचने तथा काम करने के नए तरीक़े। ज़ाहिर है, नए काम करने पर आपको परिणाम भी नए मिलेंगे।

इसीलिए यह अनिवार्य है कि आप लगातार सीखते और विकास करते रहें। भौतिकशास्त्री सहमत हैं कि इस दुनिया में कोई भी चीज़ स्थिर नहीं है। हर

जीवित चीज़ लगातार बदल रही है। किसी भी पौधे को देखें। अगर कोई पौधा बढ़ नहीं रहा है, तो वह मर रहा है। यही इंसानों और अन्य जीवित चीज़ों के बारे में भी सही है, "अगर आप बढ़ नहीं रहे हैं, तो आप मर रहे हैं।

लेखक और दार्शनिक एरिक हॉफ़र की एक बात मुझे पसंद है। उन्होंने कहा था, "सीखने वाले धरती के वारिस बनेंगे, क्योंकि सब कुछ जानने वाले लोग एक ऐसी दुनिया में मोहक अंदाज़ में जीने के लिए तैयार होंगे, जो अस्तित्व में ही नहीं है।" इसका मतलब यह है कि अगर आप लगातार नहीं सीख रहे हैं, तो आप पीछे छूट जाएँगे।

ग़रीब लोग दावा करते हैं कि समय या धन की कमी के कारण वे शिक्षा का ख़र्च नहीं उठा सकते। दूसरी तरफ़, अमीर लोग बेंजामिन फ्रैंकलिन के कथन का हवाला देते हैं : "अगर आप सोचते हैं कि शिक्षा महँगी है, तो अज्ञान को आज़माकर देख लें।" मुझे यक़ीन है कि आपने यह पहले भी सुना होगा, "ज्ञान ही शक्ति है," और शक्ति कार्य करने की योग्यता है।

जब भी मैं मिलियनेअर माइंड इनटेंसिव प्रोग्राम का ज़िक्र करता हूँ, तो मुझे यह दिलचस्प लगता है कि आम तौर पर सबसे कंगाल लोग ही कहते हैं, "मुझे कोर्स की ज़रूरत नहीं है," "मेरे पास समय नहीं है," या "मेरे पास पैसे नहीं हैं।" बहरहाल, सभी मिलियनेअर्स और मल्टीमिलियनेअर्स उस कोर्स में अपना नाम लिखवा लेते हैं और कहते हैं, "अगर मैं इससे एक भी नई चीज़ सीख लेता हूँ या एक भी सुधार कर लेता हूँ, तो इससे मुझे बहुत लाभ होगा।" वैसे, अगर आपके पास ऐसे काम करने का समय नहीं है, जो आप करना चाहते हैं या जिन्हें करने की आपको ज़रूरत है, तो शायद आप नए ज़माने के ग़ुलाम हैं। और अगर आपके पास सफलता का फ़ॉर्मूला सीखने के लिए पैसा नहीं है, तो शायद आपको यह फ़ामूर्ला सीखने की सबसे ज़्यादा ज़रूरत है। मुझे अफ़सोस है, लेकिन यह कहना कि "मेरे पास पैसे नहीं हैं" सही नहीं है। आपके पास पैसा कब होगा? क्या आज से एक साल या दो साल या पाँच साल बाद परिस्थितियाँ अलग होंगी? जवाब आसान है : ज़रा भी नहीं! और आप उस समय भी बिलकुल यही शब्द बोल रहे होंगे।

आप जो पैसा पाना चाहते हैं, मेरी समझ से उसे पाने का इकलौता तरीक़ा यह सीखना है कि पैसे का खेल निपुणता से कैसे खेला जाता है। आपको अपनी आमदनी बढ़ाने, पैसे का प्रबंधन करने और प्रभावी ढंग से इसका निवेश करने

की योग्यताएँ व तकनीकें सीखने की ज़रूरत है। पागलपन की परिभाषा वही काम बार-बार करते रहना और अलग परिणामों की उम्मीद करना है। देखिए, आप जो काम कर रहे हैं, अगर वे कारगर होते, तो आप इस वक़्त अमीर और सुखी होते। इस तथ्य को झुठलाने के लिए आपका मस्तिष्क जो भी सोच रहा है, वह बहाने या ख़ुद को सही साबित करने की कोशिश के अलावा कुछ नहीं है।

मुझे आपके मुँह पर यह कहना अच्छा तो नहीं लगता, लेकिन मेरा काम ही यही है। मुझे यक़ीन है कि अच्छा कोच हमेशा आपसे इतनी ज़्यादा मेहनत करवाएगा, जितनी आप ख़ुद से नहीं करवा पाएँगे। वरना, कोच की ज़रूरत ही क्या है ? कोच के रूप में मेरा लक्ष्य आपको प्रशिक्षित करना, प्रेरित करना, प्रोत्साहित करना, उकसाना और साफ़-साफ़ दिखाना है कि आपको कौन सी चीज़ पीछे रोके हुए है। संक्षेप में, मैं आपसे वह सब करवाऊँगा, जिसकी ज़रूरत आपको जीवन में अगले स्तर पर पहुँचने के लिए होगी। अगर मुझे करना ही पड़े, तो मैं आपको चीर-फाड़ डालूँगा और फिर आपको ऐसे तरीक़े से दोबारा जोड़ दूँगा, ताकि सब कुछ ठीक हो जाए। मैं वह करूँगा, जिसकी ज़रूरत आपको दस गुना ज़्यादा सुखी और सौ गुना ज़्यादा अमीर बनाने के लिए होगी। अगर आप झूठी आशा बंधाने वाले व्यक्ति की तलाश कर रहे हैं, तो मैं सही व्यक्ति नहीं हूँ। अगर आप जल्दी से और स्थायी रूप से आगे बढ़ना चाहते हैं, तो हम आगे चलते हैं।

सफलता एक ऐसी योग्यता है, जो सीखी जा सकती है। हम किसी भी चीज़ में सफल होना सीख सकते हैं। अगर आप महान गोल्फ़ खिलाड़ी बनना चाहते हैं, तो आप सीख सकते हैं कि ऐसा कैसे किया जाता है। अगर आप महान पियानो वादक बनना चाहते हैं, तो आप सीख सकते हैं कि ऐसा कैसे किया जाता है। अगर आप सचमुच सुखी बनना चाहते हैं, तो आप सीख सकते हैं कि ऐसा कैसे किया जाता है। अगर आप अमीर बनना चाहते हैं, तो आप सीख सकते हैं कि ऐसा कैसे किया जाता है। इससे कोई फ़र्क़ नहीं पड़ता कि इस वक़्त आप कहाँ हैं। इससे कोई फ़र्क़ नहीं पड़ता कि आप कहाँ से शुरू कर रहे हैं। फ़र्क़ तो इससे पड़ता है कि आप सीखना चाहते हैं।

मेरा एक प्रिय कथन है, "हर महारथी कभी असफल था।" एक उदाहरण देखें। कुछ समय पहले मेरे सेमिनार में एक ऑलंपिक स्कीयर भाग ले रहा

था। जब मैंने यह वाक्य कहा, तो वह उठकर खड़ा हो गया और उसने कुछ कहने की अनुमति माँगी। उसकी दृढ़ता को देखकर मुझे लगा कि वह मेरी इस बात का पुरज़ोर विरोध करेगा। लेकिन हुआ उल्टा। उसने हर एक को अपनी कहानी सुनाई कि बचपन में वह अपने सभी दोस्तों से ख़राब स्कीइंग करता था। वे लोग कई बार उसे अपने साथ स्कीइंग करने इसलिए नहीं ले जाते थे, क्योंकि वह बहुत धीमा था। निपुण बनने के लिए वह हर वीकएंड पर पहाड़ों में जाता था और अभ्यास करके सबक़ सीखता था। जल्दी ही वह न सिर्फ़ अपने साथियों की बराबरी पर आ गया, बल्कि उनसे भी आगे निकल गया। फिर वह रेसिंग क्लब में शामिल हो गया और उसने एक अग्रणी कोच से स्कीइंग के गुर सीखे। उसके शब्द थे, "मैं आज भले ही स्कीइंग के क्षेत्र में महारथी हूँ, लेकिन निश्चित रूप से शुरुआत में मैं असफल था। हार्व की बात बिलकुल सही है। आप किसी भी चीज़ में सफल होना सीख सकते हैं। मैंने स्कीइंग में सफल होना सीखा था और मेरा अगला लक्ष्य यह सीखना है कि पैसे के मामले सफल कैसे हुआ जाए!"

दौलत का सिद्धांत :
"हर महारथी कभी असफल था।"
- टी. हार्व एकर

कोई भी माँ के पेट से वित्तीय जीनियस बनकर नहीं आता है। हर अमीर व्यक्ति ने पैसे के खेल में सफल होने का तरीक़ा सीखा है और आप भी ऐसा कर सकते हैं। याद रखें, आपका सूत्र है, अगर वे यह काम कर सकते हैं, तो मैं भी कर सकता हूँ!

अमीर बनने का मतलब सिर्फ़ आर्थिक दृष्टि से ही अमीर बनना नहीं है। इसका मतलब तो चरित्र और मस्तिष्क में भी अमीर बनना है। अब मैं आपको एक रहस्य बताना चाहता हूँ, जो बहुत कम लोग जानते हैं : अमीर बनने और अमीरी को बरक़रार रखने का सबसे तेज़ तरीक़ा ख़ुद के विकास पर मेहनत करना है! विचार यह है कि आप "सफल" व्यक्ति के रूप में अपना विकास कर लें। एक बार फिर, आपका बाहरी जगत आपके आंतरिक जगत का सिर्फ़

प्रतिबिंब है। आप जड़ हैं; आपके परिणाम फल हैं।

मुझे एक कहावत पसंद है : "आप जहाँ भी जाते हैं, ख़ुद को साथ ले जाते हैं।" अगर आप चारित्रिक और मानसिक शक्ति के क्षेत्र में ख़ुद का विकास सफल व्यक्ति के रूप में कर लेते हैं, तो आप स्वाभाविक रूप से अपने हर काम में सफल बनेंगे। आपके पास चुनाव की शक्ति होगी। आपके पास किसी भी नौकरी, बिज़नेस या निवेश के क्षेत्र में चुनाव की आंतरिक शक्ति और योग्यता होगी तथा आप जान जाएँगे कि आप सफल होंगे। यही इस पुस्तक का सार है। अगर आप स्तर 5 के व्यक्ति हैं, तो आपको स्तर 5 के परिणाम मिलेंगे। लेकिन अगर आप अपना विकास करके स्तर 10 तक पहुँच जाते हैं, तो आपको स्तर 10 के परिणाम मिलेंगे।

बहरहाल, इस चेतावनी पर ध्यान दें। अगर आप ख़ुद के अंदरूनी विकास पर काम नहीं करते हैं और किसी तरह बहुत सा पैसा कमा लेते हैं, तो इस बात की बहुत संभावना है कि ऐसा सिर्फ़ भाग्य की वजह से हुआ है और आप इसे गँवा भी देंगे। लेकिन अगर आप अंदर और बाहर दोनों तरफ़ से सफल "व्यक्ति" हैं, तो आप न सिर्फ़ ख़ूब कमाएँगे, बल्कि इसे बनाए रखेंगे, इसे बढ़ाएँगे और सबसे महत्वपूर्ण बात, आप सचमुच सुखी होंगे।

अमीर लोग समझते हैं कि सफलता का क्रम **बनना, करना, होना** है।

ग़रीब और मध्य वर्गीय लोग मानते हैं कि सफलता का क्रम **होना, करना, बनना** है।

ग़रीब और ज़्यादातर मध्य वर्गीय लोग मानते हैं, "अगर मेरे *पास* बहुत सा पैसा होता, तो मैं जो चाहे *कर* सकता था और मैं सफल *बन* जाता।"

अमीर लोग समझते हैं, "अगर मैं सफल व्यक्ति *बन जाता* हूँ, तो मैं वह *कर* सकूँगा, जिससे मेरे पास मनचाही चीज़ें *होना* तय है, जिसमें बहुत सा पैसा भी शामिल है।"

यहाँ पर एक और बात बता दूँ, जो सिर्फ़ अमीर लोग जानते हैं : दौलत बनाने का लक्ष्य मूलतः बहुत सा पैसा पाना नहीं है। दौलत बनाने का लक्ष्य ख़ुद का विकास करके अपने सर्वश्रेष्ठ संभव स्वरूप में लाना है। दरअसल, यही सबसे बड़ा लक्ष्य है : व्यक्ति के रूप में अपना विकास करना। विश्व भर में मशहूर गायिका और अभिनेत्री मैडोना से पूछा गया कि वे हर साल अपना

हुलिया, संगीत और शैली क्यों बदलती रहती हैं। उनका जवाब था कि संगीत उनके "स्व" (self) को अभिव्यक्त करने का माध्यम है और हर साल ख़ुद को बदलने से वे अपने मनचाहे स्वरूप वाले व्यक्ति में विकसित होने के लिए विवश होती हैं।

संक्षेप में, सफलता का संबंध "क्या" से नहीं, "कौन" से है। अच्छी ख़बर यह है कि "कौन" यानी आप प्रशिक्षण और सीखने के लिए पूरी तरह से योग्य हैं। मुझे पता होना चाहिए। मैं किसी तरह से परिपूर्ण नहीं हूँ या उसके आस-पास भी नहीं हूँ, लेकिन जब मैं अपनी आज की ज़िंदगी और बीस साल पहले की ज़िंदगी की तुलना करता हूँ, तो मैं अतीत में "स्वयं और अपनी दौलत" (या उसके अभाव) तथा आज "स्वयं और अपनी दौलत" के बीच सीधा संबंध देख सकता हूँ। मैंने सफलता की राह पर चलना सीखा था और आप भी ऐसा कर सकते हैं। इसीलिए तो मैं प्रशिक्षण देने का काम कर रहा हूँ। मैं निजी अनुभव से जानता हूँ कि लगभग हर व्यक्ति को सफलता पाने के लिए प्रशिक्षित किया जा सकता है। मुझे सफलता पाने के लिए प्रशिक्षित किया गया था और अब तक मैं लाखों लोगों को इसके लिए प्रशिक्षित कर चुका हूँ। प्रशिक्षण कारगर होता है!

मैंने पाया है कि अमीरों और ग़रीब तथा मध्य वर्गीय लोगों के बीच एक अन्य प्रमुख अंतर यह होता है कि अमीर लोग अपने क्षेत्र के *विशेषज्ञ* होते हैं। मध्य वर्गीय लोग अपने क्षेत्र में औसत होते हैं और ग़रीब लोग अपने क्षेत्र में ख़राब होते हैं। आप जो करते हैं, उसमें कितने अच्छे हैं? आप अपने काम में कितने अच्छे हैं? आप अपने बिज़नेस में कितने अच्छे हैं? क्या आप यह जानने का बिलकुल निष्पक्ष तरीक़ा चाहते हैं? बस अपना भुगतान देख लें। वह आपको हर बात बता देगा। यह सरल है : *सबसे अच्छा भुगतान पाने के लिए आपको सबसे अच्छा बनना होगा।*

दौलत का सिद्धांत :
सबसे अच्छा भुगतान पाने के लिए आपको सबसे
अच्छा बनना होगा।

हम इस सिद्धांत को व्यावसायिक खेल जगत में हर दिन देखते हैं। आम तौर पर हर खेल में सबसे अच्छे खिलाड़ी सबसे ज़्यादा कमाई करते हैं। विज्ञापनों से भी उन्हें ही सबसे ज़्यादा कमाई होती है। यही सिद्धांत व्यावसायिक और वित्तीय जगत में भी सच साबित होता है। चाहे आप बिज़नेस मालिक बनने का चुनाव करें या प्रोफ़ेशनल या नेटवर्क मार्केटिंग डिस्ट्रिब्यूटर बनने का, चाहे आप सेल्स लाइन में हों या तनख़्वाह वाले काम में, चाहे आप रियल एस्टेट, स्टॉक्स या किसी अन्य क्षेत्र में निवेशक हों, बाक़ी सभी चीज़ें समान होने पर : आप अपने काम में जितने बेहतर होंगे, उतना ही ज़्यादा कमाएँगे। यह एक और कारण है कि अपने क्षेत्र में लगातार सीखना और अपनी योग्यता बढ़ाना क्यों अनिवार्य है।

सीखने के विषय पर यह ध्यान रखें कि अमीर लोग न सिर्फ़ सीखते रहते हैं, बल्कि वे उन लोगों से सीखते हैं, जो उस जगह रह चुके हैं, जहाँ वे ख़ुद जाना चाहते हैं। मुझे एक और चीज़ ने व्यक्तिगत रूप से प्रभावित किया है, वह यह है कि मैं किससे सीखता हूँ। मैंने हमेशा इस बात का संकल्प किया है कि मैं उस क्षेत्र के सच्चे विशेषज्ञ से ही सीखूँगा – उन लोगों से नहीं, जो विशेषज्ञ होने का दावा करते हैं, बल्कि उन लोगों से, जो उस क्षेत्र में असली दुनिया में सफल हो चुके हैं।

अमीर अपने से ज़्यादा अमीर लोगों से सलाह लेते हैं। ग़रीब लोग अपने दोस्तों से सलाह लेते हैं, जो उन्हीं जैसे कड़के होते हैं।

हाल ही में मेरी एक निवेश बैंकर के साथ मीटिंग थी, जो मेरे साथ बिज़नेस करना चाहता था। वह सुझाव दे रहा था कि मैं शुरुआत में उसके यहाँ कई लाख डॉलर जमा कर दूँ। फिर उसने मुझसे कहा कि मैं अपने फ़ाइनैंशियल स्टेटमेंट्स उसे भिजवा दूँ, ताकि उन्हें देखकर वह अपनी सलाह दे सके।

मैंने उसकी आँखों में आँखें डालकर कहा, "माफ़ कीजिए, लेकिन क्या यह उल्टी बात नहीं हो गई? अगर आप चाहते हैं कि मैं अपना पैसा सँभालने के लिए आपकी सेवाएँ लूँ, तो क्या यह ज़्यादा उचित नहीं होगा कि *आप* मुझे अपने फ़ाइनैंशियल स्टेटमेंट्स भिजवा दें? और अगर आप सचमुच अमीर नहीं हैं, तो कृपया इसकी ज़हमत न उठाएँ!" यह सुनकर वह आदमी सकते में आ गया। मैं समझ गया कि किसी दूसरे ने उससे यह बात नहीं कही थी कि

उसकी ख़ुद की नेट वर्थ उसके पेशे का आधार बन सकती है।

यह बकवास है। अगर आप माउंट एवरेस्ट पर चढ़ना चाहते हैं, तो क्या आप ऐसा गाइड रखेंगे, जो पहले कभी शिखर पर गया ही न हो ? या फिर ज़्यादा समझदारी भरा यह होगा कि आप किसी ऐसे व्यक्ति को चुनें, जो कई बार शिखर पर गया हो और उस काम को करने का तरीक़ा जानता हो ?

हाँ, मैं सुझाव दे रहा हूँ कि आप लगातार सीखने में गंभीर ध्यान और ऊर्जा लगाएँ। बहरहाल, इस बारे में भी सतर्क रहें कि आप किससे सीख रहे हैं और सलाह ले रहे हैं। अगर आप कड़के लोगों से सीखते हैं, भले ही वे परामर्शदाता, कोच या प्लानर हों, तो वे आपको एक ही चीज़ सिखा सकते हैं - कड़के कैसे बनना है!

वैसे, मैं इस बात की बहुत सलाह देता हूँ कि आप एक व्यक्तिगत सफलता मार्गदर्शक की सेवाएँ लें। अच्छा कोच आपको उस काम में लगाए रखेगा, जो आप करना चाहते हैं। कुछ कोच "जीवन" मार्गदर्शक होते हैं। इसका मतलब है कि वे हर चीज़ सँभालते हैं। बाक़ी कोच किसी ख़ास क्षेत्र के विशेषज्ञ होते हैं, जो व्यक्तिगत या व्यावसायिक प्रदर्शन, वित्तीय मामले, बिज़नेस, संबंध, स्वास्थ्य और यहाँ तक कि आध्यात्मिकता के मामले ही सँभालते हैं। एक बार फिर कहूँगा, अपने संभावित कोच की पृष्ठभूमि का पता लगाएँ और यह सुनिश्चित कर लें कि वह उन क्षेत्रों में सफलता पा चुका हो, जो आपको महत्वपूर्ण लगते हैं।

जिस तरह माउंट एवरेस्ट पर चढ़ने के कई सफल मार्ग हैं, उसी तरह ऊँची आमदनी, तीव्र वित्तीय स्वतंत्रता और दौलत पाने के भी कई आज़माए हुए रास्ते और अचूक रणनीतियाँ हैं। बस आपको उन्हें सीखने और अमल में लाने का इच्छुक बनना होगा।

एक बार फिर, हमारी मिलियनेअर माइंड मनी मैनेजमेंट विधि के अनुरूप मैं प्रबल सलाह देता हूँ कि आप अपनी 10 प्रतिशत आमदनी शिक्षा फ़ंड में लगाएँ। इस पैसे का इस्तेमाल ख़ास तौर पर कोर्सों में जाने, पुस्तकें, टेप, सीडी या अन्य किसी चीज़ को ख़रीदने में करें, जिसके द्वारा आप ख़ुद को शिक्षित करना चाहें, फिर चाहे यह औपचारिक शिक्षा तंत्र हो, निजी प्रशिक्षण कंपनी हों या आमने-सामने की व्यक्तिगत कोचिंग हो। आप चाहे जो विधि चुनें, शिक्षा फ़ंड यह सुनिश्चित करता है कि आपके पास हमेशा सीखने और विकास

करने के लिए पैसा रहेगा और आप ग़रीब व्यक्तियों का तकियाक़लाम नहीं दोहराएँगे, "मैं पहले से ही जानता हूँ।" आप जितना ज़्यादा सीखते हैं, उतना ही ज़्यादा कमाते हैं ... और आप उसे बैंक तक ले जा सकते हैं!

घोषणा : दिल पर हाथ रखकर कहें ...

"मैं लगातार सीखने और विकास करने का संकल्प लेता हूँ।"

अपना सिर छूकर कहें ...

"मेरे पास मिलियनेअर मस्तिष्क है!"

मिलियनेअर मस्तिष्क की गतिविधियाँ

1. अपने विकास का संकल्प लें। हर महीने कम से कम एक पुस्तक पढ़ें, एक शैक्षणिक टेप या सीडी सुनें। हर महीने धन, बिज़नेस या व्यक्तिगत विकास पर एक सेमिनार में भाग लें। यह करके तो देखें! आपका ज्ञान, आत्मविश्वास और सफलता आसमान छूने लगेगी!
2. ख़ुद को सही मार्ग पर रखने के लिए व्यक्तिगत मार्गदर्शक की सेवाएँ लेने पर विचार करें।
3. मिलियनेअर माइंड इनटेंसिव में भाग लें। इस अद्भुत कोर्स ने हज़ारों लोगों की ज़िंदगी बदल दी है और यह आपकी भी ज़िंदगी बदल देगा!

"तो अब मैं क्या करूँ ?"

तो अब क्या ? अब आप क्या करें ? आप कहाँ से शुरू करें ? मैंने यह पहले भी कहा है, और मैं यह बात बार-बार, बहुत बार कहूँगा : "शब्द तो चवन्नी के सौ मिलते हैं।" मुझे उम्मीद है कि आपको यह पुस्तक पढ़ने में मज़ा आया होगा, लेकिन इससे भी ज़्यादा महत्त्वपूर्ण, मुझे उम्मीद है कि आप इसके सिद्धांतों पर अमल करके अपने जीवन का बेहतरीन विकास कर लेंगे। बहरहाल, मेरा अनुभव कहता है कि सिर्फ़ पढ़ने से ही आपमें वह फ़र्क़ नहीं आएगा, जिसकी आप तलाश कर रहे हैं। पढ़ना सिर्फ़ शुरुआत है, लेकिन अगर आप असल दुनिया में सफल होना चाहते हैं, तो आपके काम महत्त्वपूर्ण हैं।

इस पुस्तक के खंड एक में मैंने आपको धन के ब्लूप्रिंट की अवधारणा बताई थी। यह सरल है : आपके धन का ब्लूप्रिंट आपकी आर्थिक नियति को तय करता है। आप मेरे सुझाए सभी अभ्यास ज़रूर करें, चाहे वह शाब्दिक प्रोग्रामिंग, मॉडलिंग (अनुसरण) और विशेष घटनाओं के क्षेत्र में हो। हर अभ्यास पूरा करने से आप अपना ब्लूप्रिंट बदल सकते हैं और ऐसा ब्लूप्रिंट बना सकते हैं, जो वित्तीय सफलता पाने में आपकी मदद करेगा। मैं आपको इस बात के लिए भी प्रोत्साहित करता हूँ कि आप मेरी सुझाई घोषणाएँ हर दिन दोहराएँ।

इस पुस्तक के खंड दो में आपने सत्रह विशिष्ट तरीक़े सीखे हैं, जिनसे अमीर लोग ग़रीब और मध्य वर्गीय लोगों से अलग तरह से सोचते हैं। मेरी सलाह

है कि आप दी गई घोषणाओं को हर दिन दोहराकर इनमें से प्रत्येक "दौलत की फ़ाइल" को याद कर लें। इससे ये सिद्धांत आपके दिमाग़ में जड़ें जमा लेंगे। अंततः आप ज़िंदगी और ख़ास तौर पर पैसे को बहुत अलग नज़र से देखने लगेंगे। वहाँ से आप नए चुनाव करेंगे, नए निर्णय लेंगे और नए परिणाम पाएँगे। इस प्रक्रिया को तेज़ करने के लिए आप दौलत की हर फ़ाइल के अंत में दिए गए कार्य अभ्यास करें।

ये कार्य अभ्यास अनिवार्य हैं। स्थायी परिवर्तन के लिए कोशिका के स्तर पर काम होना चाहिए - आपके मस्तिष्क के सॉफ़्टवेयर को दोबारा बनाना होगा। इसका मतलब है कि आपको इस सामग्री पर अमल करना होगा। सिर्फ़ इसके बारे में पढ़ना नहीं है, बात नहीं करनी है, सोचना नहीं है, बल्कि सचमुच काम करना है।

अपने दिमाग़ की धीमी आवाज़ से सावधान रहें, जो इस तरह की बात कहती है, "अभ्यास-वभ्यास छोड़ो! मेरे पास इन अभ्यासों के लिए समय नहीं है और वैसे भी मुझे इसकी ज़रूरत नहीं है।" ग़ौर करें, यह कौन बोल रहा है ? मस्तिष्क की प्रोग्रामिंग! याद रखें, इसका काम आपको ठीक वहीं रखना है, जहाँ आप हैं यानी आपके आरामदेह दायरे में। इसकी बातों पर कान न दें। कार्य अभ्यास करें, घोषणाएँ करें और अपने जीवन को शिखर पर पहुँचता देखें!

मेरा यह भी सुझाव है कि आप हर महीने कम से कम एक बार इस पुस्तक को शुरू से आख़िर तक दोबारा पढ़ें। आपकी धीमी आवाज़ चीख़ सकती है, "क्या ? मैं तो यह पुस्तक पहले ही पढ़ चुका हूँ। मुझे इसे बार-बार पढ़ने की क्या ज़रूरत है ?" अच्छा सवाल है और जवाब सरल है : दोहराना सीखने का माध्यम है। एक बार फिर कहता हूँ, आप इस पुस्तक का जितना ज़्यादा अध्ययन करेंगे, इसकी अवधारणाएँ आपके लिए उतनी ही जल्दी स्वाभाविक और स्वचालित होंगी।

www.millionairemindbook.com वेबसाइट पर अवश्य जाएँ और "Free Book Bonuses" पर क्लिक करके कुछ मूल्यवान उपहार पाएँ, जिनमें ये शामिल हैं :

- फ्रेम कराने के लिए घोषणाओं की सूची, जिसे आप मढ़वा सकते हैं
- मिलियनेअर माइंड "सप्ताह का विचार"

- मिलियनेअर माइंड "कार्य रिमाइंडर"
- मिलियनेअर माइंड "नेट वर्थ ट्रैकिंग शीट"
- "दौलत के प्रति समर्पण" का आपका प्रिंटआउट

जैसा मैं पहले ही कह चुका हूँ, सफलता तक पहुँचने का अपना रास्ता मैंने ख़ुद बनाया था, इसलिए अब दूसरों की मदद करने की मेरी बारी है। मेरा उद्देश्य "लोगों को शिक्षित और प्रेरित करना है, ताकि वे 'अधिक उच्च स्वरूप' में बिना किसी डर, बंधन या आवश्यकता के साहस, उद्देश्य और ख़ुशी पर आधारित जीवन जिएँ।"

मैं सचमुच सौभाग्यशाली हूँ कि मैंने इतने सारे सेमिनार, वर्कशॉप और कैंप किए हैं, जिन्होंने लोगों की ज़िंदगी फ़ौरन और स्थायी रूप से बदल दी है। मैं रोमांचित हूँ कि मैंने ज़्यादा अमीर और सुखी बनने में ढाई लाख लोगों की मदद की है। मैं दिल से आपको तीन-दिवसीय मिलियनेअर माइंड इनटेंसिव सेमिनार में भाग लेने के लिए आमंत्रित करता हूँ। यह कोर्स आपको सफलता के एक बिलकुल नए स्तर पर पहुँचा देगा। इस कोर्स में हम आपके धन के ब्लूप्रिंट को वहीं पर तत्काल बदल देते हैं।

एक अविश्वसनीय वीकएंड में आप हर उस चीज़ को ख़त्म कर देंगे, जो आपको अपनी पूर्ण वित्तीय क्षमता तक पहुँचने से रोक रही है। जब आप यह कोर्स करके लौटेंगे, तो जीवन, धन, संबंधों और अपने बारे में आपका नज़रिया बिलकुल नया होगा। कई प्रतिभागी मिलियनेअर माइंड इनटेंसिव को अपने जीवन के सबसे महत्वपूर्ण अनुभवों में से एक मानते हैं। यह मज़ेदार है, यह रोमांचक है और यह गहरे ज्ञान व अनिवार्य वित्तीय योग्यताओं से भरा है। आप दुनिया भर से आए अपने जैसे सैकड़ों लोगों से मिलेंगे, जिनमें से कुछ आपके बिज़नेस सहयोगी और आजीवन मित्र भी बन सकते हैं।

तो हाल-फ़िलहाल बस इतना ही। इस पुस्तक को पढ़ने में आपने जो क़ीमती समय लगाया, उसके लिए धन्यवाद। मेरी कामना है कि आप ज़बर्दस्त सफलता और सच्ची ख़ुशी पाएँ। उम्मीद है, आपसे आमने-सामने की मुलाक़ात जल्दी ही होगी।

आपकी वित्तीय स्वतंत्रता के नाम,

टी. हार्व एकर

दौलत बाँटिए

सच्ची दौलत इस बात से तय होती है कि
इंसान कितना ज़्यादा दान दे सकता है।
-टी. हार्व एकर

यह पुस्तक आपको अपने सोचने के तरीक़ों पर ध्यान देना सिखाती है। यह आपको सिखाती है कि आप धन संबंधी उन विचारों, आदतों और कार्यों को चुनौती दें, जो नकारात्मक हैं और आपको सीमित करते हैं। हम पैसे से शुरू इसलिए करते हैं, क्योंकि ज़्यादातर लोगों के जीवन में पैसा दुख का एक बहुत बड़ा कारण है। लेकिन यहाँ एक ज़्यादा बड़ी तस्वीर भी है, जिस पर विचार करना चाहिए। देखिए, एक बार जब आप पैसे के बारे में अपने नकारात्मक तरीक़ों को पहचानने लगेंगे, तो यह जागरूकता आपके जीवन के हर हिस्से में पहुँच जाएगी।

इस पुस्तक का लक्ष्य आपकी चेतना बढ़ाना है। एक बार फिर, चेतना का मतलब अपने विचारों और कार्यों पर नज़र रखना है, ताकि आप अतीत की प्रोग्रामिंग के आधार पर काम करना छोड़ दें और वर्तमान के सच्चे चुनाव से काम कर सकें। यह अपने उच्चतर स्वरूप से प्रतिक्रिया करने की शक्ति के बारे में है, जब आपको डर पर आधारित अपने "कमतर" स्वरूप से प्रतिक्रिया करने की ज़रूरत नहीं होगी। इस तरीक़े से आप अपने सर्वश्रेष्ठ स्वरूप में आ सकते हैं और अपनी सर्वश्रेष्ठ तक़दीर लिख सकते हैं।

लेकिन ध्यान रहे! इस कायाकल्प का संबंध सिर्फ़ आपसे ही नहीं है। इसका संबंध तो पूरे संसार से है। हमारा संसार इसमें रहने वाले लोगों के प्रतिबिंब से ज़्यादा कुछ नहीं है। जब हर व्यक्ति अपनी चेतना बढ़ा लेता है, तो पूरे संसार की चेतना बढ़ जाती है – डर से साहस की ओर, नफ़रत से प्रेम की ओर तथा

अभाव से समृद्धि की ओर – सबके लिए।

इसलिए यह हममें से हर एक की ज़िम्मेदारी है कि हम ख़ुद को रोशन करें, ताकि हम दुनिया को ज़्यादा रोशन बना सकें।

अगर आप चाहते हैं कि दुनिया किसी ख़ास तरह की हो, तो ख़ुद उस तरह के बनकर शुरुआत करें। अगर आप चाहते हैं कि दुनिया बेहतर बन जाए, तो ख़ुद बेहतर बनकर शुरुआत करें। इसीलिए मेरे हिसाब से यह आपका कर्तव्य है कि आप अपना विकास करके अपनी संपूर्ण क्षमता तक पहुँचें और जीवन में दौलत तथा सफलता लाएँ। क्योंकि ऐसा करने पर आप दूसरों की मदद करने में समर्थ हो पाएँगे और संसार में अपना सकारात्मक योगदान दे पाएँगे।

इसलिए मैं आपसे चाहता हूँ कि आप चेतना और सशक्तीकरण का यह संदेश दूसरों तक पहुँचाएँ। इस पुस्तक का संदेश यथासंभव अधिकतम लोगों तक पहुँचाएँ। अपने कम से कम सौ दोस्तों, परिजनों और सहयोगियों को इसके बारे में बताएँ या उनके जीवन को बदलने के लिए उन्हें यह तोहफ़ा देने पर विचार करें। वे न सिर्फ़ इन सशक्त वित्तीय अवधारणाओं को सीखेंगे, बल्कि यह देखना भी सीखेंगे कि वे किस तरह से सोचते हैं। वे अपनी चेतना बढ़ा लेंगे और इस तरह दुनिया की चेतना बढ़ जाएगी। उनके लिए यह भी बहुत अच्छा रहेगा, अगर वे आपके साथ मिलियनेअर माइंड इनटेंसिव सेमिनार में आ सकें। यह सचमुच एक वरदान है कि आपके मित्र और परिवार वाले आपके साथ यह असाधारण अनुभव ले सकें। मेरा सपना है कि एक पुस्तक, एक कोर्स, एक बार में एक व्यक्ति करके हम दुनिया को बेहतर बना सकें। मैं इस सपने को हक़ीक़त में बदलने के लिए आपका सहयोग चाहता हूँ।

धन्यवाद।